中国社会科学院创新工程学术出版资助项目

21 世纪
海上丝绸之路
文化构建研究

STUDY ON THE CULTURAL
CONSTRUCTION OF
THE 21ST CENTURY MARITIME SILK ROAD

王蕾 著

社会科学文献出版社
SOCIAL SCIENCES ACADEMIC PRESS (CHINA)

目　录

绪　论

一 研究的缘起

2013 年 10 月，习近平主席首次提出"21 世纪海上丝绸之路"的概念。海上丝绸之路作为文化符号系统，其核心价值观经过历史的积淀被人们普遍认同，形成连续的长时段文化价值链，是世界文明发展史整体脉络中的重要一环，也反映了中国对于海洋文化的自我认知。"一带一路"作为中国统筹国际国内大局的重大发展倡议，是一个正在发展的动态过程，体现了以习近平同志为核心的中国共产党在新的国际国内形势下对中国特色社会主义理论做出的重大发展。围绕"一带一路"倡议产生的实践是当代历史中极为活跃与能动的力量，对其研究随之成为学界研究追踪的热点，具有很强的时代意义和理论价值。本书从两大方面展开：一是探讨海上丝绸之路文化传统自身的继承与新变；二是梳理21 世纪海上丝绸之路倡议的文化构建与实践。

21 世纪海上丝绸之路倡议面临的诸多问题中，海上丝绸之路文化的建构和认同是基础。文化，是社会变迁的纽带，也是促进社会变迁的力量。一种富有特征的文化，在其传播过程中必然不断提升自身对外部世界的整体影响力。海丝文化是在海上丝绸之路长期发展的过程中形成，由沿线国家与地区共享，用于在生产生活中进行沟通和交流的价值观念与物质载体的总和。21 世纪海上丝绸之路文化构建的目标应该是在传统海上丝绸之路文化资源和 21 世纪海上丝绸之路倡议的现实文化实践之间寻找到一种新的有效路径，这也是 21 世纪海上丝绸之路倡议的强大思想动力之所在。5 年来，21 世纪海上丝绸之路倡议从沿线自身传统资源中发掘互联互通要素，对于改变东西关系、南北关系、南南关系，重新塑造世界经济、政治、文化新格局，提升中国文化软实力以促进中华民族伟大复兴已经产生并将继续产生深远的、意义重大的影响。同时，经济与文化的关系应当成为一个重要议题。文化是海上丝绸之路的核心组成部分，海上丝绸之路的文化史是沿线各国、各地区创造财富的物质文明交流史，更是经过层累、碰撞、融合、传承的文化变迁史。承贯古今的文化渊源是 21 世纪海上丝绸之路倡议较以往提出的发展倡议的优势之处。海上丝绸之路的商贸以茶叶、丝绸为代表，这些货物并不局限于商品的范畴，还具有海丝文化符号的代表意义，给沿线人民留下了美好而深刻的印象。

在 21 世纪海上丝绸之路的建设中，坚持文化先行成为共识。古代海上丝绸之路在 21 世纪的延伸，不仅是商贸领域物资之间的互相交换，还是文化多样性交互融合。在现时国际经济结构性的变化下，增强海上丝绸之路的文化活力，关键在于促进文化产品、文化要素跨国跨地区的自由流动。5 年来，21 世纪海上丝绸之路建设从无到有、由点及面，进度和成果超出预期。海丝沿线国家人文荟萃，大多是新兴经济体和发展中国家，普遍处于经济发展上升期。在当前世界经济增长动力不足、国际贸易和投资持续低迷的情况下，沿线各国产业上整合建设、共享利益的潜力巨大，容易达成共识。21 世纪海上丝绸之路倡议能否顺利取得文化认同，凝聚文化共识是关键。海丝文化历经数千年的历史演进，其海纳百川、兼容并蓄的开放性，博采众长、厚积薄发的创新力，根植民间、生生不息的影响力，正是文化与经济相互结合的整体定位。从海上丝绸之路的发展史来看，沿线各国资源互补、情感友好，本身就是世界历史中经济与文化充分交融的文化品牌。

当前，世界格局处在加快演变的历史进程之中。加强全球治理、推动全球治理体系变革是大势所趋，21 世纪海上丝绸之路的建设正是其实践的一部分。构建"人类命运共同体"日益成为国际社会的共识，极大地丰富了全球治理理念，也成为倡议的核心价值理念。人类命运共同体理念内含的平等协商精神顺应了人类社会对危机的共同担当，对未来的共同期许，对福祉的共同创造。人类命运共同体理念的内在本质是一种全球文化价值观念变革的理性探索，是中国智慧对全球化超越性的纠偏修正。利益共同体、责任共同体和命运共同体的设定符合世界和平稳定的普遍愿望。人类命运共同体包括共同体成员在生产生活中共同接受的思想、观念、风俗等，其理念是全球化大趋势积累到今天，人类利益交汇点不断扩大才能激发出的心灵共感。由于国际社会的普遍认同，根植于中国"和而不同"文化传统的人类命运共同体理念，成为一个国际化的概念。2017年2月，联合国社会发展委员会第55届会议一致协商通过"非洲发展新伙伴关系的社会层面"决议，"构建人类命运共同体"理念首次被写入联合国决议。不同于本质为典型社会达尔文主义的软实力范式①，人类命运共同体成员对人类共有一个地球的客观事实和对人类情感息息相关共生性的承认是其逻辑起点，体现的是对人类社会未来和世界走向的终极关怀。人类命运共同体理念提出的目的，是推动国际秩序朝着更加公正合理的方向发展，增进不同信仰、制度和民族国家的共同利益，也包括共同的软实力。这种文化融合力所产生的福祉共增是从维护美国霸权地位出发的软实力理论没有讨论的，也是传统的"修昔底德陷阱"理论所无法解释的。21世纪海上丝绸之路文化价值观基于的是对人类共同发展的关注，人类命运共同体是海丝文化性质和方向的指向，对海丝文化价值体认、价值追求和价值实践正是人类命运共同体概念的具体深化，这是一个需要较长时期才能显现成效的过程。

5年来，"一带一路"一直是当代中国学术研究关注的焦点。学界对陆上丝绸之路的研究较丰富，对海上丝绸之路的研究较为薄弱，21世纪海上丝绸之路倡议的文化构建更是较少研究的领域，研究者多局限于就文化谈文化的角度进行讨论，未能窥其全貌。中国的海洋文明与21世纪海上丝绸之路在空间变化和时间维度上有何联系与新变？应当建立怎样的一套海丝文化话语体系才能获得沿线国家和地区的广泛认同？如何整合海丝文化品牌适应沿线国家和民众的需求？海丝文化产业如何找准古老文化与现代文化的结合点？如何在复杂的沿线社会生态下构建海丝文化安全和文化遗产保护一体化体系？5年来，国内沿线城市的海丝文化创新实践有何特色？倡议作为人类命运共同体理念实践的一

---

①　"软实力"概念最早是由美国学者约瑟夫·奈教授提出。软实力是国家综合国力的重要组成部分。按照约瑟夫·奈的观点，软实力是文化、政治价值观和外交政策的吸引力。一个国家的综合国力不但要依靠经济和军事等硬实力，还要依靠文化的吸引力、政治价值观的感召力和外交政策的影响力等表现出来。约瑟夫·奈从软实力理论出发提出过"中国软实力威胁论"，成为"中国威胁论"的一种变调。

部分，未来还将根据新的条件不断丰富深化内容，进行内涵和理论的创新和探索。那么，人类命运共同体与海丝文化变迁的关系如何？软实力理论是否适用于倡议的展开？海丝所积累的文化资本如何安全地为沿线国家所共用？本书在海丝文化历史演进的分析基础上，采用经济与文化相结合的视角总结海丝文化符号的继承和新变，汇集 21 世纪海上丝绸之路倡议提出 5 年来的建设经验，唯物辩证地总结"一带一路"倡议的理论要素，具有重要的历史和现实意义。

二　基本研究理路

本书除绪论和结论外，共分 8 章。

绪论对本书的研究对象进行了简要概述，主要阐释 21 世纪海上丝绸之路倡议文化构建研究的现实意义和理论意义，对研究框架以及研究方法做出概述。本书运用了多种调查研究方法，重点介绍了调查资料的组成。文献回顾从 21 世纪海上丝绸之路总体理论构建、沿线国家和地区的介绍、沿线国家和地区与 21 世纪海上丝绸之路机制的对接、对古代海上丝绸之路的研究等四个维度进行综述和评价。

第一章 21 世纪海上丝绸之路文化构建思考。本章从 "21 世纪海上丝绸之路" 文化符号意义入手，对中国古代的海上丝绸之路文化、中华人民共和国对海上丝绸之路文化的接续和创新、21 世纪海上丝绸之路文化符号的历史连续性做了阐释。本章通过 5 年来 21 世纪海上丝绸之路倡议的总体建设进展，说明倡议直接与海丝文化传统相连通，中国共产党赋予了海丝历史文化符号全新的时代内涵。本章以人类命运共同体的新理念为出发点，从对区域化趋势的把握总体阐释了 21 世纪海上丝绸之路倡议的文化构建定位，认为倡议的文化意义正在于全球化与区域化的协调。21 世纪海上丝绸之路文化构建有效利用多边主义与双边主义的平衡，最大化增进人类现实和未来的利益福祉，需要的是政治智慧和负责任大国的担当。接着从 21 世纪海上丝绸之路倡议文化构建的内在逻辑和制度建构、倡议文化构建的机制对接等具体方面进行了思考。

第二章 21 世纪海上丝绸之路文化品牌研究。在 21 世纪海上丝绸之路倡议的推进中，深入挖掘具有海丝文化特色的资源和遗产，寻找共通的海丝文化品牌要素有利于消除文化差异、制度差异等形成的负面影响。从丰厚的历史积淀中吸取文化营养形成城市品牌、企业品牌和产品品牌，统一于完整的海丝文化品牌资源链，是海丝文化建设的重点所在。本章围绕历史文化品牌资源（郑和文化品牌、徐福文化品牌、峇峇娘惹文化品牌）、城镇文化品牌（海上丝绸之路"申遗"城市群品牌、沿线港口品牌、侨乡文化品牌、区域文化品牌）、民俗民间文化品牌（妈祖文化等民间信仰品牌、地方特产工艺文化品牌、老字号文化品牌）展开论述，跟踪最新进展，并提出以内在聚合力和外在影响力整合海丝文化品牌理念、形成海丝文化品牌和产品的良性互动等多项建议。

第三章 21 世纪海上丝绸之路文化产业研究。在中国经济新常态、产业结构转型和升级的大背景下，作为稳增长、调结构的重要力量，多项与海丝文化产业相关的项目相继推出。海丝文化产业作为绿色朝阳产业，凭借自身的特点和优势走出国门，成为资本利用、传播海丝文化越来越重要的渠道。如何进一步探索出更好、更多、更切实的文化产业发展道路和模式，成为理论和实践中的新课题。本章在综合多种数据与大量实地调研的基础上，探讨了 21 世纪海上丝绸之路倡议视野下中国文化产业的转型契机与发展现状。通过福建德化陶瓷文化产业、闽茶文化产业、广东海丝文化旅游产业、上海海丝文化创意产业等多业态典型案例，说明以倡议为导向，借力文化供给侧改革的机会，把握"互联网＋"时代的机遇，促使海丝文化产业实现旅游、文化、商业、创意等产业集群整合，提升产业链附加值，形成与沿线多产业融合布局的可能途径。

第四章 海上丝绸之路文化遗产保护管理体系建设。海丝文化遗产保护管理体系建设是 21 世纪海上丝绸之路倡议借力海丝文化基因的基础。本章以海丝文化"申遗"的历程与 5 年来申报城市整体合力发展的实践为中心，论述海上丝绸之路文化遗址遗物的保护管理。根据实地调研和国内外经验，对目前沿线地区海上丝绸之路遗址遗迹保护中存在的问题，提出因地制宜地做好保护维修的基础性工作、以对沿线地区文化的深入研究促进遗址遗迹的保护、对海上丝绸之路遗址遗迹相关文献进行抢救式的采集和研究等建议，并展望了海上丝绸之路文化遗产保护国际合作的方式方法。

第五章 21 世纪海上丝绸之路视野下的中国海洋文化。中国海洋文化是一个古今连贯的整体，在长期的发展过程中，形成了"和谐""和平""乐享""友好"的独特个性。本章从海上丝绸之路与海洋商贸文化、海上丝绸之路与海洋航行文化、海上丝绸之路与海神崇祀文化、海上丝绸之路与海洋市镇文化、海上丝绸之路与海洋移民文化、与海上丝绸之路相关的文学艺术6个方面论述海上丝绸之路对中国海洋文化的涵养。在此基础上，本章思考21世纪海上丝绸之路对中国新型海洋文化的塑造，包括以海洋经济为基础发展21世纪海上丝绸之路海洋文化、加强21世纪海上丝绸之路沿线海洋基础设施建设、自觉弘扬中国海洋文化、提倡海洋文化教育等。

第六章21世纪海上丝绸之路文化安全研究。文化安全是推进21世纪海上丝绸之路建设中极为重要的部分。21世纪海上丝绸之路建设中，文化被置于政治经济大环境之中，处处同政治和经济交织。倡议建设面临信息日益全息化的环境、人口流动加快的频度、文化多样丰富的类型，保护新丝路的文化安全是不可回避的理论和实践难题。本章从维护21世纪海上丝绸之路文化安全的意义、以文化开放促进文化安全、文化安全的多元性阐释21世纪海上丝绸之路建设中文化安全的特征。倡议提出5年来，沿线不少国家和地区对文化安全的保障作用取得共识，共同期望建立一个包括意识形态安全、经济文化安全、宗教文化安全、网络文化安全、海洋文化安全在内的合作架构。本章还专门论述了中国在倡议实施中边疆民族文化安全的应对。

第七章打造21世纪海上丝绸之路文化话语体系。21世纪海上丝绸之路倡议的建设过程中，多元多样的思想文化异常活跃。中国作为21世纪海上丝绸之路的首倡国，有着特殊的责任诠释海丝文化的思路和内涵，发掘海丝内在的文化价值魅力，这需要提高中国的国际话语权。本章回顾了5年来中国顺应世界发展潮流的理念构建核心话语、广泛设置丰富的正面舆论议题、培养影响舆论发展能力的话语体系建构历程。本章归纳了发掘创造沿线国家新的共通文化要素，抓住亮点讲好海丝的新故事，以扎实的学术研究为基础讲出新中国发展的线索，分层次分目标地进行文化合作和文化交流，为民间文化交流创造便利化的条件，增强国有文化企业实力等建构海丝话语体系的未来方向。

第八章 21 世纪海上丝绸之路文化传承与创新的多元实践。21 世纪海上丝绸之路建设在文化上的突出特征是多元化。多元化特征一方面源于沿线国家发展的多元性；另一方面落实到具体区域，体现为微观文化基础的夯实。5 年来，沿线省份本着各自在海丝上的区位优势和文化底蕴，在海丝文化传承、海丝文化品牌塑造、海丝文化产业发展、凸显公共文化体系海丝要素等方面进行了多元创新实践。本章选取福建、广东、海南、山东、浙江、江苏、广西等省份，重点阐释它们在打造重要文化枢纽地位、推动所在地区作为重要节点融入 21 世纪海上丝绸之路建设方面各自具有的特色和亮点，并指出海丝文化建设多元实践中存在的问题，提出相应的建议。

结论部分对全书的主要研究结论和理论创新做出归纳和总结，题为"融合力、人类命运共同体与 21 世纪海上丝绸之路"。结论从"共享：21 世纪海上丝绸之路的经济与文化""老干新枝的文化价值观：人类命运共同体概念的逐步深化""空间延拓：文化融合力的增长"三方面说明，一种富有特征的文化，在其传播过程中必然不断地融合力量，提升自身对外部世界的整体影响力。5 年来，海丝文化以其融合力为当代世界的变迁开创了新的历史篇章。

本书的创新之处有四点。一是从海丝文化符号历史连续性的高度和广度上考察 21 世纪海上丝绸之路的文化构建。倡议从世界传统历史脉络中梳理出一套借以传播信息、形成共识、建构身份、塑造形象的文化要素。本书将海丝文化构建放入海上丝绸之路发展史和中国海洋文化史的脉络中进行长期考察，剖析了 21 世纪海上丝绸之路倡议所借鉴的古丝路文化符号的积淀过程，着重阐释海丝文化符号系统在当代历史变迁中对自身的丰富。中华人民共和国形成的不结盟、和平共处五项原则等机制形态，是古代海丝的符号遗产演进为当代社会主义内涵的新海丝文化传统。这一新传统成为海丝文化史中最为重要的一部分，21 世纪海上丝绸之路倡议提出后，海丝文化符号的新变接续了这一传统。

本书对倡议文化价值观的内涵进行解释，避免"跟着用""拿来用"西方社会科学概念，特别是全球化和区域化分野所导致的表征偏颇。作为一个凝聚正能量的整体开放系统，以人类命运共同体理念加以重新整合、诠释的海丝文化符号系统具备独特性、凝聚性和可分享性。5 年来，海丝文化符号系统在当代历史的变迁丰富了自身，在增进人类共同福祉中获得了鲜活的生命力、普遍的凝聚力和具有引致效应的感召力，也在融合和交流中获得了更广阔的空间。本书始终以历史为发展脉络进行阐释，摆脱由于倡议提出的时间尚短容易产生的碎片化研究倾向，有助于人们进一步理解当代中国赋予海丝历史文化符号的全新时代内涵。

二是从海丝文化存在和互动的空间角度修正文化软实力理论，提出融合力范式。软实力理论的提出者约瑟夫·奈强调，软实力是以硬实力为参照系提出的概念，当今权力正在发生两种类型的改变：一是权力在国家之间的转移；二是从国家与正式机构向非国家的行为者、网络空间扩散。空间的不断扩大、力量的分化整合是文化变迁中的重要内容，也是具有变革性的理论要素。海上丝绸之路文化的多元性和丰富性源于空间的延拓。古代海上丝绸之路向 21 世纪海上丝绸之路的转变，使沿线许多国家和地区都为能在海丝梦中实现各自梦想做出具体实践，这意味着海丝沿线国家和地区拥有共同利益的最大公约数。本书认为，对软实力理论的修正是解释 21 世纪海上丝绸之路倡议的关键。5 年来，倡议的实践修正了软实力强调国家间力量对比的概念和理论范式。人类总体福祉的增加从来不是一个单向度前进的过程，而是内化于以生产生活方式为载体的社会文化整体均衡。海上丝绸之路文化力量的融合为世界整体性的优势互补、开放发展创造了新的机遇。

三是以共享界定 21 世纪海上丝绸之路的经济与文化的关系。目前，海丝沿线国家与地区基础设施及金融方面共享机制的形成和推进最见成效。将"经济—文化—社会"的视角引入海上丝绸之路文化研究中，从而突破就文化谈文化、就经济谈经济的单线逻辑阐释模式。本书紧紧围绕海丝文化与经济的连通互动，结合国内外海上丝绸之路倡议建设中经济与文化交互发展的案例，解析文化品牌的建设、海丝文化产业的诉求等。任何经济的发展都离不开文化的支持，经济上的共享机制本身就包含有文化包容的意义。古代海上贸易奠定了海上丝绸之路共享精神的物质基础。21 世纪海上丝绸之路倡议对于共享理念的提倡和有关制度、机制的对接和建立，能够以具有广泛参与性的方式更有效地发挥古代海丝文化资源优势。

四是阐释海丝文化价值观是人类命运共同体概念的逐步深化。海上丝绸之路作为文化符号系统，其核心的文化价值观经过历史的积淀被人们普遍认同，形成连续的长时段文化价值链。每个时代都有每个时代发展着的文化符号，抽象了的文化价值观才是持久、深刻的。价值理念与文化符号的关系相辅相成，只有具有合理内核的价值理念才能获得更为丰富精彩的21世纪新海丝文化符号。人类命运共同体理念的内在本质，首先是一种全球文化价值观念变革的理性探索，是中国智慧对全球化超越性的纠偏修正。21世纪海上丝绸之路文化价值观基于对人类共同发展的关注，人类命运共同体是海丝文化性质和方向的指向。对海丝文化价值体认、价值追求和价值实践正是人类命运共同体概念的具体深化。5年来，海丝文化价值观以"亲、诚、惠、容"理念的形式切实贯穿于21世纪海上丝绸之路倡议建设，沿线国家和地区对海丝文化价值观的初步认同体现出人类命运共同体理念的独特魅力。

三　既有研究成果的回顾与评述

自 2013 年中国正式提出 21 世纪海上丝绸之路倡议已经 5 年了。5 年来，随着倡议建设的日益加快以及人们对倡议认识的深化，学界对 21 世纪海上丝绸之路倡议的研究取得了长足进步和一定成果。本书拟对学界关于 21 世纪海上丝绸之路倡议的学术研究做一综述，并在此基础上提出需要深化研究的相关着眼点。

目前学界对 21 世纪海上丝绸之路的研究主要来自经济学、国际政治学、历史学、民俗学等，可以归结为以下四个类别。

第一类是 21 世纪海上丝绸之路倡议总体理论构建。关于 21 世纪海上丝绸之路专题性研究数量不多，主要有张诗雨、张勇编著的《海上新丝路：21 世纪海上丝绸之路发展思路与构想》（中国发展出版社 2014 年版），赵江林主编的《21 世纪海上丝绸之路：目标构想、实施基础与对策研究》（社会科学文献出版社 2015 年版），徐希燕等著的《"海上丝绸之路"战略研究》（中国社会科学出版社 2016 年版）等。资料汇编和论文集主要有纪云飞主编的《中国海上丝绸之路研究年鉴》（浙江大学出版社 2014 年版）等。

第二类研究主要集中在沿线国家和地区的介绍、国家（区域性组织）间关系的研究上，如王灵桂主编的《海丝列国志》（社会科学文献出版社 2015 年版），对 21 世纪海上丝绸之路沿线国家分国别对国情、投资等方面进行全面系统深入的介绍，涉及亚洲、非洲、欧洲、大洋洲的 38 个国家，内容包括国家基本信息、政治状况、经济形势、投资状况、双边关系、总体风险评估六大部分。

东南亚地区自古就是海上丝绸之路的重要枢纽和组成部分，也是

21 世纪海上丝绸之路倡议的热点。葛红亮著的《东南亚：21 世纪"海上丝绸之路"的枢纽》（世界图书出版广东有限公司 2016 年版），聚焦东南亚地区在倡议构想落实过程中的枢纽地位，翔实梳理和论述东南亚地区在参与倡议过程中具有的优势及挑战。孙伟著的《民心相通：21 世纪海上丝绸之路研究的东南亚视角》（吉林大学出版社 2017 年版）对中国与东南亚民心相通落实、中国与东南亚民心相通价值做了研究。聊城大学太平洋岛国系列丛书《列国志》太平洋岛国诸卷、《巴布亚新几内亚历史与现状》、《太平洋岛国研究》集刊等也较有特色。

中国与东盟关系的研究较为集中，如杨晓强、徐利平主编的《海上丝绸之路与中国—东盟关系》（社会科学文献出版社 2015 年版），该书是"21 世纪海上丝绸之路与中国—东盟命运共同体"学术研讨会的论文集，围绕海上丝绸之路及中国—东盟关系的历史、现状展开，并据此分析了建设 21 世纪海上丝绸之路及发展中国—东盟命运共同体的机遇、挑战和深远历史意义，如吴士存主编的《21 世纪海上丝绸之路与中国—东盟合作》（南京大学出版社 2016 年版）。学术资料主要有崔晓麟的《东盟发展报告》（社会科学文献出版社 2014 年版）、广东海洋大学东盟研究院的《21 世纪海上丝绸之路上的中国与东盟》（中国经济出版社 2016 年版）以及杨晓强、庄国土编的《东盟报告》（社会科学文献出版社 2015 年版）等连续性年度发展报告。

第三类研究主要结合区位优势、地域文化分析沿线国家、省份、港口与 21 世纪海上丝绸之路机制的对接。如黄建钢著的《"浙江舟山群岛新区·现代海上丝绸之路"研究》（海洋出版社 2014 年版），郭凡、蔡国萱主编的《21 世纪海上丝绸之路与广州》（中山大学出版社 2015 年版），福建师范大学福建自贸区综合研究院编著的《自贸区大时代：从福建自贸试验区到 21 世纪海上丝绸之路核心区》（北京大学出版社 2015 年版）。丛书类有范若兰等主编的广东与海上丝绸之路沿线国家丛书，有孟庆顺著的《新海丝路上的土耳其与中国》（世界知识出版社 2017 年版）等。资料类的有曾庆成编著的《21 世纪海上丝绸之路港口发展报告》（大连海事大学出版社 2015 年版）、张明等编著的《海上丝绸之路调研报告》（中国社会科学出版社 2017 年版）等。

第四类是对古代海上丝绸之路的研究，其中一些也兼及 21 世纪海上丝绸之路倡议。受到 21 世纪海上丝绸之路倡议提出的影响，5 年来，学界一直保持着对古代海上丝绸之路研究的热度，重建海丝相关历史过程，发掘区域意义的相关论文和著作数量较多。比较有代表性的是福州大学主编的海上丝绸之路与中国海洋强国战略丛书，其中刘淼等著的《沉船、瓷器与海上丝绸之路》介绍环中国海海域发现并打捞的唐以来至明清时期的系列沉船资料，以及通过海上丝绸之路进行的文化交流在瓷器上的体现；赖正维著的《东海海域移民与汉文化的传播——以琉球闽人三十六姓为中心》研究了历史上闽人三十六姓出使琉球的情况、闽人三十六姓与琉球社会的状况等；杨宏云著的《环苏门答腊岛的海洋贸易与华商网络》考察了这一领域中国海商与各民族商人共同合作的生存与生活状态。此外，一些填补学术空白的系统梳理海丝区域历史的著作也开始出现，丰富和完善了古代海上丝绸之路的整体性研究。如庄维民主编的《山东海上丝绸之路历史研究》（齐鲁书社 2016 年版）论述了山东海上丝绸之路的历史发展轨迹，探讨不同阶段的特点和影响。

以上四类研究的主题在"一带一路"倡议的学术著作和资料中都有散见。从全球发展调整与创新的角度对"一带一路"倡议进行整体战略性论述的研究比较丰富。如李向阳著的《"一带一路"定位、内涵及需要优先处理的关系》（社会科学文献出版社 2015 年版）从中国和平崛起的国际背景出发，探讨"一带一路"的定位、内涵及政府与企业的关系、中央政府与地方政府的关系、经济合作与非经济合作的关系等建设"一带一路"所需要优先处理的关系。王义桅在 2015 年、2016年分别著有《一带一路：机遇与挑战》（人民出版社 2015 年版）、《世界是通的："一带一路"的逻辑》（商务印书馆 2016 年版），认为"一带一路"是全方位对外开放的必然逻辑，也是文明复兴的必然趋势，还是包容性全球化的必然要求，标志着中国从参与全球化到塑造全球化的态势转变，从历史、经济、文化、外交、全球化等方面阐述"一带一路"的逻辑。后一本则以"世界是通的"智慧超越"世界是平的"思维进行阐释。于洪君著的《"一带一路"：联动发展的中国策》（人民出版社 2017 年版）阐述了"一带一路"倡议在新时期中国外交中的现实意义。《建设"一带一路"的战略机遇与安全环境评估》（中央文献出版社2016 年版）对建设"一带一路"的机遇以及有关沿线地区和国家的安全环境深入探究，胡伟著的《"一带一路"：打造中国与世界命运共同体》（人民出版社 2016 年版）围绕"一带一路"倡议展开论述，按照什么是"一带一路"倡议、为什么提出"一带一路"倡议、建设什么样的"一带一路"、怎样建构"一带一路"的顺序展开，还有赵磊著的《一带一路：中国的文明型崛起》（中信出版社 2015 年版）。

专门领域的"一带一路"倡议的论著也涉及 21 世纪海上丝绸之路倡议，如罗雨泽、李伟著的《"一带一路"基础设施投融资机制研究》（中国发展出版社 2015 年版）、华瑀欣著的《"一带一路"国家环境法概论》（社会科学文献出版社 2017 年版）。根植于学界对 21 世纪海上丝绸之路的研究进一步深入，相关工具书的形式更加多样，内容更为丰富完整。学术资料类如王灵桂主编的《国外智库看"一带一路"》（社会科学文献出版社 2015 年版）选取全球数十家主要智库针对"一带一路"合作倡议发表的 200 多篇评论文章，择其主要观点编译成集，《国外媒体看"一带一路"》（社会科学文献出版社 2016 年版）对国外主流媒体关于"一带一路"的报道进行摘译和梳理，汇集了国外 2013 年至 2015 年刊发的 100 多篇媒体报道。毛振华等主编的《"一带一路"沿线国家主权信用风险报告》（经济日报出版社 2015 年版）、《"一带一路"国家安全风险评估》（中国发展出版社 2015 年版）、刘作奎著的《欧洲与"一带一路"倡议：回应与风险》（中国社会科学出版社 2017 年版）中都有关于 21 世纪海上丝绸之路倡议的散见资料。

5 年来学界对 21 世纪海上丝绸之路倡议的研究逐步深入，由被动反应逐渐向主动思考变化。总的来说，对 21 世纪海上丝绸之路的专门研究在数量上不及对陆上丝绸之路的研究，在"一带一路"倡议的整体论述框架中也不占主要部分。在研究点的深度和广度上都值得继续深化。21 世纪海上丝绸之路的一端是世界经济总量排名第二的社会主义国家中国，另一端则是按照经济规模和组织来说世界上经济最发达的欧洲联盟（"欧盟"），中间广大腹地是发展潜力巨大的发展中国家和新兴国家。因此，21 世纪海上丝绸之路倡议研究中有不少有待开拓的领域，文化构建研究就是其中之一。

首先，从上述研究成果可见，21 世纪海上丝绸之路倡议的研究与文化人类学、国际法、国际政治等各学科交织并生，是一项现实经济工作人员、理论经济工作者共同的整体性系统研究工程，具有边缘性的特点。但学界对于倡议的研究绝大多数着眼于实际问题和现实需求，在问题领域逐渐专业化之后，边缘性特点反映得不多。为更好地服务倡议建设发展的大局，全面地研究21世纪海上丝绸之路倡议，各学科在考察视角方面仍有进一步合作和拓展的空间。如在对企业"走出去"的文化适应和保险安全的研究中，从法理学的角度分析本土规则的合法性、中央政府与少数部族的协调，这都需要学科上的合作。

其次，学界对21世纪海上丝绸之路倡议的研究存在过于宏观化、整体化倾向，缺乏具体的实践案例，特别是在地化的表达。中国提出倡议才刚刚5年，过于讨论宏观的规划，势必造成区域化研究整体上较为粗浅。中国提出倡议后的5年历程逐渐证明，倡议正在逐步开启中国对外开放的崭新阶段。随着21世纪海上丝绸之路倡议进程的深化，面临的问题层出不穷，沿线国家社会经济发展在倡议提出后微观领域的得失，是衡量倡议建设成效的一个重要表征。考察并系统探讨21世纪海上丝绸之路倡议现状与最新进展，对于进一步推进倡议建设、深化研究有着重要的意义。研究者以某一地区、某一行业的实际问题为导向进行具体的深入研究，力图找出问题解决的方案是适宜的。21世纪海上丝绸之路倡议给沿线各地区的发展带来不同的机遇和挑战，对倡议可能的规则创新和对接进行研究，因地制宜、因事制宜的研究精品具有很强的现实导向性和应用性。

最后，21世纪海上丝绸之路倡议的时间较短，瞬息万变的国际形势不断发生着热点转移，需要研究的空白和薄弱的地方太多，这给予了研究者相当大的研究空间。但也正因为如此，学者们比较容易集中于某些热点问题、热门行业领域，面对贸易实践新提出的问题领域也容易蜂拥而上，缺乏相应的学术准备和深入的学理性研究。比如学界对中国在沿线地区的国际公共产品的提供进行了多层面的研究，这符合倡议深入展开的客观要求，但容易形成短时期内集中研究热点问题，重复过多，研究不深不透的情形。相比之下，对倡议文化机制的理论和运作投入的研究力量就显得较为薄弱。如倡议提出后对经济发展在优化海丝文化质上和量上的分析，5年来的海丝文化品牌和文化产业结构转型，倡议提出后投资贸易、文物保护、文化安全等各环节的对接和影响等。

在学界已经取得的成果中，倡议对古今海丝文化对沿线国家经济和社会文化结构产生影响的长期考察和对中国海洋经济结构的深层影响鲜有论述。实际上，倡议的提出对古代海丝文化的继承和现代海洋文明的影响，是 5 年来沿线国家和地区经济社会生活中不可回避的热点。海丝沿线国家和地区存在二元结构、生产分散等独特情况，中国提出倡议虽然时间不长，但人类命运共同体意识的深刻转化以及对沿线经济社会的广泛参与改善了软硬实力的运行环境，对于古代海丝文化的当代演变，特别是对最近 5 年来海丝文化符号的历史性变革应有较为全面深入的研究。将 21 世纪海上丝绸之路发展的成就和前景置于沿线特定的社会环境中，在经济与文化互动过程中予以考量，深入挖掘倡议实践过程中的海丝文化背景和动因、不同利益主体的目标诉求及相应的行动逻辑，是今后进一步深化 21 世纪海上丝绸之路倡议研究的重要方向。

总而言之，经过学者们的努力，5 年以来学界对 21 世纪海上丝绸之路倡议的研究进展很大，但仍在继续探索和深化的过程中。根据党中央的部署，中国作为首倡国参与程度将进一步加深，新的现实和新的任务必定带来新问题。如海丝文化历史与现实的连接、区域与国别的互通、不同产业的具体合作方式等，这些都将触发学界新的思考。在这一课题研究中，积淀出新的丰硕成果是可以期待的。

四　调查资料的组成

本书的写作历时 5 年，对马来西亚、印度尼西亚、日本、韩国、朝鲜、新加坡、斯里兰卡、柬埔寨、芬兰、瑞典、丹麦、缅甸、爱沙尼亚、澳大利亚、阿联酋、德国、匈牙利、秘鲁等海丝沿线多个国家和地区，以及上海、山东、福建、广东、广西、浙江、江苏、安徽、云南、新疆、西藏等国内省份核心节点和战略要冲进行了广泛深入的实地基础调研。本书查阅了大量数据资料，结合相关史实和制度背景，结合国内外海上丝绸之路倡议建设中经济与文化交互发展的案例，解析不断层累的海丝文化符号。本书针对 21 世纪海上丝绸之路倡议文化构建意义和具体展开的历程、特点做出分析，希望提出切实可行的建议，对倡议的进一步深入建设起到积极的推动作用。

本书在研究方法上，抓住典型个案，宏观分析与微观分析相结合，所采用的资料主要有：①对 21 世纪海上丝绸之路倡议沿线政府有关部门、企业、个人的调查访谈；②对有关海上丝绸之路文化的会展、节日、活动的参与调研；③有关 21 世纪海上丝绸之路沿线国家和地区的统计资料和档案资料；④问卷调查；⑤海上丝绸之路经济与文化历史变迁的相关文献。

这些资料主要通过以下三种方式获取。

（一）个案访谈

由于 21 世纪海上丝绸之路倡议提出的时间尚短，相关个案需要根据研究计划连续跟踪进展，以取得尽量全面的了解。在根据研究计划连续跟踪调研和访谈的过程中，笔者进行了录音和文字整理，录音资料共计 120 多个小时。同时拍摄了数千张照片，还有一些录像资料。如重点考察福建闽茶行业、陶瓷行业在倡议提出后内外行业环境的改变、适应倡议建设新举措等。茶叶和陶瓷是古代丝绸之路的大宗商品之一，在 21 世纪海上丝绸之路倡议的建设中，文化品牌是如何建设的、文化企业"走出去"的便利与文化障碍、海丝文化产业（国有企业、乡镇企业、民营企业）感受到的机遇与对国家支持的诉求、政策执行者对海丝文化的理解，都是应该深入了解的内容，而此类内容难以通过具体的文本获得。笔者在富有针对性的小型市场调研和问卷调查的基础上，为掌握充分的信息情况，根据条件选取政府有关部门、企业负责人、艺术创作者、当地华侨华人等不同人群进行结构化深度访谈。

（二）工业园、码头、具体项目施工地点的实地观察与随机访谈

21 世纪海上丝绸之路倡议的经济文化构建具有很强的实践性。倡议的政策落地、法律投资环境适应等都十分具体。民心相通是倡议的社会根基，具体来说，文化的相互理解有利于海丝沿线各国降低合作与协调的成本，对经济交往中利益诉求的互让、疑虑的解除、消除文化差异引起的可能纷争无疑都具有基础性作用。因此，要了解 21 世纪海上丝绸之路倡议建设的进展，必须深入沿线的工业园、码头、具体项目施工地点等进行实地考察，从中了解倡议进展中的成就和问题，以及沿线普通民众的生活、活动和心理状态。海丝文化传承古老，沿线的各国各民族对海丝文化的共同记忆拥有不同面相和不同理解，有着潜移默化的影响力。本书试图将海丝文化符号变迁和倡议实际建设的因果关系置于分析实例中，进行直接的考察。单纯地从理论到理论，从数据到数据难以反映在倡议实践过程中原因与事件、行动者与经济文化相互影响的真实情况。日常访谈的对象虽是随机的，但大致有意识地围绕对古代海丝文化的了解、对海丝文化当地传承的了解、对 21 世纪海上丝绸之路倡议的理解和诉求三方面展开，捕捉当事人的不同感觉，梳理相关知识与信息。此类所见所闻和日常访谈，是了解与海上丝绸之路相关人群的思想、观念、当地民俗的有效方式，以游记和日记的形式记录作为本书资料的一部分，也是足够活跃脉动的第一手资料。

（三）集中国情调研和专题调研

除了为本书所做的个案访谈和随机访问之外，在本书写作期间，笔者主持完成了中国社会科学院青年社会调研课题"'五化'背景下西藏在抵制境外敌对势力宗教渗透中存在的问题与对策"和当代中国研究所个人课题"'一带一路'倡议实施中的问题与对策"，参加了对上海自贸区发展规划、资源型城市转型发展、西藏文化大发展大繁荣、新疆治理经验研究等国情调研项目。笔者多次赴福建、云南、广西，调研海关建设丝绸之路经济带重要开放门户和跨境物流通道建设，尤其对"一口岸多通道"监管模式，水运、空运、铁路、公路等交通枢纽建设多式联运物流监管中心，通过多方联网获取多式联运物流全程信息等进行调研。这些集中国情调研和专题调研使笔者有机会进入政府部门、少数民族聚集区、社区、大学，通过不同规模的座谈获得大量珍贵的地区和部门资料，一方面全面深入认识"一带一路"倡议的背景；另一方面也获得深入勾勒海丝文化源流的新思路。

（四）参观有关博物馆、遗址现场，参与海上丝绸之路文化交流活动

海上丝绸之路作为古代海上交通线，参观沿线重要历史性建筑与博物馆、所藏有关文物是学术考察的一部分。在本书的写作过程中，通过参观沿线有关遗址、博物馆等，更直观地了解海丝文明的传播和发展，以及海丝遗迹遗址保护的真实实践。参观期间获取的资料如宣传册、书刊等进行编号存档。同时，参与21世纪海上丝绸之路倡议展开的相关文化交流活动，如在福建泉州参与"东亚文化之都活动年"系列活动，中国（泉州）海上丝绸之路国际品牌博览会等，与沿线当地的政府部门、行业协会、不同领域的从业者和专业学者展开交流讨论，建立直接联系。

（五）统计资料

21世纪海上丝绸之路倡议建设在沿线国家和地区形成新的供应链、产业链和价值链的全貌，获取相对完整的统计资料十分重要。21世纪

海上丝绸之路人口、经济与社会发展的各类统计资料较为散见，本书运用的主要连续统计资料序列多出自国家统计局各类年鉴、海关总署官方数据以及一些国际组织（如 FAO 统计数据库）和权威行业统计信息。网络统计信息来自各地区统计信息网、中国经济信息网"一带一路"统计数据库（http://ydyl.cei.cn/）等。

（六）海上丝绸之路经济与文化历史变迁的相关文献

由于 21 世纪海上丝绸之路倡议提出至今只有 5 年，集中归纳性的档案资料较少。有关的文献档案资料以海丝文化遗址遗迹保护和开发、海丝文化继承和发展的历史脉络、海上丝绸之路沿线国家和地区历史和现状的文献档案为代表。在写作本书之前，笔者花了较长的一段时间专门阅读古代海上丝绸之路变迁、不同文明对话与交融的相关资料。文本的内容涉及史学、文学、考古学、宗教学、社会学等学科及一些地方志。新时期的海上丝绸之路构想极富想象力与创新性，具有更加丰富的内涵。笔者力图从海丝文化的主线和脉络中寻找倡议经济与文化互动的逻辑起点，沿着历史的演进发掘文化内核的相通之处，逐步展开研究。

第 一 章

21 世纪海上丝绸之路文化构建思考

2013 年 10 月 3 日，习近平主席在印度尼西亚国会发表演讲时表示：中国愿同东盟国家加强海上合作，使用好中国政府设立的中国—东盟海上合作基金，发展好海洋合作伙伴关系，共同建设"21 世纪海上丝绸之路"。① 2015 年 3 月，国务院制定并授权三部委发布了《推动共建丝绸之路经济带和 21 世纪海上丝绸之路的愿景与行动》（以下简称《愿景与行动》），对"一带一路"倡议构想做了比较明确详尽的阐述，标志着"一带一路"倡议正式进入全面实施阶段。倡议向国际社会展现的执行力使之逐渐形成广泛的国际合作共识。2016 年 11 月，第七十一届联合国大会首次将"一带一路"倡议写入决议，体现了国际社会对推进倡议的普遍支持。2017 年 5 月，"一带一路"国际合作高峰论坛在北京召开，习近平主席将丝路精神核心概括为"和平合作、开放包容、互学互鉴、互利共赢"十六字，并指出"一带一路"合作范围向所有朋友开放，引起了与会代表的广泛共鸣。

21 世纪海上丝绸之路倡议从海上丝绸之路自身传统资源中发掘互联互通要素，它的实施意味着从东方向西方拉动世界经济的增长，从而扩大文化交流，促进文明共生。在世界历史上，这是自哥伦布发现新大陆以来，东方文明主动联系西方文明，促进文明间的深入交汇、东方经济带动世界经济的新举措，它对于改变东西关系、南北关系、南南关系，重新塑造世界经济、政治、文化新格局，提升中国文化软实力以促进中华民族伟大复兴已经产生并将继续产生深远的、意义重大的影响。

---

① 习近平：《携手建设中国—东盟命运共同体——在印度尼西亚国会的演讲》（二〇一三年十月三日，雅加达），《人民日报》2013 年 10 月 4 日，第 2 版。

一 "21世纪海上丝绸之路"的文化符号意义

21世纪海上丝绸之路倡议从世界传统历史脉络中梳理出一套借以传播信息、形成共识、建构身份、塑造形象的文化要素，对倡议的文化观念进行解释，避免"跟着用""拿来用"的西方社会科学全球化和区域化规范概念所导致的表征偏颇。海上丝绸之路作为文化符号系统，其核心价值观经过历史的积淀被人们普遍认同，形成连续的长时段文化价值链，体现了中国对于海洋文化的自我认识，是世界文明发展史整体脉络中的重要一环。

（一）中国古代的海上丝绸之路文化

海上丝绸之路是古代中国对外贸易的重要通道，要分析21世纪海上丝绸之路倡议，首先必须要从海上丝绸之路的基本含义、发展历史、文化功能、开放水平开始。一般而言，学界对始于中国沿海地区的古代海上丝绸之路归为两条比较重要的线路。一条是东方海上丝绸之路，分北线和南线。东方海上丝绸之路是春秋战国时期的齐国在胶东半岛开辟的"循海岸水行"直通辽东半岛、朝鲜半岛、日本直至东南亚的通道。至秦代，徐福之行拓展了东方海上丝绸之路，汉代至唐时期，东方海上丝绸之路一直繁荣通畅。另一条是南海丝绸之路，以南海为中心，分南线和东线。南海丝绸之路南线是西汉时始发于广东徐闻港，到东南亚后延续到西亚直至欧洲的海上贸易黄金通道。这条海上航线在三国至隋朝时期得到发展，是唐宋以后中外交流的主要通道。东线开辟于大航海时代，自广州、澳门、漳州至菲律宾马尼拉，再经太平洋到达美洲新大陆。

古代海上丝绸之路作为曾经最重要的亚欧大陆商贸文化通道，最宝贵的遗产是其所孕育的精神动力和正能量，是沿线国家共同的文化记忆。其中所蕴含的文化价值有助于经济贸易的交流发展。处于不同国家和地区的国际贸易交易双方，由于不同的社会经济文化背景、法律制度和交易规则等，交易存在着很大的风险性和不确定性。共同的文化认知和价值观念有利于在不同国家和地区的交易者之间建立信任，沟通信息，拉近双方的关系，建立亲密感，最终有利于国际贸易的进行。海丝文化在国际贸易的背景上，其特点鲜明地表现为有出有入，兼收并蓄，和而不同。丝绸之路虽以丝绸贸易为开端，但其意义远远超过了贸易货物互换的范畴。2000 多年间，中国传统文化在海丝沿线形成了具有强盛生命力的文化影响。文明共融的现实成就了中国走向世界各地的梦想。中国的铁器、茶叶、瓷器、丝绸、棉麻等特色商品越洋过海，远销他乡，演化为海丝文化的图腾，而西方文化也通过海丝进入中国，丰富了中国文化的多元面相。

中国古代海上丝绸之路具有历史连续的文化符号意义，具有历时性、参与性、时代性和义利观的代表性。中国海洋文化价值观扎根于古代海上丝绸之路传统，不同种族、宗教及文化曾在海上丝绸之路上互相交融，先进工艺与农耕技术沿线传播。海丝文化历史展示的是中国人民的勤劳智慧，也是中国睦邻和谐的大国形象，其价值核心是多元文化包容共生。沿线各国共同开拓海上丝绸之路的历史，具有建构海丝文化认同的当代文化符号意义。自习近平主席提出 21 世纪海上丝绸之路倡议后，得到沿线国家乃至国际社会的高度关注。许多国家热烈讨论，积极响应。这充分说明海上丝绸之路这一文化符号的时代性。古代海上丝绸之路文化空间的构筑、文化线路的形成、文化交流模式的创造为 21 世纪海上丝绸之路倡议提供了丰富的、可行的样本，向世界展现出中国对开放和交流基于历史实践的文化认知。因此，重视海上丝绸之路文化研究，传承海上丝绸之路文化，是 21 世纪海上丝绸之路建设的重要内容之一。

（二）中华人民共和国对海上丝绸文化的接续和创新

1840 年鸦片战争之后，列强从海上入侵中国，中国沦为西方列强的半殖民地，被动卷入资本主义全球化浪潮。沿海口岸逐渐被迫开放，中国的关税主权遭到破坏，走私严重，古代意义的海上丝绸之路的文化观念开始向现代化艰难转型。

中华人民共和国成立后，面对以美国为首的西方大国的封锁，中国的外交活动空间极其有限。为巩固新中国独立，建设新的国家，新政权采取"一边倒"的外交方针。从 20 世纪 50 年代后期开始，美苏从两个方面对中国施加压力。在对世界和中国自身的认识及观念上，毛泽东富有针对性地提出了"两个中间地带"的战略思想，因而尤为注重积极发展同发展中国家的友好关系。特别注重以经济合作作为发展关系的契机，保持文化沟通。"三个世界划分"理论是 1974 年 2 月，毛泽东会见来访的赞比亚总统卡翁达时提出的。他说："希望第三世界团结起来。亚洲除了日本，都是第三世界。整个非洲都是第三世界，拉丁美洲也是第三世界。"[1] 毛泽东对发展中国家有一种命运共同体的感情。他说："所有亚洲、非洲、拉丁美洲国家的共同历史任务，就是争取民族独立，发展民族经济和发展民族文化。"[2] 毛泽东"三个世界划分"的思想从"两个中间地带"论点发展而来，奠定了中国与发展中国家经济合作发展的理论基础。这一思想反映了他对 20 世纪 70 年代以来世界经济、政治格局的总体看法，也勾勒出中国今后的基本国际战略思想。[3]

在对外贸易上，中国强调经济合作的和谐政治文化氛围，帮助第三世界国家通过经济合作培育自力更生能力，坚持建立和发展双方经济合作的中长期优势，发展双方经济合作关系持续、稳定、健康地发展，这也是承接古代海丝文化以商业贸易开放为中心思想渊源的一部分。中国在对外关系中始终奉行独立自主的和平外交政策。毛泽东战略性地提出加强团结国际上一切可以团结的力量，说明了中国对外关系的开放性，尤其是经贸文化的开放性。20 世纪 50 年代，中国清醒地认识到经济合作必须以和谐的政治氛围为基础，以倡导者的积极姿态，强调国与国交往中相互尊重主权、不干涉对方内政的原则，受到了普遍认同。中国同

---

① 《毛泽东文集》（第 8 卷），人民出版社，1999，第 442 页。

② 《毛泽东外交文选》，中央文献出版社、世界知识出版社，1994，第 338 页。

③ 逄先知、金冲及主编《毛泽东传（1949—1976）》，中央文献出版社，2003，第 1688 页。

印度、缅甸等国联合倡导"和平共处五项原则",产生了广泛而深远的影响。1955 年的亚非国家会议又提出"求同存异"的主张,给周边国家留下了深刻的印象。1957 年 12 月,朱德在全国外贸局长会议上明确指出:通过对外贸易的发展,可以同亚洲、非洲和中立国家发展友好合作,加强经济联系。① 20 世纪 70 年代后期,国际形势发生了巨大变化。1974 年,以邓小平为团长的代表团参加特别联大,在会上做出重要的发言,指出各国在尊重国家主权、平等互利、互通有无的条件下,开展经济技术交流,取长补短,对于发展民族经济,是有利的和必要的。②

在国家双边关系上,中国注重在历史渊源基础上发展友好关系,在民间和官方两个层次同时进行外交活动,多方面促进经贸往来、人员互访、文化交流等。以中日关系为例,日本是海上丝绸之路沿线国家之一,海上丝绸之路对古代日本影响巨大,中日海上丝绸之路大大促进了中日文化交流。中国强调中日两国有着源远流长的传统友谊,近代以来两国关系虽被人为地扭曲过很长一段时间,但两国人民要求恢复传统友好关系的愿望一直是十分强烈的,积极开展对日民间外交正是符合两国人民这一共同要求的。③ 周恩来重视中日民间外交,提出"民间先行、以民促官""官民并举、以官带民""不忘老朋友、广交新朋友"等方针,对民间外交的推动作用指出:"人民外交大大推进了两国关系的发展。我们这样做可以说在国际关系上创造了新的范例。我们是抱着这样愉快的有希望的心情来进行国民外交的。"④ 周恩来根据形势的变化灵活提出发展中日关系的原则思想。从 20 世纪 50—60 年代的"政治三原则""政经不分原则""贸易三原则",一直发展到 70 年代初的"贸易四条件""复交三原则",无不对中日关系的发展产生深刻的影响。⑤ 中非政治友好的互动关系也是如此。

古代海上丝绸之路的商业贸易曾连接中国和非洲。中国十分重视中非之间的相互理解、良好沟通。从中华人民共和国成立到毛泽东同志逝

---

① 中共中央文献研究室:《朱德传》,中央文献出版社,2000,第 840 页。
② 《邓小平在联大第六届特别会议上的发言》,《人民日报》1974 年 4 月 11 日,第 1 版。
③ 王玉贵:《周恩来与中日民间外交》,《当代中国史研究》2001 年第 2 期。
④ 田桓:《战后中日关系文献集(1945—1970)》,中国社会科学出版社,1996,第 313 页。
⑤ 王玉贵:《周恩来与中日民间外交》,《当代中国史研究》2001 年第 2 期。

世的 27 年中，他会见非洲外宾的次数多、频率高。据不完全统计，毛泽东先后会见了 120 余批非洲国家的外宾，其中有 20 位非洲国家的国家元首、政府首脑 31 人次。有 10 余个非洲国家历届的政府领导人都访问过中国，近 10 位非洲国家元首访华在 3 次以上。[①] 1975 年 6 月下旬，毛泽东已经重病在床，无法出面会见访华的加蓬总统邦戈，他为此专门写信给邦戈，说明："理应迎谈，不幸这两日不适，卧床不起，不能相见，深为抱歉，请赐原谅。"[②] 邦戈对毛泽东此举深为感动。总的来看，从 20 世纪 50 年代开始，中非之间一直保持着较为良好的国际关系，这为中非经济合作关系的发展提供了稳定和谐的外部环境和氛围。以平等互利、共同发展为宗旨的中非经济合作成为南南合作的典范。

在对外援助上，中国曾经是殖民主义的受害者，深知被殖民的痛苦。中国在对外援助上始终抱有对世界繁荣发展做贡献的责任感，提出了对外援助八项原则。毛泽东曾说："中国应当对于人类有较大的贡献。而这种贡献，在过去一个长时期内，则是太少了。这使我们感到惭愧。"[③] 中国的对外援助主要集中在铁路、公路、能源、建筑等基础设施领域和工业化的推进上，60 多年来，始终坚持不附加政治条件的原则，而是尊重当地的法律法规和文化习俗，展现中国负责任大国的良好形象。中国企业历来履行企业社会责任，努力融入当地社会，实实在在地为当地人民带来便利。中华人民共和国成立以来国际经贸和国际援助的实践深深扎根于人民心中，形成中国与许多国家传统的友好关系和共同合作的美好愿望，这不仅打开了中国通向第三世界的大门，而且为中国赢得了朋友，提高了国际威望。

1984 年 10 月，中共十二届三中全会做出《中共中央关于经济体制改革的决定》，提出："今后必须继续放宽政策，按照既要调动各方面的积极性、又要实行统一对外的原则改革外贸体制，积极扩大对外经济技术交流和合作的规模，努力办好经济特区，进一步开放沿海港口城市。利用外资，吸引外商来我国举办合资经营企业、合作经营企业和独

---

① 汪勤梅：《毛泽东与中非关系》，《外交学院学报》1996 年第 4 期。
② 《建国以来毛泽东文稿》，中央文献出版社，1998，第 438 页。
③ 《毛泽东文集》（第 7 卷），人民出版社，1999，第 157 页。

资企业，也是对我国社会主义经济必要的有益的补充。我们一定要充分利用国内和国外两种资源，开拓国内和国外两个市场，学会组织国内建设和发展对外经济关系两套本领。"这一时期开启了全面推进经济体制改革的新进程，进一步加大了对外开放力度，外向经济格局进一步形成。

改革开放新时期以来，有计划的商品经济改革增强了经济的活力，并催生了沿海地区"三来一补"① 等成为新的经济增长因素，初步进入国际分工格局。东南沿海区域经济率先崛起，中国的对外开放很大的成分是向海开放，形成了东向贸易的基本格局，进出口货物的海洋运输中，去往南亚、中东、欧洲、非洲的物资比例较高。

继 1984 年开放上海、天津、大连、广州等沿海 14 个口岸城市后，1988 年 3 月 18 日国务院发出《关于进一步扩大沿海经济开放区范围的通知》，决定适当扩大沿海经济开放区，新划入沿海经济开放区的有140 个市、县，包括杭州、南京、沈阳等省会城市。4 月 13 日，第七届全国人民代表大会第一次会议通过了国务院提出的关于设立海南省和建立海南经济特区的议案。5 月 4 日，国务院发布《关于鼓励投资开发海南岛的规定》的通知，对海南经济特区实行更加灵活开放的经济政策，授予海南省人民政府更大的自主权，其中包括土地有偿使用，矿产资源有偿开采，经中国人民银行批准设立外资银行、中外合资银行等政策。1990 年 4 月，上海浦东的开发开放启动，促成了上海市浦东新区作为中国首个副省级市辖区的诞生，浦东开始实行经济技术开发区和一些经济特区的政策。1991 年，根据中共中央、国务院开发上海浦东的决策，中国银行两年内每年拨 1 亿美元贷款用于基础建设，港澳中银集团每年提供 2 亿美元的外贸短期周转资金等 10 项措施支持开发浦东。

在这些开放地区，出口生产企业和进口商品用户逐渐加入到国际市场中。沿海开放城市和沿海经济开放区均对外商投资实行各种优惠政策，开始逐步地按照国际惯例运行，不仅吸引了外商投资，有效减少各

---

① "三来一补"包括：①来料加工（由外国总公司免费提供材料，只委托加工）；②来样加工（从国外获得样板，在中国制造同样的货品）；③来件加工（国外零件到中国组装，可以拆卸方式）；④补偿贸易（提供中方机器设备，以生产的产品偿还）。

类贸易壁垒，而且为中国企业快速地"干中学"，通过出口导向型工业模仿生产过程、管理技能、资本使用提供了机会。不少企业通过学习效应，在组织形式上更加完善，经营管理上更具有活力，其产品在国内竞争中显示出了优势，在国际市场的竞争力也得到提升。从1984年到1988年，外贸进出口总额从535.5亿美元增加到1027.9亿美元；实际利用外资从27.05亿美元增加到102.26亿美元。

顺应国情的变化，在以往外交理念的基础上，海上丝绸之路文化得到了进一步明晰而具体的弘扬和发展。以开放为代表的发展理念和制度性实践，以及对构建广泛利益共同体的努力践行成为中国经验，为世界做出了思想贡献。在国家间关系上，邓小平、江泽民、胡锦涛从国家战略的高度，立足现实，展望未来，坚持巩固和发展中国和世界各国的友好合作关系，特别是与发展中国家间的关系。中国坚持和平与发展是时代主题，世界格局由两极向多极转换的重大战略判断，采取不结盟的政治态度。1985年8月，邓小平在会见坦桑尼亚总统尼雷尔时说："我们现在奉行的是独立自主的对外政策，不倾向于任何一个超级大国。谁搞霸权主义，就反对谁，谁愿与我们友好，我们也愿意与谁友好，但决不卷入任何集团，不同它们结盟。"①

中国继承和弘扬万隆精神，南南合作不断注入新内涵。邓小平指出南南合作有坚实的政治基础。第三世界国家能互通有无，相互合作，可以解决许多问题，前景是很好的。第三世界国家各有特点和长处，可以互相借鉴，是有能力进行合作的，合作领域是很广阔的。江泽民、胡锦涛等领导人多次访问非洲等地区，强调应建立长期稳定、全面合作的国家关系，倡导经济上的合作共赢。20世纪80年代中期，中国就明确提出既要建立国际经济新秩序，也要建立国际政治新秩序。1988年9月21日，邓小平在会见来访的斯里兰卡总统普雷马达萨时重申了这一战略思想。② 20世纪90年代以来，以中国、印度、巴西为代表的部分新兴发展中国家群体性崛起。中国自1992年开始了全面加速改革开放，

① 中共中央文献研究室编《邓小平年谱（一九七五—一九九七）》（下），中央文献出版社，2004，第1068页。

② 中共中央文献研究室编《邓小平年谱（一九七五—一九九七）》（下），中央文献出版社，2004，第1251页。

在邓小平南方谈话和中共十四大精神的指引下，中国沿海地区的对外开放进入了深化发展阶段，逐步实现中国经济与世界经济的互接互补。伴随经济的高速增长，中国综合国力迅速提升，始终如一地为推动建立国际政治经济新秩序而努力。

进入 21 世纪，中国延续了和平与发展时代主题的基本判断，根据自身发展水平进一步参与全球化和区域化合作。中国加入世界贸易组织，倡导成立上海合作组织，召开博鳌论坛，建立中美新型大国关系，建立中俄战略伙伴关系，与周边国家以及新西兰、澳大利亚自贸区建设，以及中非、中拉、中阿合作论坛、中国—太平洋岛国经济发展合作论坛等。中国倡导的新型国际关系形成了国与国之间关系的新价值取向。中国与 54 个国家建立了各种"伙伴关系"，其中包括不少海丝沿线国家。这些"伙伴关系"按照国家关系的紧密程度大致分为四个层次，即"合作伙伴""全面合作伙伴""战略合作伙伴""全面战略合作伙伴"。2004 年中国提出了"互助互利""共同繁荣"的新理念。①这些国家关系模式的有益尝试，分享了全球化的成果，也在建立国际经济新秩序中把握了一定的主动权，为 21 世纪海上丝绸之路的提出与实践奠定了现实基础。

（三）21 世纪海上丝绸之路文化符号的历史连续性

新中国形成的不结盟、和平共处五项原则、对外援助八项原则、南南合作等具有代表性的机制形态，使得古代海上丝绸之路的符号遗产并未消隐，而是逐渐清晰地演进为当代社会主义内涵的新海丝文化传统。这一新传统成为海丝文化史中最为重要的一部分。因为，它既是承续古代海上丝绸之路热爱和平、沟通互助的文化精神而来，又突破了古代海上丝绸之路文化"天朝上国"的时代局限性。在促进文化多样化方面，自新中国成立以来，中国一以贯之倡导和平、合作、互利、共赢。海上丝绸之路是海上交通之路，也是贸易共赢之路；是国际移民迁徙之路，也是文化交流之路。21 世纪海上丝绸之路倡议直接与新海丝文化传统相连通，有助于人们进一步理解中国共产党赋予海丝历史文化符号的全

---

① 《巩固中非传统友谊 深化中非全面合作》，《人民日报》2004 年 2 月 4 日，第 1 版。

新时代内涵。

21世纪海上丝绸之路倡议维护和传播新海丝文化传统，借海丝的符号获得和平发展的基本文化定位，具有历史的高度和广度。在5年的倡议建设实践中，又有意识地新建了一批与时俱进的新型文化符号，增添了绿色丝绸之路、健康丝绸之路、智力丝绸之路、和平丝绸之路等多方面内容。倡议以航路港口和海洋经济圈为载体、以经济贸易和产业化发展为基础的建设模式，回应了沿线国家民众互联互通的期待。21世纪海上丝绸之路被赋予政策沟通、设施联通、贸易畅通、资金融通、民心相通"五通"为代表的新含义，重新焕发生机与活力，具有鲜明的亚洲特色和中国特色。[①]

21世纪海上丝绸之路所涉及的国家大部分是发展中国家，顺应了沿线发展中国家迫切希望学习中国改革开放成功发展经验的期待，激发了加快各方面合作的要求，实现了共同繁荣的愿望。同时，立足在沿线国家做好21世纪海上丝绸之路倡议文化构建的新实践，创造了各种合作模式，获得了良好的效果。

招商局集团发展港口网络，以重点港口为点，通过收购、改造和新建，形成可控制的现代化港口链，建设通畅安全高效的运输大通道。集团增进同沿线国家和地区的交往，在位于国际航运枢纽通道、扼亚丁湾、红海之地的吉布提规划新建物流港口和工业园。吉布提劳动力成本低，失业率高，与欧洲等发达市场有出口关税减免的协定，具有发展外向型劳动密集型产业的潜力。同时，吉布提国家面积小，人口少，招商局集团作为中国国家实力和形象的代表，在吉布提的投资，有效地提升了其国家经济力，在东道国民生改善方面贡献良多，促进了文化的交流，赢得广泛好评。自贸区建成后，将产生GDP超过40亿美元，相当于目前吉布提GDP的2倍多，可创造就业岗位逾10万个，超过吉布提可就业人口的1/6。[②]

21世纪海上丝绸之路倡议在交往过程中强调文化先行，重在以文

---

① 习近平：《携手共创丝绸之路新辉煌——在乌兹别克斯坦最高会议立法院的演讲》（2016年6月22日），《人民日报》2016年6月23日，第2版。

② 《吉布提港口"一港五通"》，《国资报告》2017年第5期。

化理念对海丝文化符号进行更新和扩充。首先是尊重各国文化的差异性，预防和化解可能冲突，提倡平等互利，共同繁荣。21 世纪海上丝绸之路绝非古代海上丝绸之路的简单复兴，而是在历史和现实的观念架构中寻究出的全新路径，倡议以和平共处五项原则为基础建立沿线国家和地区的平等关系，文化先行为倡议提供了文化平等的预设前提。尊重文化多样化是中国面对世界多极化、经济全球化参与文化价值链塑造的基点，文化及其所代表的国家利益，作为表现形式的宗教信仰、意识形态文化等，作为各国历史文化传统和现实综合国力的一部分，理应受到尊重和包容。各国基于自身国情所选择的文化模式等不是冷战结束后盛行一时的"文明冲突论"或"历史终结论"能够解释的。

21 世纪海上丝绸之路力图串起连通东盟、南亚、西亚、北非、欧洲等各大经济板块的市场链，发展面向南海、太平洋和印度洋的合作经济带，以亚欧非港口贸易一体化为发展的长期目标。其中包含了南亚、西亚等热点集中、各方势力角逐的地区。各国在文化、社会制度、宗教信仰上有着显著差别和自我认同。中国作为 21 世纪海上丝绸之路倡议价值引领者，奉行的"共商、共建、共享"原则充分彰显了倡议包容性的特点，既在民族国家的视角下鼓励保护文化安全和文化利益，凸显各国文化的个性，又超越民族国家的视角，鼓励坦诚接触、合作与互动，将海丝沿线国家视为互动紧密的国际文化网络。中国和海丝沿线各国的关系依照中华文化与不同文化融合共生的宗旨建构，作为一个开放性的倡议，凝聚各国人民掌握自己发展命运的哲学思考，倡议实践逐步发展地多样化、开放式的文化空间也具有极大感召力。2017 年 5 月，在"一带一路"国际合作高峰论坛圆桌峰会上致辞时，习近平主席向世界专门强调"不搞以邻为壑"的原则性态度。这是中国外交合作一以贯之之道，被中国执政党核心领导人在高峰论坛上面向世界再予强调。中国在论坛上与 68 个国家及国际组织签订了多份文件及协议，对有代表性的成果进行梳理和汇总，形成了 270 多项成果清单，并通过了联合公报。

其次是鼓励文化多元交流，结成情感纽带，减少倡议推行的阻力。21 世纪海上丝绸之路的目的，是包括文化开放在内的进一步开放。在空间设置和国家个体的功能上，倡议文化内容的基本特征是由国家倡导规划，企业、政党、智库、媒体、非政府组织多种主体参与。同时，凸显整体文化认同的先行作用。海丝文化作为一以贯之的主线，将历史、现实与未来连接在一起，倡议不仅是承续古代海丝贸易经济的合作，而且是发挥中国文化影响力的架构。文化是一国软实力的体现，对于联通民心、凝聚共识具有其他交流所不能替代的影响力。4年来，沿线各国政府、民间机构、互联网企业、科研院校、公民个人等全方位、多领域的文化交流与合作活跃，形成了创新发展、开放共享的海丝文化氛围。文化的多元交流有助于沿线国家民众更为了解中国倡导21世纪海上丝绸之路的宗旨，消除疑虑，也有助于打下中国发展经验分享和发展模式认可的民意基础，提升中国负责任的大国形象和在国际舞台上的软实力。

最后是着眼于倡议进展的大局，尊重客观经济规律，实实在在地提供国际公共产品，建设和改善铁路、公路、航空、港口等互联互通基础设施通道，在经贸、产业合作中增强深化文化交流合作的能力。事实证明，现代国际贸易产品中融入更多的文化认同因素，充分利用丰富的共有文化资源，是扩大国际贸易和增强国际贸易总量的有效途径。现阶段在与沿线国家的贸易平衡基础上创新文化贸易方式，主要体现在发展跨境电子商务，完善区域营销网络，坚持进口与出口并重，以中国—东盟博览会、中国—南亚博览会、中国国际投资贸易洽谈会等21世纪海上丝绸之路经贸交流平台为主体，推动服务贸易和货物贸易协调发展。

21世纪海上丝绸之路倡议不可能一蹴而就，而是一个循序渐进的过程，海丝沿线大部分国家基础设施相对落后，亟待得到大幅度的改善。5年来，中国以大国的胸怀和担当，采取实际举措首先着力实现沿线国家双边多边公路、铁路、港口、能源、通信等基础设施连接的客观一体化。5年来，中欧班列迅猛发展。截至2017年5月，中欧班列运行线51条，国内开行城市达到28个，到达欧洲11个国家29个城市，累计开行超过4000列，为各国开展更大范围、更高水平、更深层次的区域合作提供了平台。在"互联网+"的时代，传播的速度和广度不断被突破，时间和空间的界限不断被打破。沿线大量的岛屿国家和山地国家，也在中国电信和互联网企业的帮助下，通过无线领域的连接突破有线网络铺设的地理限制，取得信息联通手段的便利。如千岛之国印度尼西亚，中国手机 App"微信"的用户数量超过欧美日 Facebook Chat、Line 等从传统桌面互联网延伸过来的社交通信工具，微信晒朋友圈成为时尚。

资金融通是落实倡议、实现互联互通的核心组成部分，中国积极推动组建"一带一路"建设中长期资本聚合平台。2014 年 10 月 24 日，中国宣布筹建亚洲基础设施投资银行（简称"亚投行"），由包括中国、印度、新加坡等在内的 21 个国家共同投资设立，总部设在北京。亚投行在试运行的 10 个月时间里投资了六大项目，完成了 8.09 亿美元投资量，在 2016 年完成 12 亿美元的项目体量。2016 年 1 月 17 日，亚投行正式开业，来自五大洲的 57 个成员代表共同见证首个由中国倡议设立的多边金融机构起航。在开业仪式上，习近平主席在致辞中阐释了亚投行成立的重大意义，指明了亚投行运营和发展方向，表达出中国与世界共创未来的真诚意愿。

2014 年 11 月 8 日，中国宣布筹建丝路基金，由中国出资 400 亿美元成立。① 首期资本金 100 亿美元中，外汇储备出资 65 亿美元。2015 年先后宣布了 3 个单项目投资，21 世纪海上丝绸之路正在实现与沿线国家的对接，为倡议的落实增添稳定因素。基础设施的硬件联通带动了沿线经济贸易的有效增长，中国与沿线国家的经济合作伙伴关系更为紧密。中国轻工、纺织、建材等传统优势产业和装备制造业投资设厂，沿线国家能源、资源开发合作一体化发展迅速。同时，深化海关、质检、电子商务、货运运输等全方位合作，努力消除关税和非关税壁垒，为货畅其流创造出了更好的条件。古代海上丝绸之路的一大特点就是以贸易经济融合创造文化融通的氛围，把经济的互补性转化为看得见的利好。21 世纪海上丝绸之路是经贸文化之路，更是沿线国家民众情感沟通之路，重在以获得感赢得认同感。实际上，沿线国家民众的获得也有利于激发市场活力，培养文化消费力和新的消费增长点，创造海丝文化潜移默化深入民众的条件。

2017 年 5 月，"一带一路"国际合作高峰论坛召开，中国作为共建

---

① 《习近平主持加强互联互通伙伴关系对话会并发表重要讲话》，《人民日报》2014 年 11 月 9 日，第 2 版。

"一带一路"倡议的发起者，发布《共建"一带一路"：理念、实践与中国的贡献》，提出了"六廊六路多国多港"的合作框架。"六廊"是指新亚欧大陆桥、中蒙俄、中国—中亚—西亚、中国—中南半岛、中巴和孟中印缅六大国际经济合作走廊。"六路"指铁路、公路、航运、航空、管道和空间综合信息网络，是基础设施互联互通的主要内容。"多国"是指一批先期合作国家。"一带一路"沿线有众多国家，中国既要与各国平等互利合作，也要结合实际与一些国家率先合作，争取有示范效应、体现"一带一路"理念的合作成果，吸引更多国家参与共建"一带一路"。"多港"是指若干保障海上运输大通道安全畅通的合作港口，通过与"一带一路"沿线国家共建一批重要港口和节点城市，进一步繁荣21世纪海上丝绸之路沿线合作。"六廊六路多国多港"是共建"一带一路"的主体框架，为各国参与"一带一路"合作提供了清晰的导向。①

2017年10月，中国共产党十九大报告指出，中国坚持对外开放的基本国策，坚持打开国门搞建设，积极促进"一带一路"国际合作，努力实现政策沟通、设施联通、贸易畅通、资金融通、民心相通，打造国际合作新平台，增添共同发展新动力。② 具体来说，一是将共建"一带一路"作为全方位外交布局深入展开的成果；二是将"一带一路"建设作为陆海内外联动、东西双向互济开放格局的重点，说明"引进来"和"走出去"并重的途径与方式；三是将"一带一路"作为打造国际合作新平台、增添共同发展新动力的一个重大倡议。结合2013年以来共建"一带一路"的历程和成就，这三个方面将倡议连接成为一个中国全面开放的新进展、新动力和新平台的崭新系统。

---

① 推进"一带一路"建设工作领导小组办公室编《共建"一带一路"：理念、实践与中国的贡献》，外文出版社，2017。
② 《决胜全面建成小康社会 夺取新时代中国特色社会主义伟大胜利——习近平同志代表第十八届中央委员会向大会作的报告摘登》，《人民日报》2017年10月19日，第4版。

二 21 世纪海上丝绸之路倡议的文化构建定位

(一) 人类命运共同体：应对全球化趋势的新理念

自 20 世纪 80 年代开始，经济全球化逐渐兴起，其特征是要素资源配置的全球性和经济、文化发展的非普惠和非均衡。赫克歇尔和俄林的要素禀赋论指出，各国要素禀赋存在差异将导致相对供给能力的差异，相对价格的差异产生的比较优势是国际贸易发生的原因。美欧等发达国家和地区提供价值链上游的资金和技术，中国等发展中国家提供劳动力、土地等要素，根据要素资源禀赋的不同在以跨国公司为中心的全球产业链中占据一席之地。在全球化分工体系的模式下，各国的经济文化通过各种政府间与非政府间的制度安排，更加紧密地联系在一起。

复杂经济联系的深入导向的并非文化的平等融合，而是西方价值观的强势进入，某种普适价值的试图推进，各国发展道路、制度模式的偏见和意识形态的藩篱更未消除。西方国际关系理论三大流派中，现实主义认为对制度重要性的探讨不能离开"权力"，权力是制度背后"一只看不见的手"。自由主义主要是从制度具有哪些功能的角度，来论证制度具有促进国际合作、解决集体行动难题的重要作用。建构主义主要是从制度规范基础的角度，来探讨国际制度对国家身份与国家利益的建构作用。[①] 这充分说明，冷战结束以后西方发达国家和发展中国家之间仍

---

① 朱杰进：《国际制度缘何重要——三大流派比较研究》，《外交评论》2007 年第 4 期，第 96 页。

然广泛存在冷战思维和文明冲突的思考方式。

全球化治理模式在政治、经济、文化等方面有着不可割裂的整体性，消除要素流通的阻力成为必然。包括自由贸易和自由投资的阻力，也包括文化要素自由流动的阻力，最终达到提高整体效益和效率的目的。文化资源要素不同于资本、土地、劳动力等其他要素。对于一个国家或民族而言，文化是灵魂性和识别性的存在，文化在世界范围所处的态势最终关系到一国综合国力的强弱。为本民族的文化、宗教、建筑、艺术、历史、领袖和社会制度骄傲是普遍性的人类心理现象。文化关系是需要以心沟通的，各国文明间的界限分明，甚至以意识形态划界绝不是全球化应有的趋势，而是阻碍全球化的因素。因此，在政治、经济和文化在全球化中的互动关系来看，文化可以说是全球化的瓶颈，形成了全球化中的"文化陷阱"。

在西方国家主导的全球化中，通过对当地环境的分析和调查，可知发展中国家的利益未能得到全面的关注和维护。在古典生产函数中，劳动是唯一的生产要素，古典贸易理论由此从生产技术差异的角度，解释其对国际贸易的决定作用。生产技术差异具体化为劳动生产率的差异，劳动生产率的差异导致的绝对比较优势和相对比较优势构成了国际贸易的基础。文化发展更是全球化发展共赢面极不均衡的一个缩影。据统计，发达国家互联网用户普及率超过 80%，而最不发达国家和地区普及率仅为 23.5%。① 可以说，代表现代文化趋势的全球互联网资源分布是极不平衡的。世界上不同国家处于不同的发展阶段，不同国家的要素禀赋差异极大。第二次世界大战后国际贸易的产品结构和国际贸易格局出现的一系列新变化产生了新贸易理论。规模经济贸易理论说明在技术水平、要素禀赋状况相同情况下的国际贸易的起因是规模经济。而动态贸易理论、产业内贸易理论和国家竞争优势理论等更深刻说明了各国处于全球价值链和产业链的不同位置。如何应对全球化时代下业已形成的"中心—边缘"不平衡的发展循环和支配趋势，实现人类的共同发展，这是原来马克思主义经济学和西方经济学中所没有的东西，需要中国共

---

① 《第三届世界互联网大会闭幕发表〈乌镇报告〉》，《北京日报》2016 年 11 月 19 日，第 4 版。

产党领导各族人民探索和实践。中共十八大报告明确提出"命运共同体"的合作共赢的观念。

2013 年 3 月，习近平主席在莫斯科国际关系学院发表演讲时指出："这个世界，各国相互联系、相互依存的程度空前加深，人类生活在同一个地球村里，生活在历史和现实交汇的同一个时空里，越来越成为你中有我、我中有你的命运共同体。"① 这是习近平主席第一次对全球文明的走向做出明确判断，蕴含着中国对国际规制基础的基本看法。此后，习近平主席在众多场合数十次阐释"命运共同体"理念，赋予了命运共同体以丰富的内涵。

首先，人类命运共同体理念的内在本质，是一种全球文化价值观念变革的理性探索，是中国智慧对全球化超越性的纠偏修正。客观地说，人类命运共同体包括共同体成员在生产生活中共同接受的思想、观念、风俗等，其理念是全球化大趋势积累到今天，人类利益交汇点不断扩大才能激发出的心灵共感。人类命运共同体成员对人类共有一个地球的客观事实和人类情感息息相关的共生性的承认是其逻辑起点，体现的是对人类社会未来和世界走向的终极关怀。

人类命运共同体理念提出的目的，是推动国际秩序朝着更加公正合理的方向发展，增进不同信仰、制度和民族国家的共同利益。2008 年全球金融危机后，世界经济持续低迷，以初级产品出口为主的发展中国家受创尤深。思想界弥漫着对目前困境和世界未来的普遍焦虑，以及对全球经济如何健康发展的反思。② 人类文明史反复证明，一国之盛，一国之荣，若无休戚与共的理念，一味掠夺争强，难以长久，更难以延续，在"全盛""极荣"中已呈衰败之征。这种焦虑和反思并不限于经济领域，而是思考探索人类社会相互依存、和谐发展的新型发展模式。人类命运共同体理念内含的平等协商精神顺应了人类社会对危机的共同担当，对未来的共同期许，对福祉的共同创造，符合世界和平稳定的普

---

① 习近平：《顺应时代前进潮流　促进世界和平发展——在莫斯科国际关系学院的演讲》（2013 年 3 月 23 日，莫斯科），《人民日报》2013 年 3 月 24 日，第 2 版。

② 张宇：《金融危机、新自由主义与中国的道路》，《经济学动态》2009 年第 4 期；何秉孟：《重拾"第三条道路"？——金融危机后美欧的政治思潮与经济选择》，《国外社会科学》2014 年第 6 期。

遍愿望。

其次，人类命运体理念凸显的是以民众为主体的新观念和新路径，在具体措施上也更加注重体贴民意，努力取得看得见、摸得着的早期民生利益收获。倡议提供给沿线国家的，不是一个强加的正式国际秩序，而是一个基于人类普遍情感和未来展望的弹性空间。这打造了国际合作无涉意识形态、不以自身发展模式划界的文化基础。不均衡的全球化在发达国家和发展中国家之间造成的财富鸿沟打击了发展中国家民众对于全球化趋势的美好愿望和信心。西方国家凭借经济与科技优势，固化其对全球意识形态话语权的控制与操纵的事实也日益显现。

人类命运共同体理念重视主流民意的认可和从政府到百姓的共识，特别是重视加强与各国民众间的精神联系。"一带一路"沿线国家和地区的人民在目标、理念、情感和文明方面的相互沟通、相互理解、相互认同。不同的国家有了共同的目标、相近的理念、深厚的情感和包容的文明，"民心相通"就可以实现。① 中国以人类命运共同体为理念的"一带一路"倡议逐步完善，以及负责任的大国形象的建立不仅使得自身国际形象更加正面，而且对于倡议的落实也有着极为重大的意义。真正尊重民众主动性的合作模式，显然是真正实现合作与发展，给世界带来和平、稳定与繁荣的方式。如招商局集团在海丝沿线国家和地区展开了一系列切实可行的民心工程。包括旨在培养当地治国理政精英人才的青年领袖社区项目、解决贫困人口住房问题的安居房工程、提升当地劳动力素质的培训中心项目、帮助白内障患者进行复明手术的"光明行"项目等。这些民心工程让当地百姓得到实实在在的好处。

再次，人类命运共同体理念体现了基于各国国情特殊性的开放包容。人类命运体的构建不搞俱乐部、会员制，开放包容是其核心价值。"霸权稳定论""进攻性的现实主义""制度自由主义"等国际关系理论都曾经盛行一时，但事实证明，这些理论和与理论相对应的政策实践无法解决当前世界主要关切，尤其是无法解决多元文化的融合。其根本原因是这些理论基于现实利益的考量和意识形态的统一，而非基于各国的

---

① 郭宪纲、姜志达：《"民心相通"：认知误区与推进思路——试论"一带一路"建设之思想认识》，《和平与发展》2015年第5期。

特殊性，更不具有文明开放包容的属性。世界各国的自身发展都不能自外于人类发展，正是经济文化的多元性构成丰富多彩的人类社会。人类命运共同体理念与中华文明"和而不同"的文明价值取向有着内在的一致性。人类命运共同体理念作为推动全球发展繁荣的话语，具有融通各国人民情感的效能。实践上则在各国对这一理念理解的基础上，尊重各自的文化特性和自主选择，积极发挥对全球化体系的共同建设性作用。

最后，人类命运共同体的理念也包含着中国自觉为 21 世纪全球治理体系谋划的大国责任意识。人类总体福祉的增加从来不是一个单向度前进的过程，而是内化于以生产生活方式为载体的社会文化整体均衡。中国的"走出去"既符合对外开放格局的需要，也契合世界各国的共同需求，为世界整体性的优势互补、开放发展创造新的机遇。在这一机遇创造中，人类命运共同体理念的关注点重在文化关系和文化内容，这是对以往全球化模式文化要素流动陷阱的反思。随着理念的传播和深入，世界将进入一个更加多元的文明时代。

2015 年 3 月，国家发展改革委、外交部和商务部联合发布的《愿景与行动》提出，要打造政治互信、经济融合、文化包容的利益共同体、命运共同体和责任共同体，人类命运共同体理念在"一带一路"的实践框架下得到了进一步深化。① 21 世纪海上丝绸之路倡议作为中国未来全局性的海洋建设，是人类命运共同体理念框架下的宏大构想，也是建立人类命运共同体的具体实践。习近平 2013 年提出的"中国—东盟命运共同体"、2014 年提出的"周边命运共同体"、2015 年提出的"亚洲命运共同体"都与 21 世纪海上丝绸之路倡议密切联系。倡议提出的文化先行，着眼于文化资源的优化流动配置推动全球其他要素优化流动配置，最终达到开放、包容、均衡、普惠的全球化深化目标。这不仅是为人类塑造全球文化交流和融通的可行构想，而且是以负责任的大国形象维护经济全球化的成果，完善全球化规则。

---

① 《推动共建丝绸之路经济带和 21 世纪海上丝绸之路的愿景与行动》，《人民日报》2015 年 3 月 29 日，第 4 版。

（二）对区域化趋势的把握和 21 世纪海上丝绸之路的文化构建定位

2008 年国际金融危机引发了国际和地区形势的深刻变化，世界各国在已有的欧洲联盟（EU）、北美自由贸易区（NAFTA）、东南亚国家同盟（ASEAN）等区域性制度基础上，进一步倾向区域化发展。次贷危机使世界经济深受冲击和影响，世界经济步入低速增长期，资本控制的全球化弊病和文化风险日益显露。广大发展中国家在全球化普遍经济增长中虽也获得发展收益，但与发达国家要素分配红利所得悬殊，产业资本与金融资本回报的鸿沟加深，公正合理的世界政治经济秩序仍未建立。发展中国家在经济全球化中的位置固化在发达国家跨国公司的全球产业链上，短期内难以改变。发展中国家在经济全球化中的地位决定了在多边主义框架下只是规则的执行者，在文化传播中无法获取主流话语权，居于从属性的边缘地位，受到西方国家文化产品的强势输入。

全球化规模和方式下的多边主义越来越难以协调各国发展利益，达成共识，如海丝沿线国家相当一部分都处在工业化、城镇化的进程当中，面临基础设施建设、产业升级等经济社会发展的重大任务，而发达国家已超越了这一阶段。世界各国力图通过区域一体化的方式进一步互相联通合作。区域发展确实空间巨大，随着西方世界经济危机的一再发生，美欧等发达国家的绝对优势地位逐渐丧失，规则主导能力相对下降，构建高度包容的多边协议越来越难得到响应。而以区域主义为特色的协议系统无论是在增长动力、互联意愿的可持续性，还是在操作层面上都较容易实现。

但是，美欧等发达国家倡导的跨大西洋自贸区协议谈判（TTIP，跨大西洋贸易与投资伙伴协定），仍是由西方发达国家制定规则，目的是以区域协议规则代替多边协议规则，实质上是缩小了的多边主义。美国实行"重返亚太"或"转向亚洲"（pivot to Asia）政策，并在 2013 年调整为"亚太再平衡"战略，强化军事同盟，更是说明了这一性质。2017 年 1 月，特朗普担任美国总统后，签署行政命令正式宣布退出跨太平洋伙伴关系协定（TPP）只能视为美国为集中精力推动北美自贸协定重新谈判的举措。跨大西洋自贸区协议打造欧美自贸区。议题涉及服务贸易、政府采购、原产地规则、技术性贸易壁垒、农业、海关和贸易便利化等。在这些协议中，大国仍然是支配地位和影响能力的获得方，小国仍是利益的让渡方，这并不因为区域协议的属性而有所变化。与此同时，海上丝绸之路沿线的各种多边、双边区域主义协议不断推出，大的框架有东盟发起的区域全面经济合作伙伴关系（RCEP）、欧盟的容克计划等，体现的都是以区域合作为核心、通过照顾各方的利益诉求构建良好地区氛围的努力。在此前提下，区域化模式也有较大变化，合作程度不断加深，合作地域广泛，合作内容也更为丰富，涵盖政治、经济、文化等多个领域。

改革开放以来，中国作为全球化趋势的跟进者，通过渐进式的改革开放深入地参与了全球化的进程，取得了举世瞩目的发展成就。但是，随着 WTO 多边体制红利逐渐消退，2012 年以后，中国经济进入了"三期叠加"① 的新常态，中国也迫切需要推进新的区域合作框架协议。从区域化融合达成全球化的角度来看，海丝沿线地区是全世界民族、宗教、地缘政治形势最为复杂的地区之一。21 世纪海上丝绸之路倡议有着区域化趋势涉及全局的判断，在具体的文化政策建设实施、文化产业布局升级、文化安全落实维护等方面，则要综合考虑海丝沿线国家差异性极大的经济发展水平、政治制度、意识形态、社会文化习俗等社会整体文化环境，本书将在有关章节分别加以具体阐释。

（三）21 世纪海上丝绸之路倡议的文化意义：全球化与区域化的协调

总之，无论是全球化还是区域化，国际关系的民主化仍未实现，霸权主义、强权政治和新干涉主义依然存在，全球文化体系的意识形态中心和文化观割裂现象也未有改观，甚至愈演愈烈。"全球化"与"区域化"并非一对完全矛盾的概念，呈现的是互动发展的制度演进新趋势。全球化倡议需要落实到具体的路径规划，区域化则需要落实到地区与国际合作的模式上来。如何有效利用多边主义与双边主义的平衡，最大化

---

① 三期叠加，是指经济增长速度的换挡期、经济结构调整的阵痛期、前期刺激政策的消化期。

中国现实和未来的发展利益，需要的是政治智慧和负责任大国的担当。21 世纪海上丝绸之路倡议以古代海上丝绸之路为历史和文化的认同基础，但又突破了古代海上丝绸之路的空间概念和历史局限，形成了充满可能的开放空间和海丝文化共享的标志性理念。倡议旨在串起连通东盟、南亚、西亚、北非、欧洲等各大经济板块，为建立公正合理的国际新秩序，为形成共同发展、共同繁荣的世界经济文化新局面，为缔造合作共赢的人类命运共同体提供新的方案和经验。

　　21 世纪海上丝绸之路倡议开辟了世界发展格局中独属中国、加强与沿线国家全方位合作、共同向世界开放的海洋文化模式。这是中国在对多边主义协定和区域主义协定的选择中，有效地利用全球化与区域化各自的优点，创设出的以公正合理、开放包容为文化特征的崭新模式，是对全球治理体系的贡献。事实上，21 世纪海上丝绸之路作为一项倡议，并非无本之木，更非挑战现有国际和区域既有秩序的另起炉灶，其基础是包容中国与海丝沿线有关国家既有的、行之有效的合作平台。21 世纪海上丝绸之路倡议可以说是多边主义和区域主义的升级版，其文化意义在于理解全球文明融通与经济推动之间的密切联系，重启新一轮的经济制度改革和制度创新。倡议不仅仅是为沿线各国的生产力聚合提出了一个长效运行的整体框架，带来巨大的正面影响，还将决定中国在世界文明体系中未来地位的获得。

三　21世纪海上丝绸之路倡议文化构建的内在逻辑和机制对接

（一）21世纪海上丝绸之路倡议文化构建的内在逻辑

从战略的层面来看后金融危机时代中国对外开放格局中的文化要素，结合上文的讨论，可以从两个视角来观察：一是全球化文化价值链塑造的视角，二是区域文化交融联通的视角。中国共产党十八届三中全会通过的决定中提出"推进丝绸之路经济带、海上丝绸之路建设，形成全方位开放新格局"。[①] 古老的海上丝绸之路是由一系列的港口网点为节点连接而成的国际贸易网络，范围覆盖大半个地球。而文化在本质上正是一个开放演化、具有适应性的复杂网络系统。海上丝绸之路是国际贸易的载体，多起点、多航线的国际贸易深化了海丝文化的内涵。

21世纪海上丝绸之路倡议是中国开放型经济的组成部分和构建多元平衡开放体系的重要方式。目前，以中国资本"走出去"为特征的第二次全球产业转移正当其时。中国借"一带一路"框架与沿线国家共建共享交通和物流，加强欧亚大陆未来联通，全方位扩大开放布局。各国由于历史渊源、文化贸易和文化产业等的差异，决定了其在全球文化价值链上的综合位置。中国在全球文化价值链中发挥重要作用，对于中国试图塑造全球文化价值链以获得更多的规则话语权，是一个具有重要战略意义的现实优势，将对中华民族的伟大复兴产生全面而深远的积

---

① 《中共中央关于全面深化改革若干重大问题的决定》，《人民日报》2013年11月16日，第1版。

极影响。

从中国文化在全球文化价值链的定位来看，实现中国经济的可持续发展，应发挥文化的价值。文化与经济之间的关系不可割裂，尤其在以文化为符号的 21 世纪海上丝绸之路倡议中，海丝文化的传播必须以物质的流通为载体。推进倡议建设的重点之一是加强经贸合作，经贸竞争力始终来源于自身产品和服务。

当前，中国已经是全球第二大经济体、制造业第一大国、第一大商品出口国和第三大对外投资国。2008 年后，新一轮贸易保护主义抬头，中国也成为贸易摩擦目标集中国。21 世纪海上丝绸之路倡议框架的经贸活动跨越文化，只有坚持包容开放、互鉴创新，才能形成经济与文化的长期良性互动。文化互联互通形成社会信任和民众认同，才能在主观意识上有提升区域一体化的可能，进而达到真正的全球化。民心相通是社会根基，具体来说，文化的相互理解有利于海丝沿线各国合作与协调的低成本，对于经济交往中利益诉求的互让、疑虑的解除、消除文化差异引起的可能纷争无疑都具有基础性作用。缅甸是 21 世纪海上丝绸之路上的重要国家，2014 年中国与缅甸的皎漂—昆明铁路项目遭到搁置，一定程度上是"走出去"过程中民心互通还不到位而导致的。中缅皎漂—昆明铁路是中缅共同实施的皎漂—瑞丽通道计划的一部分，起于缅甸若开邦面对印度洋的皎漂深水港，从西南向东北贯穿缅甸中北部，经由云南瑞丽进入中国，直通昆明。该铁路走向基本与中缅油气管道平行，曾被称为中国西南战略大通道。中缅铁路的建设对于缅甸益处不少，但缅甸非政府组织和铁路途经地区民众认为没有直接受益，当地媒体关注项目对沿途的文物古迹和宗教设施可能的影响和环保代价。中国方面从倾听缅甸人民呼声、尊重缅甸人民意见出发，决定暂缓推动有关项目。

21 世纪海上丝绸之路倡议将成为全面提高中国对外开放水平的先行力量。从 21 世纪海上丝绸之路倡议所具有的开放性来看，将实现与陆上丝绸之路的对接，联通欧亚非大陆。根据《愿景与行动》，21 世纪海上丝绸之路倡议横跨太平洋、印度洋，历经南海、马六甲海峡、孟加拉湾、阿拉伯海、亚丁湾、波斯湾，涉及东盟、南亚、西亚、东北非等相关国家。倡议计划在海丝沿线国家主要交通节点和港口，共建一批经贸园区，吸引各国企业入园投资，形成产业示范区和特色产业园。从目前的实践运作、学界研究来看，21世纪海上丝绸之路倡议对沿线国家和地区的贸易与投资带来极大拉动效应，将中国对外开放的层次引向更为深广的领域。① 特别是对文化先行的强调，说明倡议并非简单重复或者借鉴已有的全球化和区域化的规则模式、思路与政策导向。倡议更非单纯的区域经济开放联合体，其特点是避免偏重经济属性，不完全以 GDP 指标来引导实施，注重在文化轨道上的循序推进。倡议具有更为多元、层次更高的功能，包括文化融合、文化推进所具有的价值。

（二）21世纪海上丝绸之路倡议文化构建的机制对接

21世纪海上丝绸之路倡议的推进首先基于沿线国家对海丝文化的深刻认同，这种认同在机制合作中较易获得实现基础。21世纪海上丝绸之路倡议的具体结构安排与机制进程尚在设计之中，但中国基本立场是不谋求排他性的区域集团，这一点是确定的。倡议不限封闭的国别范围，强调在海丝平等的文化认同框架内与沿线既有的正式与非正式制度、发展战略和规划的对接，也倡导区域多边化的创新合作方式，共同寻找合作切入点。21世纪海上丝绸之路实践不仅仅代表中国对外开放的新方向，还向沿线国家展示未来中国以什么样的姿态在世界体系中获得什么样的地位。因此，与沿线现有机制对接，在对接框架中形塑、传播海丝文化，才能凸显中国在海丝文化构建中的作用。

一是与已有区域共同体的对接。东盟是21世纪海上丝绸之路上最重要的区域共同体，东盟国家多数是中国陆上、海上的近邻。自1991年中国与东盟建立对话关系到现在，东盟从最初的5国扩充到10国，

① 学者李向阳给出了一个21世纪海上丝绸之路的具体区域路线图：东北亚地区应该成为海上丝绸之路的起点，以推动中蒙俄朝韩次区域合作为主攻方向；中国沿海地区应以区域经济合作框架为核心；在东南亚地区以打造中国—东盟自贸区的升级版为基础；在南亚地区，以正在构建的孟中印缅经济走廊与中巴经济走廊为突破口；延伸到西亚地区，应加快中国海合会自贸区的谈判进程。至于海上丝绸之路的终点则应该是一个开放的选择。参见李向阳《论海上丝绸之路的多元化合作机制》，《世界经济与政治》2014年第11期。

并于2015年底建成世界最大的地区一体化组织——东盟共同体。因此，与东盟国家经济走廊发展规划等的对接在21世纪海上丝绸之路倡议建设中起着举足轻重的作用。2013年秋季，中国领导人习近平和李克强在访问东南亚时都提出，中国愿同东盟国家商谈缔结睦邻友好合作条约。习近平主席更是将中国与东盟的关系定位于"中国—东盟命运共同体"。21世纪海上丝绸之路的开通将给中国与东盟各国间的贸易、投资、文化、交流，乃至双方人民之间的友好交往带来极大的便利。中国把与印度尼西亚和马来西亚的双边关系提升为"全面战略伙伴关系"。中国—东盟博览会、泛北部湾经济合作论坛、中国—南亚博览会等交流平台进一步完善。

二是与沿线国家有关规划的对接。在21世纪海上丝绸之路上，有一些国家的规划与倡议相近相通，具有推动沿途各国人民友好交往的内在动力。其区域覆盖范围具备与倡议对接和互动的基础。中国积极树立负责任大国的形象，并不以首倡国的身份在沿线国家和地区的经济社会发展中谋求主导权，而是寻找与沿线各国此类规划的对接路径。比较典型的如与印度尼西亚"全球海洋支点"构想①对接，与欧盟欧洲战略投资基金（"容克计划"）②对接等。通过政策协调、市场开放、建立共同投资基金等创新方式，强强联合，共同开拓海丝沿线新的合作空间。③印度尼西亚地处海上丝绸之路两条线路的交会处，是21世纪海上丝绸之路连通大洋洲、欧洲和非洲等地区的关键节点，也是中国—中南半岛走廊的重要参与者。2016年，雅万高铁开工建设，设计时速300公里。雅万高铁是中国和印度尼西亚合作的重大标志性项目，被认为是21世

①　印度尼西亚的"全球海洋支点"构想，又称海洋支点计划、海洋支点梦想等，是2014年10月，佐科·维多多（Joko Widodo）政府提出的战略性发展计划。计划调整了印尼的国家发展重心，逐步将关注点由陆地转向海洋，重视基础设施建设，促进海洋互联互通和加强海洋外交，增强海军实力是目前该计划的最主要内容。参见刘畅《重新重视海洋：印尼全球海洋支点愿景评析》，《现代国际关系》2015年第4期；《试论印尼的"全球海洋支点"战略构想》，《现代国际关系》2015年第4期；等等。

②　欧洲战略投资基金是欧盟委员会2014年11月提出的一项投资计划，因主席容克力推，也称"容克计划"。欧盟委员会和欧洲投资银行共同组建并注资总额210亿欧元，意图重振欧盟经济。资金将主要投向能源、电信、数字、交通以及教育创新等领域。

③　《习近平同印尼总统通电话》，《人民日报》（海外版）2015年6月24日。

纪海上丝绸之路倡议与印度尼西亚"全球海洋支点"战略对接的早期收获工程。与欧盟的战略架构对接旨在实现东亚与欧洲这两大经济发展极之间经济文化的交流与合作，带动沿线大量的发展中国家受益。在21 世纪海上丝绸之路沿线，还有一些与倡议具有竞争性的国家规划。比如印度提出的"季节计划"①、美国提出的"新丝绸之路"计划②等。目前，已有多个沿线国家和区域组织表达了对接21 世纪海上丝绸之路倡议的意愿，但也鉴于某些客观原因，与一些国家的规划无法对接，但这并不影响倡议的落实。

三是推进与沿线国家的双边协议，包括双边贸易投资协议、自贸区建设协定及工程、商业、文化领域的协定。21 世纪海上丝绸之路倡议促进沿线各国利用各自的区位优势建立战略伙伴关系，因此，推进落实与沿线国家双边贸易投资协议，推动海关、质检、电子商务等部门相互协调，提高贸易投资便利化水平是倡议的重点内容。2016 年，中国已与"一带一路"沿线56 个国家签署了双边投资协定。③ 其中中巴经济走廊建设加速推进，中巴合作的数据是富有说服力的。在习近平主席访问巴基斯坦期间签约项目总额达300 亿美元。中巴重大能源、基础设施、产业园项目都取得显著成果。2016 年，中巴经济走廊的战略项目瓜达尔港正式开航。

21 世纪海上丝路倡议将构建沿线地区自贸区作为形成文化共识的基础性条件之一。2016 年，中国与"一带一路"倡议沿线11 个国家签署了自贸区协定。海丝沿线地区自贸区建设也在加快，中国与沿线更多国家探讨建设自贸区，以经贸促进文化交流和发展。2015 年，中国作为澳大利亚连续6 年的第一大贸易伙伴、第一大出口市场和第一大进口来源国，和澳大利亚签署了自贸协定。2016 年，中国—斯里兰卡自贸

---

① "季节计划"是莫迪政府外交政策中最为重要的倡议，核心为"印度主导的海洋世界"规划，包括东非、阿拉伯半岛，经过南部伊朗到整个南亚，向东通过马六甲海峡和泰国延伸到整个东南亚地区。

② "新丝绸之路"计划是时任美国国务卿希拉里·克林顿于2011 年在印度发表演讲时首次提出的地缘政治经济战略，建设一个连接南亚、中亚和西亚的网络。

③ 《中国已与"一带一路"沿线56 个国家签署投资协定》，中华人民共和国商务部网站，http://www.mofcom.gov.cn/article/difang/201606/20160601331178.shtml，2016 年6 月2 日。

区第四轮谈判在北京举行。中斯双方就货物贸易、服务贸易、投资、经济技术合作、原产地规则、海关程序和贸易便利化、技术性贸易壁垒和卫生与植物卫生措施、贸易救济、争端解决等议题充分交换了意见，谈判取得积极进展。①

在 21 世纪海上丝绸之路倡议框架下，中泰铁路投资协议、中国—马来西亚文化合作协定等一系列交通、通信、能源、金融和人文领域深度合作的重大协议都取得进展。国际金融危机后，全球贸易投资低迷不振。特别是传统发达国家市场需求不振，复苏缓慢。海丝沿线的大多数国家对 21 世纪海上丝绸倡议的支持，应当理解为发展中国家在后危机时代通过倡议矫正原有的世界秩序，更好地呈现不同种族、信仰、文化之间和谐相处，共享和平，共同发展的美好期望。

---

① 《中国—斯里兰卡自贸区第四轮谈判在京举行》，中华人民共和国商务部网站，http://www. mofcom. gov. cn/article/ae/ai/201611/20161101888343. shtml，2016 年 11 月 23 日。

小 结

21 世纪海上丝绸之路倡议是中国开放型经济的组成部分和构建多元平衡开放体系的重要方式。从倡议的总体层面来看后金融危机时代中国对外开放格局中的文化要素，可以从两个视角来观察：一是全球化文化价值链塑造的视角；二是区域文化交融连通的视角。古代海上丝绸之路是由一系列的港口网点为节点连接而成的国际贸易网络，范围覆盖大半个地球。而文化在本质上，正是一个开放演化、具有适应性的复杂网络系统。海上丝绸之路是国际贸易的载体，多起点、多航线的国际贸易也深化了海丝文化的内涵。在以文化为符号的 21 世纪海上丝绸之路倡议中，沿线各国在产业内、产业间都有很强的互补性和独特优势，尤其是沿线国家的文化产业普遍在产业化上还未形成规模，产能未完全释放出来，产业链也比较单薄，未来合作空间广阔，这都为海丝文化的传播提供了支持条件。

第 二 章

21 世纪海上丝绸之路文化品牌研究

海丝文化是人类优秀文化传统的集中体现，光彩夺目的深厚历史渊源成为品牌元素挖掘和发展的条件。在 21 世纪海上丝绸之路倡议的推进中，深入挖掘具有海丝文化特色的资源和遗产，寻找共通的文化品牌要素有利于消除文化差异、制度差异等构成的负面影响。将灿如星海的海丝文化元素统一在文化品牌中，从丰厚的历史积淀中汲取文化营养形成城市品牌、企业品牌和产品品牌完整的品牌资源链，是海丝文化建设的重点所在。

一 海上丝绸之路文化品牌的运用和价值含义

（一）明确海上丝绸之路文化品牌整体定位，夯实沿线国家互联互通的基础

习近平主席在出访中亚和东南亚期间，分别提出建设"丝绸之路经济带"和"21世纪海上丝绸之路"的倡议构想。海上丝绸之路不仅是一条海上贸易大通道，而且是一个具有丰厚内涵的文化载体。随着倡议构想的进一步深化和细化，中国和沿线国家的一体化进程将继续引领全球生产与国际贸易和投资的发展。文化是海丝的核心组成部分，能否顺利取得文化认同，凝聚文化共识是关键。海丝文化历经数千年的演进，海纳百川、兼容并蓄的开放性，博采众长、厚积薄发的创新力，根植民间、生生不息的影响力，正是海丝文化品牌的整体定位。通过遗迹佐证和深入研究，可以证明海丝文化的一脉相承。从海上丝绸之路的发展史来看，海上丝绸之路沿线各国资源互补，本身就是各国通商友好、经济与文化充分交融的文化品牌。

选择能够产生影响和效益的项目，将海丝文化凝聚为品牌，是夯实沿线国家互联互通的途径之一。海丝的整体发展需要文化先行，这是沿线各国经济社会协调发展的必然要求。

一是统一对海丝品牌的价值认识。习近平主席在访欧时指出，建设文明共荣之桥，把中欧两大文明连接起来，让亚欧大陆上不同肤色、不同语言、不同信仰的人们携起手来，共同走向更加美好的生活。① 品牌

---

① 习近平：《在布鲁日欧洲学院的演讲》，《人民日报》2014年4月2日，第2版；《中欧友谊和合作：让生活越来越好》，《人民日报》2014年3月30日，第2版。

传播开始于明确品牌所具有的内涵，决定怎样借助品牌的作用促进和维持发展。清晰的含义界定是理论分析的基础及起点。海丝文化品牌的传播起点是海丝文化，以产品和服务为载体，通过理念、个性、声誉等要素的塑造，使品牌具有归属感。以 21 世纪海上丝绸之路倡议为导向，创造出具有海丝文化特色的文化品牌，才能更好地在国际上传播海丝的价值观念，展示海丝文化的独特魅力。品牌背后凝聚的是文化的核心价值传递和体现。对于海上丝绸之路品牌来说，更集中体现出从历史走来，在今日携手并进的相通民心。

2015 年 3 月发布的《愿景与行动》进一步明确了 21 世纪海上丝绸之路的线路。海上丝绸之路自古以来便是文化汇融之路，以郑和为代表的航海家联系各国，文化传播影响世界各国的故事流传至今。海丝文化品牌特色鲜明，代表的是海丝赖以维系的精神纽带，是沿线国家共同的文化特质。

文化品牌的影响力巨大，能够带动价值观念的变迁。在经济社会，企业和品牌所能直接接触到的人群数量，远远超过单纯的宣传能力。海丝文化品牌建设首先基于对倡议的理解和推进，基于建立一个更加美好繁荣富足的世界。5 年来，沿线国家加强互联互通建设、深化贸易往来、积极推进海洋合作及人文密切交流与合作，塑造了海丝文化的新形象。在 21 世纪海上丝绸之路的未来全方位推进中，应以海丝文化为定位形成品牌。在此基础上与沿线国家结成品牌利用、展示、规划的伙伴关系，让沿线各国之间的良性互动，能够在海丝文化的凝聚下持续不断地传递。沿线国家之间基于海丝品牌的协调发展，也能够促进沿线国家消除疑虑，读懂中国。海丝品牌最核心的部分是平等包容的价值理念与合作共赢的时代内涵，共同打造 21 世纪海上丝绸之路的新理念。当前，世界话语权主要掌握在部分西方国家，整合现有的资源，将历史文化沉淀转变为现实的话语权，途径之一是提升人们对海丝文化的认知。利用历史的价值沟通未来。通过打造海上丝绸之路文化品牌，形成宽广的视野和长远文化发展愿景，争取得到更多沿线国家的关注和认可，也让更多的国家来了解海上丝绸之路。同时，塑造统一品牌，明确海丝文化品牌的主题，也有助于沿线国家有意识地收集、整理、保护各自海上丝绸之路相关文物，整合资源和研究成果。应联合开展海上丝绸之路文化遗产专题调查、保护规划等，继续海上丝绸之路相关考古、水下考古调查及抢救性发掘工作。

二是提炼与建构海丝文化品牌的个性特征。品牌建设需要高水平的管理，以体现价值的最大化。海丝文化是海上丝绸之路上产生的文化。海上丝绸之路历史悠久，延续时间长，通往的地区多样，与各地区各民族人民交往极为广泛。任何经济的发展都离不开文化的支持，文明交流是人类的共同需求，对话是不同文明之间架起的理解沟通桥梁。海丝蕴含着极其丰富的文化内涵，可以说，"海上丝绸之路"的包容文化独一无二，不可替代，将在 21 世纪海上丝绸之路的不断推进中实现其社会价值。海上丝路沿线各国的政治理念、经济制度、社会管理、宗教信仰等都可能有所差异，以海丝文化为先导的人文交流，能够促使海上丝绸之路理念深入人心。

借力海丝文化强力打造品牌，进一步扩大沿线国家的知名度和影响力，就是使海丝文化成为沿线各国的共同"名片"。海丝沿线国家社会经济文明的发展各具特色，人文生态气质各异。海丝文化品牌的表达定位需要提炼文化品牌的个性特征，形成具有文化高度和文化广度的主题形象，推进海丝文化的民众认知度和认同感。文化品牌的打造是长时间的，具有广泛亲和力与深刻感召力的海丝文化品牌将发挥文化交流与合作的作用，使沿线各国都可以吸收、融汇海丝文化的内容，最终促进不同文明的共同发展。海丝文化品牌建构的落脚点是海丝传统文化传承与现代文化创新的文化自信，沿线国家将极大地受益于海丝文化品牌的建设。

（二）海上丝绸之路文化品牌助推比较优势

品牌是一种无形的财务资产，驱动品牌价值提升的关键因素是获得比较优势。21 世纪海上丝绸之路旨在融通"中国梦"与沿线各国各地区的各自梦想，成就人类和平与发展的共同愿景，这是海丝文化品牌的深刻内涵。海丝文化是沿线经济社会发展的历史渊源，也是树立海丝文化品牌的重要物质基础。海上丝绸之路带动沿线国家经济、政治、文化的不断交流和持续发展，维系着沿线国家民众的共同利益。当今世界，很多热点问题的实质是文化与身份认同的危机。海丝文化品牌建构的目的在于加强同世界各国的友好交往和互利共信，形成海丝沿线发展的共同市场，是推动实体产业和文化产业在 21 世纪海上丝绸之路倡议中发展，获得比较优势的动力和基础。

一是弥补 21 世纪海上丝绸之路沿线公共产品供给不足。21 世纪海上丝绸之路倡议对沿线国家具有带动发展的作用，是产业资本融通和产业合作的重要平台。海丝沿线国家间空间跨度大，地理距离远近不一，海丝文化的品牌设计立足于开放性、国际性，积极融入 21 世纪海上丝绸之路倡议。作为 21 世纪海上丝绸之路的首倡者，中国发扬大国担当精神，主动提出在 1000 亿美元的丝路基金总额中承担近半的建设基金；除此之外，未来 5 年，中国将为周边国家提供 2 万个互联互通领域培训名额。

21 世纪海上丝绸之路倡议初期的建设重点以基础设施互联互通为载体，以产业为重点，引导沿线国家在重点领域重大产业项目对接合作。这一过程关系到沿线国家经贸格局和金融秩序的重整。因此，利用好海丝沟通的比较优势，从迅速增长的国际间交流需求和资金流中寻找相互依存、经济互补和技术转让的合作机会，将带动海丝文化品牌的整合传播。2015 年，中国企业共对"一带一路"相关的 49 个国家进行了直接投资，投资额合计 148.2 亿美元，同比增长 18.2%。投资主要流向新加坡、哈萨克斯坦、老挝、印度尼西亚、俄罗斯和泰国等。可以预见，中国将继续 21 世纪海上丝绸之路倡导者的身份，提供对海丝文化品牌全过程的管理，协调品牌资源。从这个角度来说，海丝文化品牌也是中国通过互联互通为海丝沿线各国提供的公共产品的一部分。同时，这说明支撑海丝文化品牌的交通运输、装备制造、能源发电等产业基础也在不断巩固，国有企业的整体竞争实力通过兼并重组更为雄厚，如中国南车集团公司和中国北车股份有限公司合并、中国电力投资集团公司与国家核电技术公司合并。"十三五"期间，招商局集团将强化战略引领，坚持以市场化为核心持续深化改革创新，推动企业跨越发展，加快建设成为具有国际竞争力的世界一流企业。①

二是变文化资源优势为品牌优势。经济与文化密不可分，海丝沿线各国各地区之间经济上的相互联系和依存日益紧密，离开了产业基础，

---

① 李建红：《招商局集团："十三五"的改革创新之路》，《国资报告》2016 年第 12 期。

海丝文化品牌就成了无源之水，海丝文化也失去了载体。应以海丝文化品牌定位为纽带，把快速发展的中国经济同沿线国家的利益结合起来，夯实亚洲互联互通的社会根基。海丝文化对经济贸易的影响体现在国际贸易的交易各环节，如交易对象的寻找锁定、交易成本的减少、营销策略的制定等，海丝文化也通过消费偏好来影响贸易模式。从开创海外贸易路径的历史沧桑，到"近睦远交""亲、诚、惠、容"，海丝的文化积淀十分深厚。2008年全球金融危机爆发后，全球经济形势低迷震荡，经济发展的内外部环境发生了明显的变化。特别是2012年，国际金融市场反复大幅波动、全球物价上涨和通胀压力加大，海丝沿线国家特别是新兴市场增速回落，由于劳动力成本上升、外部消费需求下降等多种因素，很多中小出口企业产品在国际舞台上面临越来越严峻的竞争，提高产品附加值，增强国际竞争力迫在眉睫。

21世纪海上丝绸之路倡议为全球企业带来了商机，这一倡议构想的意义不仅仅限于区域一体化，而是着眼于全球共同发展。必须抓住海丝文化品牌，进行产业定位与趋势规划。有学者认为："不同国家的文化特质决定了商品文化的差异，由于差异化的商品文化诉求可以满足不同消费者多样化的消费偏好和精神需求，从而产生新的贸易需求，因此，文化差异是国际贸易产生的重要根源和依据。"① 丰富的文化资源是海丝沿线国家发展文化产业，参与国际经济合作不可多得的宝贵资源。随着沿线国家之间互联互通的程度不断提升，除了基础设施、能源资源等领域，许多新兴朝阳产业将多角度地开发海丝文化品牌，品牌经济成为21世纪海上丝绸之路建设、文化产业转型升级、创新发展的新动能。海丝文化产业体现海丝文化特色，让世界感受海丝文化味道，感受海丝精神，同时博采众长，融汇世界各国文化的精华。早在清代，福建的福鼎白茶就远销海丝沿线国家。2016年，福鼎白茶的品牌价值达到33.8亿元，名列中国茶叶区域公用品牌价值十强第四位。

海丝品牌形成比较优势，企业不能缺席。沿线各国立足产业实际，加强总体规划，在海丝品牌的整合下引导资金和技术更加高效、有序、科学、互补地流向21世纪海上丝绸之路建设。影视作品进出口、音乐

---

① 罗能生、洪联英：《国际贸易的文化解读》，《求是学刊》2006年第11期。

教育、艺术品收藏等领域一整批海丝文化子品牌的输出，促进沿线地区经济发展，但要结合当地人的文化理念和消费习惯。通过线上线下相结合聚焦创意项目，整合海丝品牌资源。中国与海上丝绸之路沿线国家和地区产业互补性强，发展空间和经贸合作潜力巨大。在产业链和价值链中凸显海丝文化品牌，不仅可以更好地理解互联互通的概念，争取利用比较优势获得更大利益，而且通过搭建文化研讨、展览、推介、产业对接平台，海丝文化成长为具有规模和实效的文化品牌，也将持续推动沿线国家文化产业发展。

（三）深化沿线国家国际分工与合作

品牌价值来源于品牌个性和理念，需要基于细分的系统化管理，通过品牌实现价值最大化。从理论上来说，使用具有联系性的单一品牌细分市场，会比独立进行品牌使用带来更大的投入回报，最终形成品牌合力。

21 世纪海上丝绸之路倡议的提出使得沿线各国重新关注这条古代商贸之路，为海丝文化品牌建构打下了铺垫。丝绸之路的古老历史促进沿线国家确立共同目标，共建互利共赢的项目。近年来，世界工业生产低速增长，贸易持续低迷，大宗商品价格大幅下跌，世界经济整体复苏乏力。海丝沿线国家都将经济建设作为最优先目标，这构成了互利共赢的重要合作基础。21 世纪海上丝绸之路倡议提出通过推动贸易和投资来创造一个更加开放和发展驱动的互补关系。沿线各国各有资源禀赋、劳动力状况、区位和产业基础优势，也各有不足，相互依存、受益沿线地区的整体发展是最佳的途径。比如老挝和尼泊尔都是内陆国家，没有直接入海口。但老挝与其他国家的公路、铁路连通条件较好，尼泊尔国内河流众多，国内航运业和水力发电潜力很大。长期以来，沿线国家在东盟框架内密切协调与合作，区域合作和一体化发展较好，已经形成很多区域性的多边、双边合作机制，成效显著。中国与东盟启动自贸区建设以来，双方贸易额每年以 30% 的速度增长。大湄公河三角区、马来西亚—印度尼西亚—泰国成长三角区、中亚经济合作区等次区域经济合作也有所进展。但整体来说，在 21 世纪海上丝绸之路倡议提出之前，海丝沿线国家的统一发展缺少强有力的政策支撑和内在动力。5 年来，在海丝文化品牌的聚合下，已经开展了中国—斯里兰卡自由贸易谈判等多项海丝重要共建伙伴间的合作机制谈判，期望以质量和效率的整合提升来实现沿线各国的比较优势。

品牌聚合是在复杂多变的市场竞争中占据有利位置，创造经济活力的重要因素。海丝沿线地区是当今世界经济发展最为活跃、增长潜力最大的地区之一。金融危机形成国际分工重组态势，靠大量出口、取得顺差的外贸模式难以为继。海丝沿线国家经济发展的质量和水平需要持续提升，在 21 世纪海上丝绸之路的框架下加强经济互动合作。海丝品牌以海丝文化为龙头，未来将成为外贸增长的重要载体和海丝经济从粗放型向集约型转变的有效支撑。21 世纪海上丝绸之路倡议加强海丝文化的挖掘和传播，培育海丝文化交流氛围，丰富海丝品牌系列产品，将沿线各国的经济合作推向更高的层次。海丝沿线国家和地区基于国际分工基础上的开发和开放，充分利用丝路基金、亚洲基础设施投资银行等融资渠道，稳步推进大项目建设和产业合作。这都有望解决沿线区域间发展差距问题，实现世界经济的均衡性发展。海丝文化品牌的建构推动中国与沿线国家之间的人文交流与互动，积极开展民间经济外交，加强与国外各类经济社团和组织的合作，为国际分工与合作创造良好条件，减少企业跨国经营的民间阻力。

随着沿线国家之间经济交往、人员流动、物流等交流程度不断提升，沿线众多国家的政府乃至企业借力"新丝路"相机而动，带动发展沿线国家产业分工，建立了一个更合理的互联互通网络。中国政府也鼓励企业在沿线国家进行投资，帮助交通、信息技术等软硬件构成便利的交流渠道和网络，发展制造业。通过新就业机会的创造和收入的提高使得沿线民众受益，实现可持续发展。2015 年，中国对外直接投资实现连续 13 年快速增长，创下了 1456.7 亿美元的历史新高，占到全球流量份额的 9.9%，同比增长 18.3%，金额仅次于美国（2999.6 亿美元），首次位列世界第二。中国对"一带一路"相关国家投资占当年流量总额的 13%，达 189.3 亿美元，同比增长 38.6%，是全球投资增幅的 2 倍。① 招商局集团投资斯里兰卡科伦坡集装箱码头，改变了斯里兰

---

① 《商务部、国家统计局、国家外汇管理局联合发布〈2015 年度中国对外直接投资统计公报〉》，中华人民共和国商务部网站，http://www.mofcom.gov.cn/article/tongjiziliao/dgzz/201609/20160901399201.shtml，2016 年 9 月 22 日。

卡不能停靠大型集装箱船舶的历史，远洋集装箱班轮航线直达科伦坡，为印度次大陆地区海上集装箱运输节省运输时间 4 天到 5 天，极大地促进了南亚地区的对外贸易发展。这个项目中方仅派出不到 20 名高级管理人员，其余 300 多名员工都在本地聘用，并送到中国培训。习近平主席对此高度肯定，指出"授人以鱼不如授人以渔"。海丝文化品牌的细化具有很好的现实基础，统计数据表明，中国是韩国的最大贸易伙伴、最大出口国、最大进口来源国和最大旅游目的地；韩国是中国的第二大进口国、第三大贸易伙伴。5 年来，沿线各国从海丝品牌的挖掘和发展中共同寻找合作和双赢的机会。马来西亚的马六甲临海工业园区原本定位为旅游、商务设施，现在改为集海洋高科技产业、深水码头、物流中心为一体的现代化临海工业园区。马方做出上述调整，其目的就是综合在海丝的关键区位优势以对接 21 世纪海上丝绸之路倡议，期望成为未来双方乃至区域间更高层次、更宽领域合作的领跑者。

二 海上丝绸之路文化品牌的资源整合和开发

品牌设定应具有个性化的精准定位，内涵挖掘是文化品牌确立的基础要素。古代海上丝绸之路体现了中华民族热爱和平、睦邻友好的思想精髓。通过资源整合和开发，优秀的海丝文化品牌可以成为 21 世纪海上丝绸之路的名片，更是互联互通的无形资产。海丝文化所孕育出的优秀品牌越多，越说明倡议建设的成功。

（一）历史文化品牌资源

品牌的文化基因不是人为赋予的，而是具有内在的历史逻辑。从历史文化符号到提炼其文化内涵形成海丝文化品牌是一个长期的过程。海上丝绸之路是沿线国家共同拥有的历史遗产，有着品牌形成的厚重底蕴与发展潜力。在长期而频繁的海上贸易与文化往来中，海上丝绸之路沿线国家人民在东西方文化交融的舞台上，共同创造了丰富灿烂的海丝文化。海丝历史文化发展和传播的独特轨迹，形成海丝文化品牌富矿。如能在 21 世纪海上丝绸之路框架内加以规划建设，这些品牌的品质内核不仅能够提升 21 世纪海上丝绸之路倡议的文化品位，而且是倡议长久发展的精神动力。

1. 郑和文化品牌

海上丝绸之路体现了人类跨越阻隔、交流互鉴的胆识和毅力，在古代东西方文明交流交往历史中写下重要篇章。600 多年前，郑和率领包括多种类船只的庞大船队前后进行了 7 次海外航行，每次出征随行人员超过 27000 人。郑和船队历时 28 年，航迹遍布西太平洋、印度洋和红海，包括东南亚、南亚、西亚和东非共 37 个国家和地区。

郑和下西洋堪称世界航海史、外交史、贸易史和人类文明史上具有里程碑意义的宏勋伟绩，尤其是在海丝文化中占有独特的地位。郑和不仅是中国的郑和，也是世界的郑和。郑和的起锚地、中转站如颗颗明珠散落在海丝沿线国家。在泰国，郑和入暹罗的故事和传说丰富，郑和形象甚至被神化，成为郑和"强不凌弱、众不暴寡、天下共享太平之福"理念的见证。郑和在海丝文化交流史上具有极其重要的影响，不但开创了中国文化对外传播、对外交流的先河，也为海丝文明的共同发展与繁荣奠定了良好的基础。海丝沿线有许多以"郑和"二字命名的博物馆、展览馆、文化馆、公园，还有更为贴近日常生活的宾馆、茶馆，已经成为海丝文化展示和传承发展的重要基地和重要场所，从各层面的不同角度向世界人民再现和展示郑和航海的伟大历程。

郑和5次到访马来西亚古城马六甲，曾在这里设置集贸易、仓储、港口为一体的航海基地，马六甲借此迅速成为当时世界上最重要的商品交易集散中心。马六甲郑和文化馆展示了郑和发展贸易、驱逐海盗、平息冲突，并传授农业、制造业、医学等生产生活技术的功绩。近年来参观了解这段历史的人数日益增多。福建省长乐市是郑和下西洋舟师驻泊基地和开洋起点。以郑和下西洋为主题的闽江口旅游文化走廊，主要景观有郑和塑像、郑和宝船、太平港帅营、祭海坛、三宝亭、舟帅起锚处，及郑和航海馆等系列景点。其中郑和石雕像是核心景观，雕像高14.05米，取郑和首次下西洋的时间1405年之意，雕像基座宽7米、高2.8米，暗喻28年期间郑和曾先后7次下西洋。石雕像重达700吨，用141块优质花岗岩精琢而成，基础深入岩层3米，可抗12级强台风、8级以上地震，是迄今为止中国最大的郑和石雕像。21世纪海上丝绸之路倡议提出以来，江苏省更为着力培育郑和文化品牌。江苏郑和遗迹丰富，南京有郑和府邸，有由郑和主持修建的净觉寺、大报恩寺、静海寺、天妃宫，龙江宝船厂是当时郑和下西洋的主要造船基地。太仓的天妃宫、周闻墓志铭等也具有独特的文物价值，周闻作为郑和下西洋的主要随员，其墓志铭记录了郑和下西洋的主要经历。

21世纪海上丝绸之路倡议提出后，沿线各国民众根据当地的历史传说、文物证据等，对郑和有着完全不同于西方航海家的直观认识。他们认为郑和以和为贵，给当地人民带来和平和财富的理念，海丝文化因为郑和而获得认同感和认知兴趣。2015 年，李克强总理访问马来西亚，在当地主流媒体上发表署名文章，用相当篇幅阐述了郑和的事迹；到马六甲之后，他又专门参观了郑和文化馆。在 21 世纪海上丝绸之路的建设中，应充分挖掘郑和所代表的中国和平文化和主动建立国际秩序的责任感，开拓进取、勇于冒险的现代品格，内化于一脉相承的郑和文化品牌，这将丰富和提升沿线国家郑和文化的内涵。

2. 徐福文化品牌

中国东部沿海居民很早就进行海上航行活动，东方海上丝绸之路有着悠久的历史。《史记》记载，公元前 219 年、公元前 210 年，秦朝著名方士徐福受秦始皇之命，率领数千人的大规模船队沿着东方海上丝绸之路，两次出海东渡。徐福通晓医学、天文学、航海学等知识，据《史记·淮南衡山列传》记载，公元前 210 年的出海，徐福带了许多童男童女、大量的水手和勤杂人员，还包括精通各种技艺的能工巧匠和五谷种子等。[①] 徐福渡海在一定程度上拓展了东方海上丝绸之路东亚沿海各港口的交通航路，开辟了中日韩文化交流的先河，为此后更大规模的人员往来和文化交流准备了条件。船队沿途传播当时的先进生产技术，徐福成为友好交往的化身。沿线国家特别是在中、日、韩三国，至今仍有众多与徐福有关的文化资源。

徐福为民众所敬仰，传说与遗迹甚多，成为东北亚地区的独特文化。中、日、韩三国学者从考古学、历史学、航海学、民俗学等多学科对徐福船队的去向进行了全面探索，其从山东半岛起航到朝鲜半岛，再由朝鲜半岛南下至日本岛的东渡路线已成为学者的共识。日本岛从南到北至今流传着徐福的传说，徐福被当作水稻耕作文化的传播者。考古发掘佐证了徐福开垦土地，带去文字、农耕、捕鱼、捕鲸、沥纸、医药等，促进当地生产力飞跃发展的史话。日本和歌山县新宫镇传说是徐福的长期定居之所，专门建有纪念徐福的公园。公园以徐福像为中心，至今仍保存有徐福墓，石碑上刻有"秦徐福之墓"五个字。新宫市制作和销售的"天台乌药""徐福酒"等商品享有盛名。新宫市有许多祭祀

---

① 《史记·淮南衡山列传》第五十八。

徐福的神社，徐福被当作农耕、蚕桑与医药之神。新宫蓬莱山徐福之宫中供奉有"徐福神龛"。每年都有祭祀徐福的"御船祭""万灯祭""花火大会"等活动。

韩国济州岛和南海郡自古以来有许多关于徐福的传说，也有许多与徐福有关的古代金石碑刻。当地传说徐福第一次渡海寻找海外神山去的就是济州岛。西归浦市正房瀑布的悬崖峭壁上刻有"徐市过此"的字迹（徐福又名徐市）。学者认为，西归浦这个地名也是徐福来到正房瀑布后想要西归回国而得名。2003年，济州岛政府在此兴建了徐福展览馆和徐福公园。南海岛锦山目前已发现"徐市起礼日出"等7处徐福石刻，为秦时遗迹，书体为李斯小篆之前的籀文。南海郡的碧莲浦、豆毛浦等海岸一些尚未解读的摩崖石刻，专家也推测很可能是徐福一行当年行船的标记和祭坛。

随着人民之间的深入交往，徐福文化的丰富内涵逐步显现出其品牌价值。1978年，邓小平访问日本时，与日本朋友谈到中国历史上徐福曾奉秦始皇之命东渡日本寻找长生不老药的故事。1979年2月，日本和歌山县新宫市市长委托时任国务院副总理的邓小平，将新宫市培植的三盆天台乌药苗带回中国，以表达日本人民对中国人民的友好感情。[①]2002年6月，日本前首相羽田孜在江苏省赣榆县徐福村祭奠，题写了"日中友好始祖——徐福"8个大字。21世纪海上丝绸之路倡议的提出为徐福文化品牌增加了新的内涵。2014年，习近平在韩国国立首尔大学的演讲中回顾了中韩历史交往的佳话，其中就提到"从东渡求仙来到济州岛的徐福"[②]。其后，韩国召开"徐福过此中韩国际学术研讨会"，韩国时任总统朴槿惠为研讨会送了祝贺花篮。南海郡计划通过此次徐福东渡研讨会，将徐福离开家乡江苏连云港，经过南海郡、巨济市及西归浦市到达日本的路线，开发成为一条旅游观光路线，同时将南海郡发展为国际观光城市。目前，南海郡正在筹划建设韩国第二个徐福公园。徐福事迹年代久远，多无可考，但是日本、韩国各地流传下来的关于徐福

---

① 《日本朋友请邓副总理把"长生不老"药苗带回国》，《人民日报》1979年2月7日，第5版。

② 习近平：《共创中韩合作未来　同襄亚洲振兴繁荣》，《人民日报》2014年7月5日，第2版。

的传说，体现的核心内容都是友好相处、和平发展、互利共赢。这也说明，东北亚海丝沿线国家唇齿相依，历史上就曾通过各种形式互相交融生产生活方式，形成经济文化上的联系和人民友好情感的交集。徐福文化可以说是中国古代东北亚文化交流和传播的象征、民心相通的先例。增进以徐福文化为桥梁的中、日、韩民间友好往来和经济文化交流，将徐福文化品牌作为国际性的文化品牌打造，对传承东方海上丝绸之路文化，推动东北亚的经济文化交流有所裨益。2016年，徐福文化国际论坛以"徐福文化与'一带一路'城市文化产业"为主题，有8个文化产业项目进行了现场签约。

3. 峇峇娘惹文化品牌

峇峇娘惹文化是中华文化、当地土著文化、西方文化碰撞共生的新生文化的代表。峇峇娘惹文化源于中国人对海丝的开拓。在古代海上丝绸之路上，人们为了货物通道出海远航，沿线海上通道贸易兴旺，同时也联通了日常生活。早在郑和下西洋之前，就有福建商人滞留南洋娶妻生子。从15世纪初期开始，中国明代、清代移民和当地原住民通婚产生的混血后裔开始定居在马六甲、印度尼西亚和新加坡一带。男性称为"峇峇"（Baba），女性则称"娘惹"（Nyonya）。如今，他们仍是当地社会的重要组成群体，对华人社会的发展影响深远。目前生活在马来西亚的峇峇娘惹大约2万人，在新加坡华人中也占有相当的比例。峇峇娘惹也被称为"土生华人"或"海峡华人"，大部分原籍是福建或广东潮汕地区。峇峇娘惹在文化习俗和宗教信仰方面大多继承了中华传统，同时适应当地的社会环境，融入了马来人的语言、服饰和饮食习惯，形成了极具特点的身份认同和专属文化。娘惹菜系和刺绣堪称峇峇娘惹文化自成一派的典型代表。娘惹菜系口味香浓，由中国菜系和马来香料合并烹饪而成。娘惹菜系融汇了甜酸、辛香、微辣等多种风味。娘惹菜系是南洋菜中最精致、最特别的菜系，在海丝沿线国家流传甚广，在马六甲、槟榔屿、新加坡以及印度尼西亚和泰国都有传播，成为海丝友好交往和文化交融的见证。峇峇娘惹刺绣工艺品色彩鲜艳、工艺精湛，土生华人传统珠绣艺术是中国传统刺绣针法、主题加入其他文化造型设计元素的产物。娘惹刺绣针法多借鉴粤绣尤其是潮绣，具有鲜明的海丝沿线特色。

此外, 峇峇娘惹偏好瓷器。19 世纪中期至晚清、民国, 马六甲、新加坡、槟榔屿三地的华人根据自己的喜好, 在中国景德镇定制餐盘、茶壶等粉彩瓷器, 被称为"娘惹瓷"。娘惹瓷精致艳丽, 以红、绿色调为主。娘惹瓷纹饰尊重当地马来民族伊斯兰教信仰, 不饰人物和山水, 多以中国传统的凤凰、牡丹为主, 体现了多种文化审美观的融合。

21 世纪海上丝绸之路倡议提出后, 如何通过交流与发展推动海丝文化焕发出更大的活力成为沿线各国普遍关注的问题。峇峇娘惹文化是中外文化的汇合点, 别具特色, 从文化内涵、符号体系、影响力等方面都具备了形成文化品牌的物质文化和精神文化要素。可以从信仰、婚俗、饮食、语言、服饰等多方面探讨峇峇娘惹文化品牌的构成, 为海丝文化注入发展活力。2015 年李克强总理访问马六甲后, 峇峇娘惹文化得到越来越多的关注。2016 年, 马六甲举办首届峇峇娘惹研习营, 让更多的人了解海丝文化的多元性。新加坡土生文化馆举办"娘惹巧手: 土生华人世界的刺绣与珠绣工艺"特展, 汇集了包括珠绣鞋、挂饰、刺绣桌布、床帷幔、手帕等近 200 件手工制作的刺绣和珠绣工艺品。峇峇娘惹文化本身也在向产品化转型, 娘惹传统珠绣不仅制作珠鞋, 而且以创新方式制作现代生活用品, 如钥匙包、领带夹、袖扣等。娘惹服装设计、餐饮业、技艺传承培训在向产业化发展。

(二) 城镇文化品牌

1. 海上丝绸之路申遗城市群品牌

古代海上丝绸之路体现了沿线文明发展的相互交融和促进, 留下了众多的遗址遗迹。

世界文化遗产的认定不仅是对文物价值的承认, 而且因其高度的国际认同感成为高端文化品牌资源。经过多年努力, 海上丝绸之路申遗城市群凭借沿线城市得天独厚的地理位置, 以海丝文化积淀为共同线索, 在内涵丰富度、社会关注度、文化影响力等诸方面已经具有了品牌集群效应。2016 年 5 月, 国家文物局正式确定由泉州牵头, 联合蓬莱、南京、扬州、宁波、福州、泉州、漳州、广州、北海 9 座城市, 推进"海上丝绸之路·中国史迹"联合申遗。海丝联合申遗城市形成合力, 以统一的形象共同打造海丝文化品牌。中国建筑设计研究院建筑历史研究所按照联合国教科文组织确定的格式和要求，将中国"海上丝绸之路"的相关内容统一纳入"丝绸之路"（中国段）的《预备名单提交表格》中整体填写，并报送国家文物局。21世纪海上丝绸之路倡议提出以来，海丝申遗9城市更为积极地以海丝文化为整体品牌，联合向公众展示海丝风貌和城市群形象，提高在旅游、投资等方面的吸引力。

海丝文化是申遗城市的共同文化特质。具有共同历史遗产的文化共同体特征引发海丝申遗城市世人瞩目的海丝文化品牌效应。2015年，海丝申遗9城市共同签署了《福州宣言》，整合各自的旅游资源优势，共同打造海上丝绸之路旅游品牌形象，向世界推介中国在海上丝绸之路的兴起和发展中的地位和作用。海上丝绸之路沿线国家众多，遗迹丰富，适宜以海丝文化品牌为核心开展联合保护工作。国家发展改革委、外交部和商务部联合发布的《愿景与行动》指出：联合申请世界文化遗产，共同开展世界遗产的联合保护工作。支持沿线国家地方、民间挖掘"一带一路"历史文化遗产。新加坡、印度、韩国、泰国、缅甸、菲律宾、马来西亚、印度尼西亚等海丝沿线国家和地区也认识到海丝文化遗产是十分宝贵的品牌资源，借力申遗城市群品牌，引发了宣传"海上丝绸之路"元素热，丰富了海丝文化品牌的外延。

海上丝绸之路申遗城市地理禀赋、历史时段、文化特征各不相同，具有各自"独一无二"的品牌个性。构建这些品牌个性的是各城市品牌资产中最富生命力的部分。海丝申遗城市山东蓬莱市是东方海上丝绸之路起点之一，至今仍完整保留登州古港史迹遗存。登州古港是古代中国北方最大的对外通商口岸和南北海运及贸易活动的枢纽。2006年，蓬莱市以蓬莱水城为主要申报点启动海上丝绸之路申遗项目。2012年，《中国世界文化遗产预备名单》将蓬莱海上丝绸之路遗迹列入其中。"21世纪海上丝绸之路"倡议实施以来，蓬莱把加快海丝文化品牌建设作为城市发展的切入点。蓬莱地处胶东半岛最北端，濒临渤海、黄海，海洋和海岛自然生态环境优美。近年来，蓬莱发挥所蕴含的海丝文化特质，结合海丝遗迹观光游和滨海观光游、葡萄酒文化游，旅游产业不断升级，年接待游客超过700万人次。2016年，蓬莱旅游度假区被正式命名为"全国海滨度假旅游产业知名品牌创建示范区"。海上丝绸之路申遗有效地提升了蓬莱的国际品牌形象，增强国际资本、信息、人才等资源配置能力，促进了对外交往和经济文化等全面发展。

2. 沿线港口文化品牌

海上丝绸之路实际上是连成网络的交通路线，开辟了国际文化与物质交流渠道。中国在海上丝绸之路中的地位是在港口优势得到发挥以后才迅速取得的。港口在 21 世纪海上丝绸之路的建构中起着极其重要的作用。港口改造升级、信息港建设、陆海联通（快线）和港口经济开发区建设都是基础设施建设先行的重点。目前，中国的主要港口除香港、澳门外，有大连港、营口港、锦州港、秦皇岛港、天津港、烟台港、青岛港、日照港、连云港、南通港、上海港、宁波港、温州港、福州港、厦门港、深圳港、汕头港、湛江港、北海港、防城港、泉州港、广州港、镇江港、南京港等。《愿景与行动》提到要"以重点港口为节点，共同建设通畅安全高效的运输大通道"[①]。2017 年 5 月，"一带一路"国际合作高峰论坛发布《共建"一带一路"：理念、实践与中国的贡献》，提出了"六廊六路多国多港"主体框架。[②]

历史上，海上丝绸之路港口凭借独特的地理优势和历史契机，留下了璀璨的文化遗存。海上丝绸之路港口是支撑经贸的重要基础，也是各国商船候风候潮的泊地和补给地。中国、新加坡、马来西亚、斯里兰卡、巴基斯坦、埃及、以色列、希腊、意大利、比利时、荷兰等国的港口贸易往来繁盛，是海丝外向型经济的见证。尤其是各种宗教信仰的交汇，成为海域文化交流的重要场所。海上丝绸之路的主要港口历代有所变迁，在中国，上海、广州、泉州、宁波都是著名的东方大港。从 3 世纪 30 年代起，广州成为海上丝绸之路的主港；唐宋时期成为中国第一大港，是世界著名的东方港市；明清两代为中国唯一的对外贸易大港。泉州也是海上丝绸之路的著名港口。宋末至元代时，泉州超越广州，与埃及的亚历山大港并称为"世界第一大港"。上海港早在唐天宝年间就

---

① 《推动共建丝绸之路经济带和 21 世纪海上丝绸之路的愿景与行动》，《人民日报》2015 年 3 月 29 日，第 4 版。

② 推进"一带一路"建设工作领导小组办公室编《共建"一带一路"：理念、实践与中国的贡献》，外文出版社，2017。

设立镇治，发展港口，供船舶往来停靠。北宋政府在此设市舶提举司，征收关税，管理航运。1853 年，上海成为全国最大的外贸口岸。经过半个多世纪的建设和发展，上海港已成为一个综合性、多功能、现代化的大型主枢纽港，并跻身世界大港之列。在海上丝绸之路上，中国的上海、蓬莱、厦门、青岛以及新加坡、意大利那不勒斯、比利时安特卫普、埃及塞德、马来西亚马六甲和关丹等城市因港而盛，港口文化是城市文化的重要组成部分。这些港口发挥了海路交通的枢纽作用，呈现文化的繁荣历史，并衍生出船舶文化、船政文化等，具有各自的品牌价值。

在当代世界政治经济条件下，港口是国民经济和社会发展的重要基础设施和基础产业，是经济运行的命脉，国际贸易 90% 以上是通过港口物流来实现的。而且，海丝沿线各国的港口仍然是文化传播地、贸易集散地和整合海陆空资源的多式联运地。21 世纪海上丝绸之路倡议的思路是将贸易从中国沿海港口过南海引向印度洋，并延伸至欧洲。5 年来，上海、天津、宁波舟山、青岛等大多数沿海港口货量增长趋势明显。目前上海港与全球 214 个国家和地区的 500 多个港口建立了集装箱货物贸易往来，国际班轮航线遍及全球各主要航区。2016 年上海港完成货物吞吐量 7.02 亿吨，完成集装箱吞吐量 3713 万标准箱，自 2010 年以来连续 7 年保持世界第一。宁波港是一个集内河港、河口港和海港于一体的多功能、综合性的现代化深水大港，是中国超大型船舶最大集散港和全球为数不多的远洋运输节点港。宁波舟山港集团作为全球知名港口营运企业，2015 年完成货物吞吐量 8.89 亿吨，位居世界第一；完成集装箱吞吐量 2062.7 万标准箱，箱量排名跃居世界第四。2016 年舟山港累计完成集装箱吞吐量 2156 万标准箱，同比增长 4.5%，增幅位居全球前五大港口之首。由此可见，在倡议推进过程中，港口文化的建设既可以直接拉动经济增长，又可通过文化产业等途径提升港口经济发展质量。临港工业的发展又为其注入了工业文明的内容。促进海丝沿线港口地区的复兴，使之成为世界先进文化的输入点和海丝文化的输出地，是 21 世纪海上丝绸之路倡议发展研究的核心论题，也是需要布局的关键节点。

近年来，中国远洋海运集团、招商局集团和中国港湾集团等企业首先着眼于口岸基础设施，畅通陆水联运通道。在希腊、斯里兰卡、埃及等国家的港口建设中都十分注重推进港口战略规划中的文化因素。港口文化资源转化为文化产业品牌的条件是由创意、资本、管理等要素结网构成品牌要素场域，进行网络式融合。招商局集团"前港、中区、后城"创新模式包括以港口为核心的全链条商贸生态体系、全球关口联盟平台、以人民币为中心的清算体系等内容。"前港"是指新建港口或升级已有港口，"中区"是指供工业所用的出口加工区、自由贸易区、保税仓库等，"后城"是指住宅和商业区。这一模式实现了航、港、产、城联动，以港口带动产业园、物流、海工、金融等业务"走出去"，进而为中国企业"走出去"提供支持。①

21 世纪海上丝绸之路倡议通过海上互联互通、港口城市合作机制以及海洋经济合作，串联了中国和海丝沿线国家临海港口城市，有助于形成海丝产业文化品牌。海丝港口文化品牌既古老又崭新，面临如何将港口文化资源禀赋转化为品牌资源的问题。目前来看，海丝沿线各国港口经济发展的基础不一，不只是自然禀赋的差异，更有政治经济等诸方面的多种因素。欧洲国家港口建设已经相当成熟，新兴国家与之相距甚远。如缅甸海岸线长，拥有天然深海港数量多，但一直缺乏良好的规划与管理以及基础设施建设。要改变现有格局，就要树立海丝港口文化品牌意识。中国与沿线有关国家在港口建设方面开展了广泛的合作，如与马来西亚建立中国—马来西亚港口联盟，中国有 11 个港口与马来西亚 16 个港口建立合作关系。区港联动、优势互补，推动基础设施建设平台的整合与打造，为沿线国家产业经济提供便捷高效的环境，是海丝港口文化品牌的聚合方向。

3. 侨乡文化品牌

建设文化品牌首先要分析文化资源和竞争力，确立文化品牌打造的重点。创建成功的海丝文化品牌，将对创建地区的发展产生长远的积极影响。海上丝绸之路上的侨乡是向海外移民形成的特殊地方区域，拥有宗祠、古厝、族谱等血缘、地缘、业缘纽带。侨乡具有独特、丰富的海

---

① 《打造"丝路驿站"，实现共享发展》，《经济日报》2016 年 4 月 8 日。

丝文化内涵，主要集中在以广东和福建两省为代表的中国南部沿海地区。仅福建就拥有海外侨胞 1512 万人，分布于 170 多个国家和地区。

中国海丝沿线的滨海地区多有涉洋跨海迁徙定居者，特别以侨居海丝沿线国家居多。随着航海业发展和移民的迁徙，海内外经济和文化交往频繁。华人在马来半岛最早的聚集区马六甲的鸡场街华人社区内，建于 1801 年的福建会馆至今仍保留传统的中国特色。古老的海上丝绸之路文化薪火不绝，华侨们不但传播中华文化，而且在返乡、探亲、信息交流的过程中将东南亚文化和西方文化带回了家乡。侨乡文化在侨乡特殊的社会形态中产生，以当地的原生态文化为主体，杂糅多元文化形态，是侨乡文化品牌构建的重要依据和文化支撑。

21 世纪海上丝绸之路倡议构想为侨乡发展提供了广阔空间，促进了人员往来和文化融合，侨乡寻根祭祖、侨团联谊、商务洽谈等人文交流活动更为频繁。5 年来，侨乡文化在原有基础上被赋予新的内涵。侨乡文化资源通过品牌化建设这一有效途径实现价值，提升城市影响力和产业竞争力。华侨参与家乡建设，成为当地发展生产力的要素优势之一。多地把侨乡文化品牌建设作为一项区域发展战略来塑造，通过制订规划、财政支持、建设基础设施等措施，力图显现侨乡文化品牌的聚合效应。汕头是近代中国最早对外开放的港口城市之一，也是著名的侨乡，据不完全统计，有 340 多万名汕头籍海外侨胞遍布世界 40 多个国家和地区。基于汕头的区位条件和比较优势，2014 年，国务院批准汕头经济特区设立华侨经济文化合作试验区，成为建设 21 世纪海上丝绸之路的重要门户。① 2015 年，试验区注册企业达到 2129 家，总注册资本 198 亿元人民币，并签约 30 个重点项目，涵盖了金融创新、跨境电商、文化创意、科技研发、教育培训、医疗服务、创业孵化等领域。试验区计划在区内创新人民币与新台币和东南亚国家货币的外汇业务，探索在试验区国家核准额度内开展境外人民币直接投资业务；鼓励侨资保险经纪公司在试验区设立独资保险代理公司，为试验区内企业提供保险

---

① 《国务院关于支持汕头经济特区建设华侨经济文化合作试验区有关政策的批复》，中华人民共和国中央人民政府网站，http://www.gov.cn/zhengce/content/2014-09/19/content_9085.htm，2014 年 9 月 15 日。

代理业务等。

4. 区域文化品牌

区域文化包含建筑文化、民俗文化、宗教文化、民间艺术、宗族文化、饮食文化及方言等。21 世纪海上丝绸之路沿线的文化底蕴深厚，区域分布广泛，乡土文化要素与海丝文化的结合加深了海丝文化品牌的内涵。海丝区域文化品牌中特色鲜明的有闽南文化、潮汕文化、广府文化等。独特的区域文化资源成为中国国家文化软实力在海丝沿线地区的代表，也是该区域文化品牌形成较强影响力和市场竞争力的有利条件。以闽南文化中的惠安女民俗风情为例，福建泉州惠安女奇特的服饰和勤劳的精神闻名海内外，惠安女服饰文化被文化部列为首批国家级非物质文化遗产名录，惠安奇异的婚俗、南派布袋戏也是福建民俗文化中的一大特色。惠安女形象有着鲜明的海丝文化特色，成为福建省五大旅游品牌之一，值得在海丝文化框架内深入挖掘、保护和整合，带动惠安女服饰、惠安石雕、惠安传统建筑营造技艺等相关文化产业的全面发展。惠安县注重惠安女品牌的保育，建有惠东妇女服饰民俗陈列馆、惠安石雕陈列馆、惠安木雕工艺品展览馆等 5 个非物质文化遗产专题博物馆，确定惠安高甲戏、獭窟妈祖庙会、祭海习俗等 15 个项目为第一批县级非物质文化遗产保护项目。潮汕文化富有海洋商业文化特质，品牌元素内涵丰富。2015 年，南方潮汕文化创意产业园启动运营，以商务区、文化创意园、文化交流中心、文化产业配套区、生态休闲区、潮汕名人村为主要产业形态。

（三）民俗民间文化品牌

1. 妈祖文化等民间信俗品牌

21 世纪海上丝绸之路倡议的启动阶段，民心相通尤显重要。妈祖文化是以中国东南沿海为中心的海神信仰演变而来，延续至今的文化形态。从宋代开始，史籍即有关于妈祖的记载。传说在大海上风高浪险时，妈祖屡屡显灵保护和救助遇难的渔民。明代郑和七下西洋，更是在海丝沿线弘扬了妈祖文化。近千年来，妈祖文化与海上丝绸之路交通贸易、生产生活紧密相连。妈祖文化以宫庙为主要活动场所，对海丝沿线民众生活的影响广泛，成为海上丝绸之路民间文化互动的重要组成部分。

妈祖文化具有强大的品牌影响力，在海丝沿线国家地区文化交流、情感互信、文明互鉴上发挥民心纽带的作用，也是沿线经济深度合作的契机之一。妈祖原名林默，福建莆田人，生于北宋建隆元年（960年），卒于宋太宗雍熙四年（987年），在世时能"乘舟渡海、云游岛屿间"，留下了诸多护航拯溺、护国庇民、扶危济弱的传说。从宋代到清代各朝帝王对妈祖加封达39次之多，封为天妃、天后，衍生出繁复多样的文化形式和文化空间。据不完全统计，全世界有妈祖宫庙5000座，包括加拿大、韩国、澳大利亚、马来西亚、南非、毛里求斯等地的信众多达2.5亿人，形成了中华妈祖文化交流协会、福建省妈祖文化研究会以及多种由海外华人组成的妈祖文化交流组织。2009年，联合国科教文组织将"妈祖信俗"列入《人类非物质文化遗产代表作名录》，妈祖文化成为具有人类文明普遍意义的中华文化代表。

21世纪海上丝绸之路倡议为妈祖文化品牌资源整合注入了生机和活力，妈祖文化的丰富内涵资源转变为品牌优势。妈祖文化宽容大爱、和平仁义的世界共性价值观进一步凸显，不仅限于一种民间信仰的简单传承，而且是一种寻根怀祖的情感寄托。妈祖文化具有开放性与多元性的文化特征，与佛教、基督教、天主教相融，兼容儒、释、道三教，凝聚力和亲和力超越民族国家的界线，成为沿线各国的共同认知。

"十三五"规划纲要中明确提出，要"鼓励丰富多样的民间文化交流，发挥妈祖文化等民间文化的积极作用"。海丝沿线国家妈祖文化的交流互动更为紧密，如文物展览、高规格的学术研讨会、开展文化节庆活动等。随着现代信息技术的发展，通过互联网塑造妈祖文化品牌21世纪海上丝绸之路文化使者的形象也较为成功。天下妈祖网宣传世界各地多姿多彩的妈祖文化活动，设有《新闻资讯》《妈祖文化》《大爱无疆》等栏目，并有同步网站新闻更新的官方微博和移动客户端。

维护与发扬妈祖文化品牌，促进沿线国家和人民更为了解中国和平发展的意愿，有助于促进21世纪海上丝绸之路倡议框架内的政治互信。妈祖文化从福建莆田湄洲岛发祥，妈祖祖庙始建于宋雍熙四年（987年），是世界始建年代最早、建设规模最大、祭拜规格最高的妈祖庙，也是世界上万座妈祖分灵庙、全球 33 个国家和地区 3 亿多妈祖信众的心灵原乡。莆田留存有许多妈祖文化与海丝的遗迹，妈祖文化旅游及创意产业发展迅速。妈祖祖庙已被打造为特色观光型妈祖庙，每年 3 月妈祖诞辰庙会、9 月海上祭妈祖大典、11 月妈祖文化旅游节等一系列活动持续开展。2015 年湄洲岛游客量突破 400 万人次。随着妈祖旅游资源的开发和相关产业的集聚，妈祖文化品牌在世界范围内的影响力不断扩大。妈祖文化品牌一方面带动了海丝经济的发展，另一方面也因信众传播而更具力量。

在海丝文化体系中，还散布着多样的信俗文化。泉州通淮关岳庙香火远播东南亚，仅在菲律宾便有几十座；陈靖姑信俗在菲律宾、新加坡等国仍有重要影响，临水宫经常开展庙会、祭典等活动；清水祖师、郭圣王的庙宇遍布印度尼西亚、马来西亚、新加坡等海丝沿线国家。

围绕这些民间信仰而存在的祭祀仪式、祭祀组织等是海丝沿线社会经济、民众精神生活的重要纽带，与海丝文化品牌的整合之间有着密切关系。

2. 地方特产、工艺文化品牌

海上丝绸之路作为中国古代对外贸易的重要通道兴盛一时，有着"涨海声中万国商"的盛况。通过海上丝绸之路进行贸易交流的产品异常丰盛。中国生产的丝绸、陶瓷、茶叶、云锦、漆器等物产运往欧洲和亚非其他国家，从海外市场输入象牙、香料、宝石、金银等。海上丝绸之路又有"陶瓷之路""茶叶之路""香料之路""宝石之路"之称。在长期的历史发展过程中，海上丝绸之路沿线形成了德化烧瓷、安溪制茶、永春漆篮、惠安石雕、仙游木刻等种类繁多具有民族特色及地方特色的地方特产、工艺品。它们或产自特定区域，或具有源远流长的核心技艺，不仅是海丝贸易交流的商品，而且是海丝文化的符号和传播载体。这些地方特产和工艺承载着丰富的海丝文化内涵，不仅繁荣地方进出口贸易，而且带动旅游、交通、餐饮、娱乐等相关产业发展。通过由点及面的规划宣传，是一笔巨大的海丝文化品牌资产。2015 年，安溪铁观音品牌价值超过 1400 亿元，在茶类地理标志产品中高居第一。安溪乌龙茶（铁观音）制作技艺作为中国茶类中最精湛、最独特的制茶技艺之一，是国家级非物质文化遗产。

21世纪海上丝绸之路倡议的实施，搭建了沿线国家文化交流合作与投资的交易平台。产业、资本及优势产品沿着海丝"走出去"的势头愈加强劲。海丝沿线各地适应国际规则，进一步提升地方特产、工艺品的规模和品质。同时，精心规划和扶持文化品牌的发展，提升品牌影响力。一是进行非物质文化遗产的认定，打造全产业链。莞香树是东莞的原生树种，莞香是沉香的一种，以莞香树所制品质最好。明朝，东莞初步形成收购、加工、交易"一条龙"的完整产业链。2014年，莞香制作技艺和寮步香市顺利通过第4批国家级非物质文化遗产代表性项目名录。二是注重知识产权，鼓励海丝沿线地方特产、工艺品注册和使用国家地理标志。国家地理标志产品，也称原产地命名制度，是指产自特定地域，所具有的质量、声誉或其他特性本质上取决于该产地的自然因素和人文因素，经国家质检总局审核批准以地理名称进行命名的产品。地理标志制度的应用有利于提高海丝文化品牌辨识度，维护品牌美誉度。2014年6月东莞市正式启动莞香地理标志产品保护申报工作。2015年莞香被批准为地理标志保护产品，产地保护范围为东城街道、南城街道、厚街镇、寮步镇、大岭山镇、茶山镇共6个镇街。

21世纪海上丝绸之路倡议的首要合作伙伴是沿线国家，首要受益对象也是沿线国家。互联互通促进了沿线国家之间的相互了解，商品贸易、服务贸易、投资合作、旅游合作和文化交流更加多元。这为海丝沿线国家地方特色产品开拓中国市场提供了良好的大环境。斯里兰卡位于印度洋南岸，被誉为"亚洲奇葩，宝石王国"，拥有底蕴深厚的茶文化、丰富的宝石资源及旅游资源，与中国市场需求的贴合度较高，近年来中斯经济关系发展较快。2014年，共有12.8万名中国游客访问斯里兰卡，相比2013年实现了136%的增长。在2015年举办的海上丝绸之路博览会上，21世纪海上丝绸之路沿线国家产品展区有来自非洲、欧洲、北美等地区的150家企业参展。非洲的宝石工艺品、印度尼西亚的手工雕刻家具等备受欢迎。

3. 老字号文化品牌

品牌的价值既包含功能价值，也包含非功能价值。其中，非功能价值又包括情感价值、体验价值及文化价值等。老字号是海丝传统文化的瑰宝，有着独特的品牌价值底蕴，这种底蕴包括了人们对老字号的情感体验和文化向往。老字号品牌对经济发展、繁荣市场、拉动消费、弘扬海丝传统文化都发挥着重要的作用。品牌建设是一个长期过程，受到外部环境、社会潮流和接受者的共同影响。海丝沿线国家民间与社会是参与海丝文化品牌塑造的主体。老字号品牌李锦记创建于 1888 年，分销网络遍布世界五大洲 100 多个国家和地区。李锦记蚝油在日本的占有率排第二位。在海丝沿线的东南亚国家和一些岛国，李锦记的蚝油、酱油等产品销售业绩良好。

海丝沿线的老字号大多具有一套世代相传的经营理念和商业道德，自觉的品牌意识具体有形地体现在老字号产品上。这些老字号作为海丝文化的重要符号，承载着悠久的传统文化，有着古老配方，品质卓越，风味独特，同时恪守诚实守信的经营思想，树立了良好的信誉口碑。因此，老字号的产品并非单纯的"产品"，更体现出海丝优秀工商业文化的精髓。在海丝沿线地区，许多老字号的起源和发展与港口的特殊地理位置相关。沿线国家的老字号是商业的产物，更是海丝文化珍贵的历史遗存。

品牌包含着历史赋予的经济价值和不可再生的社会价值，建立一个品牌非一时一日之功。在海丝沿线国家，民众对老字号有亲切感。老字号商业和文化在交流中互相影响，是不同国家价值观和生活方式相互融合的载体之一，是海丝友好历史的见证者、各民族精神的发扬者和文明的传播者。传承好老字号文化品牌，对海丝文化有着巨大的贡献。新加坡斧标驱风油、广东李锦记、马来西亚马广济等老字号的产品家喻户晓，与海丝国家和地区民众日常生活息息相关。当前，在21 世纪海上丝绸之路倡议的实施中，弘扬老字号的品牌文化，持之以恒地传承品质缔造经典，对于海丝文化的传播是一件十分有价值和有意义的工作。

"一带一路"倡议强调要加强政策沟通、道路联通、贸易畅通、货币流通、民心相通，海上丝绸之路上老字号数量众多，品牌拓展能力较强，是各国文化软实力的重要体现。质量、诚信和海丝文化的传承是老字号的名片，也符合海丝文化的主题。就中国的老字号企业来说，在技术、资本、管理等方面已经具备一定的竞争力，参与国际竞争的能力较强，具备了"走出去"品牌文化高效输出的条件。随着21世纪海上丝绸之路倡议的提出和落实，老字号品牌发挥行业优势，在国内和国际市场发展迎来了新的契机，也带来了创新适应多元化市场的要求。各地老字号的传承与升级成为沿线城市竞争力和城市底蕴的重要组成部分。

在北京地区，王致和始创于1669年，至今已有300多年历史。作为清朝的御膳小菜，王致和产品具有细、腻、松、软、香五大特点。王致和腐乳备受市场欢迎，已在43个国家和地区注册商标，销往美国、加拿大、澳大利亚、韩国、日本等20多个国家和地区。龙徽酿酒有限公司起源于1910年，是中国最早向海外出口的一批酒企，1940年便走向印度尼西亚、泰国等地，目前有200多个产品。中国是桂花的唯一产地，桂花味的葡萄酒备受海外民众青睐，龙徽酿酒有限公司的"宫桂"酒热销越南、缅甸等东南亚海丝沿线地区。老字号的发展也带动了连锁企业的发展，2015年，福建省宁德市福鼎忠和食品基地投产，成为王致和腐乳的南方产区，年可产豆腐乳1.2万吨、料酒1.5万吨，产值超过4亿元。品牌管理是老字号面临的共同问题。目前仍存在品牌意识不够强、品牌国际化程度较低、品牌保护有待加强、品牌的相关扶持措施需进一步优化等问题。老字号经过几十年甚至上百年的经营，许多产品制作工艺烦琐，既需要保护传承，也需要转型升级。王致和推出低盐淡口味腐乳产品，将传统腐乳10%的含盐量降为6%。

21世纪海上丝绸之路倡议提出后，老字号品牌作为文化产业的一部分成为一大亮点，得到了发展。上海朵云轩开创于1900年，初营苏杭雅扇、诗笺信纸、文房四宝、书画装裱等，后又发展出木版水印、艺术展销等业务。朵云轩是中国艺术的百年老字号，延承了"门通九陌艺振千秋朵颐古今至味，笔有三长天成四美云集中外华章"的精神，在新的历史条件下，具有在海丝沿线聚合高端艺术商务、艺术金融等多种业态的功能。2014年以来，郑和·朵云轩（马六甲）艺术馆逐渐成为中马文化交流的前沿阵地和桥梁。2016年，郑和·朵云轩（马六甲）艺术馆举办《历史的访问——纪念周恩来与拉扎克图片展》，图片展现了中马建交前后诸多珍贵的历史瞬间。大量市民前来参观展览，在当地反响热烈。我们在调研中了解到，郑和·朵云轩（马六甲）艺术馆深挖当代的创新元素。马来西亚祖籍福建的华人众多，为增进他们对祖籍地的了解，艺术馆先后主办了漳州文化周和泉州文化周活动，把最地道的闽南文化精髓带到马六甲。折子戏、木偶剧、影雕、传统书法、寻根联谊等活动，让新一代华人有机会近距离了解家乡文化。

三　21世纪海上丝绸之路文化品牌建设的建议

（一）整合海上丝绸之路文化品牌理念

海丝文化品牌是海丝文化的载体。品牌的理念首先是一个得到普遍认同的价值体系，海丝文化品牌的价值观就是构建沿线国家和地区间友谊，推动人类社会的和平与发展做出贡献。塑造海丝文化品牌顺应了世界和平与发展的主流，是提高中国文化软实力的途径之一。21世纪海上丝绸之路的文化品牌理念有着自身的个性特征，不仅关联文化产品，而且关联品牌背后的文化精神。海丝文化的核心概念根植于中国传统文化，把中国梦同周边各国人民过上美好生活的愿望、同地区发展前景对接起来。海丝文化品牌体现的是"亲、诚、惠、容"意识，各国经济社会长足发展的命运共同体需求，形成统一完整的海丝文化品牌。提升海丝的知名度，需要海丝沿线各国经济社会发展的沉淀和对海丝文化品牌逐渐理解的耐心。

（二）积极传播海上丝绸之路文化品牌

增强海丝文化品牌的传播效果是弘扬海丝文化的重要方面，而出色的品牌传播，要满足形式美感、辨识度、准确性、信息量等多重要求。海丝文化品牌的传播需要打造平台，形成有影响力的品牌论坛。大规模、高规格的海丝系列文化活动的举办，对海丝文化品牌的传播产生深远的影响。同时，有力推动了21世纪海上丝绸之路沿线国家的文化发展，树立中国良好的首倡者的形象。通过开展海上丝绸之路文化周活动、建设海上丝绸之路博物馆、举办海上丝绸之路文化论坛等方式来弘扬海丝文化、凸显品牌。南京在传播郑和文化品牌方面，通过南京名城会郑和文化论坛、邀请人民海军"郑和舰"访问南京以及太仓市举办、联办各类郑和文化研讨会、各类宣传郑和活动等，传播效果良好。

文化品牌的价值在于内在聚合力和外在影响力。通过组织引导增加海丝文化的感染力和吸引力是海丝文化品牌传播的重要方面。在传播方式上，注重营造海丝文化氛围，建立品牌传播的视觉体系。充分利用报刊、电视、网络等现代大众传媒的先进传播手段，同时有效利用动漫、音乐、舞蹈、书画等表现方式。在传播载体上，将海丝文化与各项活动相融合。依托各类海上丝绸之路文化博物馆、展示馆、文化园、影视节、观光区等文化传播地，通过具有海丝特色、中国气派、国际水准的海丝文化品牌宣传展示让沿线各国民众感受海丝文化的魅力。在媒介融合的环境下，主动适应 21 世纪海上丝绸之路倡议的特定背景和文化底蕴，依托现代数字技术，形成海丝文化品牌的辐射。

（三）形成海丝文化品牌与产品的良性互动

品牌是一种沟通产品与消费者的国际语言，创造市场优势地位，具有决策影响力是品牌形成的目的。海丝文化品牌要真正起到作用，必须要有自己的拳头产品，形成核心竞争力。如在郑和文化国内外主题旅游线路的开发上，国内的南京、太仓、长乐、泉州等地，国外的越南、泰国、马六甲等郑和遗迹地积极参与，形成东南亚、南亚国家马来西亚、文莱、印度尼西亚、菲律宾、斯里兰卡游及非洲印度洋东岸肯尼亚等有关国家连线产品，形成郑和七下西洋文化长廊、文化旅游主题公园、大型山水实景郑和史诗剧等附加产品。近年来，21 世纪海上丝绸之路邮轮旅游产品在海丝文化的品牌下也越做越强，2016 年 11 月，深圳蛇口太子湾邮轮母港正式开港运营，并在同期被授予"中国邮轮旅游发展实验区"，后方港区占地为 69.764 万平方米，总建筑面积达 170 万平方米。目前设计有 2 个邮轮泊位，1 个客货滚装泊位，10 个高速客轮泊位等，可停靠 22 万吨级的世界最大邮轮。是华南区最大的邮轮母港。到 2017 年上半年，共完成邮轮靠泊 75 个艘次，进出邮轮旅客 6.75 万人次。其中本年完成 48 艘次，进出旅客 4.52 万人次。太子湾邮轮母港自成立以来不断丰富航线，联合丽星邮轮"处女星号"、银海邮轮"银影号"、世鹏邮轮"旅居者号"、诺唯真"喜悦号"、皇家加勒比"海洋航行者号"这些国际知名邮轮，目前已开通新加坡、泰国苏梅岛和曼谷、越南、马来西亚、菲律宾、日本、中国台湾等国家及地区航线。此外，扩大海丝文化产品的视野，推动文化与体育、教育、旅游、金融、商务、城市建设融合发展，形成融合型的新产业。在产业线上，不仅包括休闲旅游、影视作品、动画游戏，而且应包括以海丝文化为内涵的生态渔业、海丝商务、港口地产等。

小　结

　　海纳百川、兼容并蓄的开放性，博采众长、厚积薄发的创新力，根植民间、生生不息的影响力，正是海丝文化品牌的整体定位。品牌所包含的商业记忆和经济价值非一时一日之功。在 21 世纪海上丝绸之路倡议的推进中，将灿如星海的海丝文化元素统一在海丝文化品牌中，从丰厚的历史积淀中吸取文化营养形成城市品牌、企业品牌和产品品牌完整的品牌资源链十分必要。5 年来，在海丝沿线国家已经形成了一系列经济与文化充分交融的文化品牌。海丝文化品牌在交流中增进凝聚力和影响力，成为沿线国家价值观和生活方式相互融合的载体之一。

第 三 章

21 世纪海上丝绸之路文化产业研究

古代海上丝绸之路是商贸之路，更是文化之路。这条连接亚洲、欧洲和非洲的商业贸易路线上文化交流融合，曾经创造出无数宝贵人类精神财富。21世纪海上丝绸之路倡议构想宏大，涵盖经贸、投资、人文和战略互信等各个方面，表明了中国扩大对外开放、构建合作共赢新秩序的胸怀。它的实施正在改变亚欧和东非地区的经济格局，给包括中国在内的众多国家和众多产业提供了巨大发展空间和崭新机遇。作为国民经济发展的重要组成部分，5年来，中国文化产业一直保持高速稳步增长，在推动经济发展、优化产业结构中发挥着越来越重要的作用。2015年，中国文化及相关产业增加值27235亿元，比2014年名义增长11%，比同期GDP名义增速高4.6个百分点，在2014年增长12.2%的基础上继续保持两位数增长，同时增速远高于同期GDP增速，呈快速增长态势；对GDP增量的贡献达6.5%，比2014年提高1个百分点，文化产业发展活力凸显，已成为当前经济增长的亮点之一；2015年文化产业增加值占GDP的比重为3.97%，比2014年提高0.16个百分点，达到历史新高。[1]

---

① 《文化及相关产业增加值27235亿元》，《中国文化报》2016年9月1日，第1版。

一 21世纪海上丝绸之路——中国文化产业发展转型的契机

（一）海上丝绸之路文化产业国际化的契机

21世纪海上丝绸之路倡议是由中国首倡的一项造福于沿线各国的事业，使海丝沿线国家更加关注交流与合作。从全球范围来看，文化产业和创意经济的规模化发展，是深化各国间文化交流与合作，增进了解、增强亲近感、增添认同感最重要的途径。经过世界金融危机以后，世界经济正在重构，开辟新市场、调整对外开放模式成为必要。21世纪海上丝绸之路以促进合作、实现共同发展为目标，文化产品与服务在畅通经济通道、密切产业交往中起到奠基石的作用。《中共中央关于制定国民经济和社会发展第十三个五年规划的建议》明确提出：2020年文化产业要成为国民经济产业支柱。"推动文化产业结构优化升级""培育新型文化业态，扩大和引导文化消费"。①

在国际经济结构性的变化下，增强海丝的文化活力，关键在于促进文化产品、文化要素跨国跨地区的自由流动。21世纪海上丝绸之路建设从无到有、由点及面，进度和成果超出预期。海丝沿线国家人文荟萃，大多是新兴经济体和发展中国家，普遍处于经济发展上升期，在文化产业上整合建设、共享利益的潜力巨大，容易达成共识。有关数据显示，2016年第一季度，中国对外文化贸易取得"开门红"，在货物进出

---

① 《中共中央关于制定国民经济和社会发展第十三个五年规划的建议》，《人民日报》2015年11月4日，第1版。

口同比下降的严峻形势下，文化贸易进出口出现逆势增长，增长达到63.6亿美元，实现贸易顺差738.2亿元人民币。文化贸易出口占比从7%提高到23%，高附加值的出口产品增长迅速。①

海丝文化是沿线各国民族文化融汇的结晶，海丝文化产业以提供具有海丝精神内涵的文化产品和文化服务为载体，正在展现强劲的国际化发展态势。从国际宏观环境变化和国内的经济来看，5年来，为促进文化产业走出国门，中国政府出台了一系列优惠政策，重点扶持具有民族特色的文化艺术、展览、电影、电视剧、动画片、网络游戏、出版物、民族音乐舞蹈和杂技等产品和服务的出口。海丝沿线国家和地区已成为文化投资的新热点。沿线各国民众的文化传统和文化消费具有不同特点，长期来看，21世纪海上丝绸之路的互联互通建设伴随着文化沟通。双边、多边合作框架的推动，公路、铁路、港口、物流、通信等基础设施和基础产业的形成，贸易投资自由化和便利化的展开，都为沿线国家文化产业的合作共赢开启新范式。目前，中国与沿线国家稳定牢固的官方文化交流平台，有东盟、阿拉伯国家联盟等多个组织成员国及中东欧地区建立的人文合作委员会、文化联委会机制，为深化沿线文化产业合作提供必要支撑。随着倡议建设的深入、文化平台机制建设的深入，海丝沿线国家文化产业发展的成效更为明显。习近平主席访问越南时，双方签署了一系列合作协议，决定加强新闻、文化、教育、旅游等领域的交流合作，加快互设文化中心。

21世纪海上丝绸之路倡议提出以来，中国高度重视与海丝沿线国家的文化交流与合作，在境内外开展了多个以海上丝绸之路为主题的文化交流活动，取得了丰硕成果。沿线国家的政界、业界和学术界，逐渐认识到倡议的务实推进将会增强沿线国家经济发展的潜力，符合各国的利益。近年来，沿线国家也开始开展以海上丝绸之路为主题的交流，2015年，波兰信息与外国投资局和华沙展览局共同举办"海上丝绸之路商务研讨会"，探讨中国、欧盟通过"一带一路"新丝绸之路开展经济合作的可能性。在21世纪海上丝绸之路建设的背景下，

---

① 《聚焦京交会："一带一路"成文化贸易新热点》，《中国文化报》2016年6月9日，第4版。

沿线各国各地区的互利合作潜力巨大，文化产业的整体发展作为一项庞大而复杂的系统工程，贸易与投资并进的局面正在形成。21 世纪海上丝绸之路的建设给予文化产业发展的环境和契机，海丝文化产业大有可为。

党的十八届三中全会提出："推进丝绸之路经济带、海上丝绸之路建设，形成全方位开放新格局。"① 21 世纪海上丝绸之路设想的提出，是在当前中国社会总体运行状况良好，但经济进入新常态，增长速度换挡，由高速向中高速转变背景下的一项重大制度改革，标志着中国新一轮改革和开放的启动，体现在文化产业上，既要"走出去"，也要"引进来"，实现融合人文的制度改革和合作创新，激发文化内生动力的再创造能量。文化产业"走出去"是 21 世纪海上丝绸之路倡议的具体实践之一，如果不转变文化产业发展的观念，许多文化产业的定位难以摆脱本土消费的生产倾向。在经济新常态下，数量众多、分布面广的地方特色传统行业转型升级面临的问题系统而复杂。海上丝绸之路不仅是地方特色传统行业"走出去"的机遇，而且是海丝文化产业国际竞争力提升的一个重要步骤，《国务院关于加快发展对外文化贸易的意见》给予文化出口政策支持，提出了明确支持重点、加大财税支持、强化金融服务等政策措施。鼓励和支持国有、民营、外资等各种所有制文化企业从事国家法律法规允许经营的对外文化贸易业务。② 文化部《"十三五"文化贸易发展规划》提出鼓励企业海外投资。2014 年 5 月，文化部提出以文化先行方式建设"丝绸之路文化产业带"的构想。主要内容是加强影视、演艺娱乐、动漫游戏、文化旅游、工艺美术、非物质文化遗产、民族文化、工业制造、建筑设计、文化体育等多领域的交流合作，打通文化壁垒，增强国家文化传播力，提升文化软实力，充实丝绸之路经济带。这一发展规划正作为"丝绸之路经济带"的一项重要内容加以打造。文化部、财政部联合发布的《关于推动特色文化产业发展的指导意见》专门提出依托丝绸之路沿线丰富的文化资源，调动各方力量，

---

① 《中共中央关于全面深化改革若干重大问题的决定》，《人民日报》2013 年 11 月 16 日，第 2 版。

② 《国务院关于加快发展对外文化贸易的意见》，《人民日报》2014 年 3 月 20 日，第 1 版。

推动丝绸之路文化产业带建设。① 《文化部"一带一路"文化发展行动计划（2016—2020 年）》发布，"丝绸之路影视桥工程""丝绸书香工程"等文化项目也在扎实推进。

（二）海上丝绸之路文化产业吸引海内外资本聚合的契机

第一，增加海丝文化产业的资本吸引力。承贯古今的文化渊源是 21 世纪海上丝绸之路倡议与以往提出的发展倡议的不同之处。中国的对外开放发展需要实现更高层次的、全面的对外开放，海丝文化品牌正是资本的聚合力之一。丰富深厚的海丝文化将沿线各国的历史、现实与未来连接在一起，海丝文化是 21 世纪海上丝绸之路的渊源，是沿线国家文化认同感的线索。文化产业综合能力的培养，核心是规模化、集约化、专业化水平的提升。继承传统，引导创新，是这一品牌吸引社会资本参与集中的根基和内涵所在。

文化产业极具资本吸引力，是资本高度集中的产业。2015 年度文化产业发展专项资金 50 亿元，这是中央层面支持文化产业发展的唯一一笔专项资金，共支持项目 850 个，项目数较 2014 年增长 6.25%。目前西方发达国家的文化产业已经成为支柱产业，文化创意产业增长值超过 GDP 总增长值的 5%。在海丝沿线国家，日本的动漫业、韩国的影视业、印度的电影业、英国的音乐产业都很著名。

中国拥有超过五千年的文明历史，21 世纪海上丝绸之路聚焦了海洋文明、贸易文明、宗教文明，文化产业成为吸引对外投资的热点。2015 年 9 月，习近平主席在出席美国西雅图举行的中美企业家座谈会时，表示中国需要一个文化多元的娱乐市场，鼓励更多的美国中小企业来华投资。越来越多的海外企业开始关注海丝文化概念产业，争先进行布局，这都为海丝文化产业聚合海内外资本提供了现实可能。对外投资是中国与海丝沿线各国经济深度融合、实现互利共赢的途径之一。2014 年，中国对外直接投资超 1400 亿美元，首次成为资本输出国。2015 年，中国对外直接投资创下了 1456.7 亿美元的历史最高值，占全球流

---

① 《文化部财政部关于推动特色文化产业发展的指导意见》，《中国文化报》2014 年 8 月 26 日，第 2 版。

量的份额由 2002 年的 0.4% 提升到 2015 年的 9.9%。①

海丝文化产业作为绿色朝阳产业，凭借自身的特点和优势开始走出国门，成为资本输出、传播海丝文化越来越重要的渠道。2014 年，广西师范大学出版社完成对澳大利亚视觉出版集团的收购，由此开启了跨国经营，并初步完成在上海、墨尔本、新加坡、伦敦、纽约等地的全球布点。2016 年，广西师范大学出版社正式以并购方式收购英国 ACC 出版集团。海丝文化融合共生的理念作为人类智慧的结晶，并不专属中国，甚至并不专属海丝沿线国家，这是海丝文化产业国际化的动力。

第二，增加海丝文化产业的金融吸引力。金融与海丝文化的对接是提升海丝文化产业的核心竞争力的必由途径。21 世纪海上丝绸之路倡议致力于打造一个开放、包容、多级的平台，让更多国家能参与进来。党的十八届三中全会提出，鼓励金融资本、社会资本与文化资本相结合。② 21 世纪海上丝绸之路倡议提出只有 5 年的时间，目前，海丝的文化金融合作虽还处在实施的初级阶段，但已经有早期收获成果。传统的文化产业融资方式包括产业投资、银行信贷和文化企业上市等。

顶层设计方面，在中国经济新常态、产业结构转型和升级的大背景下，作为稳增长、调结构的重要力量，多项文化产业相关的项目相继推出，贷款贴息、债券贴息、保费补贴等成熟模式进一步机制化。2014年 3 月，文化部、财政部、中国人民银行共同出台了《关于深入推进文化金融合作的意见》，明确文化与金融合作已经成为中国文化创意产业持续发展的重要动力。文化产业的特点是前期开发成本昂贵，必须保证投资规模。一批文化产业的优质项目开始投入运作。中国文化传媒集团在福建平潭推进第一个文化综合体建设项目"中国海洋文化中心"，项目计划投资 30 亿元，包括大型演艺会展中心、国际艺术品交流中心、总部基地大厦和艺术家创意设计中心。5 年来，新三板挂牌的文化传媒类企业已有 63 家，融资额为 17 亿元。文化产业的债券市场也在迅速发展。截至 2015 年 4 月末，共有 128 家文化企业通过银行间债券市场发

---

① 《2015 年度中国对外直接投资统计公报》，《人民日报》2016 年 9 月 23 日。
② 《中共中央关于全面深化改革若干重大问题的决定》，《人民日报》2013 年 11 月 16 日，第 2 版。

行了 524 只债券，累计融资 4703.4 亿元。① 近年来，中国积极推动人民币跨境结算，规划区域金融中心，加快在沿海国家设置金融机构，这些都为海丝文化产业的未来注入了新的动力和活力。

第三，鼓励海丝文化产业金融创新的动力。文化产业前期投入高，中小企业虽有创新能力，但成长期长、抗风险能力差、投资回报时段不确定使得传统融资工具并不完全适合文化产业的融资需求，金融创新服务尤为重要。目前，海丝文化产业直接融资与间接融资占比仍然不高，文化产业的进一步发展对文化金融创新需求旺盛。5 年来，文化金融创新产品不断涌现，培育出了一批文化产业保险市场、文化产权交易中心等，营造包括贷款贴息、保费补贴、投资基金、风险投资等金融渠道配套机制。在文化产业多业态特别是与互联网紧密结合的趋势下，文化产业进一步融入金融创新也成为热点。众筹的产品模式被广泛使用，将海丝沿线各国的金融资源整合起来，共同推进 21 世纪海上丝绸之路倡议的实施和建设，真正惠及沿线各国。出版众筹、电影众筹、艺术众筹金融创新产品相继涌现。就具体领域来看，在艺术品领域，相继推出艺术品信托投资基金、权益拆分、质押融资等形式的金融产品。

（三）海上丝绸之路文化产业调整布局的契机

第一，实现旅游、文化、商业、创意等产业集群整合。在 21 世纪海上丝绸之路倡议建设中，构建以海丝文化为主要内涵的文化产业格局，实现文化产业的集约化成为共识。形成与 21 世纪海上丝绸之路相吻合的文化产业沿线布局，需要一个个由可延伸度长、内容丰富、增值能力强的完整产业链组成的集群来支撑。发达国家的文化产业能够迅速发展，正是得益于对产业集群的有效整合。英国伦敦南岸中心是泰晤士河南岸欧洲最大的综合艺术中心，结合了伦敦眼、大本钟、泰晤士河等旅游景点，Royal Festival Hall、National Theatre 等艺术点，伦敦国王学院、伦敦南岸大学等大学，imax 影院、各类餐厅等娱乐项目，Waterloo火车站等交通枢纽，将英国最具品牌效应的地区与文化产业结合起来。

---

① 《128 家文化企业银行间债券市场融资总额达到 4703 亿元》，中国经济网，http://www.ce.cn/culture/gd/201507/20/t20150720_5980994.shtml，2015 年 7 月 20 日。

产业集群的多点化、完整化形成了良性循环。

以 21 世纪海上丝绸之路沿线各国为文化联动体，打造海丝文化产业发展动力带，是中国文化产业空间布局的核心内容。文化互动交流是旅游、商业、广告等文化产品重要的引致因素，在信息技术条件下，文化产业集群不再仅仅表现为传统的上下游垂直联系模式，而是表现为垂直和水平混合连接的复合模式。在这种拥有完整产业集群的复合模式下，各层次的文化商品联动，生命周期更长，市场反响更为深远：一是文化商品本身的市场；二是文化商品周边产品如图书、音像制品等的市场；三是文化商品的衍生品，包括娱乐、旅游、玩具、装饰、生活用品等。日本东映动画公司在投入制作动画片之前，已做好主题周边产品的开发规划，形成规模效应。动画片热播，周边产品也开始热卖，资金回收、市场开拓、卡通形象推广等系列工作都同时展开。

中国文化产业整体发展起步比较晚，以小音乐公司、小影视公司、小数码公司等中小型媒体企业为主，产业链较为单一，产业集群尚待培育。21 世纪海上丝绸之路倡议提出以来，海丝文化概念的强势进入，为布局相对完整的文化产业集群，结合国际化与本地化提供了后发优势的路径。政府站在产业推动者的角度，在市场开拓、技术创新、海关通关等方面给予海丝文化出口企业一定支持，打造海丝文化特色产业链。多处与海丝文化有关的文化产业园区和文化产业示范基地建立，文化企业在这些园区和基地集合，有利于增强海丝文化的辐射力。2016 年，泉州文化产业示范基地已形成超百家文化产业基地的强大阵容，既有传统工艺文化企业，又有新兴创意企业，体现了海丝文化背景下文创企业结构优化和未来发展的趋势，带动泉州文化产业的转型升级。浙江的文化、教育等服务贸易产品也迎来了新市场，2016 年，对"一带一路"沿线国家和地区文化服务的出口已占浙江文化服务出口的 34%。

第二，借力文化供给侧结构性改革的机会，提升产业链附加值，与多产业融合布局。文化产业的产业链以横向连接为特点，每一环节均可独立融合其他产业，有效提升综合产值。海丝文化产业在"文化 +"模式下进一步调整结构，才能应对业态简单、同质化的共同问题。产业附加价值的整体提升，关键在于把海丝文化融合到各行各业中，形成"海丝文化 + 旅游""海丝文化 + 创意""海丝文化 + 演艺娱乐""海丝文化＋艺术品交易"海丝文化＋文化贸易"等创新业态。文化随着所附着的新业态节点实现传播，提升文化的市场价值，成为产业化的艺术形式。海丝文化也是如此，福建省级文化产业示范基地领 SHOW 天地发展模式是海丝文化"文化＋"的示范。领 SHOW 天地现有 300 多家以文化创意、广告和电子商务为主的企业入驻，成为产值超 10 亿元的园区，其中有上市企业，也有全国十佳设计企业，吸引了近 6000 名年轻创意人才创业就业。① 21 世纪海上丝绸之路倡议提出后，领 SHOW 天地充分利用海丝文化元素充实业态，不断实现海丝文化资源的产业价值。作为成果呈现，领 SHOW 天地先后推出"100YOUNG"羊雕群展、文泽艺术馆石雕展等具有海丝文化内涵的艺术创作。

（四） 海上丝绸之路文化产业实现"互联网＋"的契机

文化产业创新驱动的未来在于以科技创新转化创造力，传播创造成果。在海丝互联互通精神传播和平台搭建中，科技的支持与推动必不可少。21 世纪海上丝绸之路倡议的提出，正值互联网潮流方兴未艾。"互联互通"的内涵是加强全方位基础设施建设，不仅是公路、铁路、航空、港口等交通基础设施，而且包括互联网、通信网、物联网等通信基础设施。在海丝文化产业的发展中，必须把握融合信息新业态的后发优势实现文化产业升级。开发不同风格的海丝文化产品，说明海丝文化既有古老文明的传承，更有现代的文化创新。2015 年，中国自主研发网络游戏海外销售收入达到 53.1 亿元，同比增长 72.4%，显示了中国网络文化产品出口的广阔前景。

互联网本身具有高渗透力、反应迅速、成本低廉的信息沟通特点。互联网行业与文化产业活跃、互动的发散性创意思维模式有着天然的紧密联系。21 世纪海上丝绸之路倡议提出以来，沿线的文创产业正在发生转变。海丝文化的核心概念带动了创意，市场主体也更加多元化，民营资本成为推动海丝文化产品和服务出口的重要力量。互联网和移动网络彻底改变了社会思想意识的生产与传播方式。覆盖范围的不断变大、

---

① 《丝海扬帆　文创护航——2015 年泉州文化产业发展亮点纷呈》，《泉州晚报》2016年 1 月 21 日。

变深是一种趋势，对人们的社会生产生活和精神世界起着重要作用，这与市场主体的多元化趋势是一致的。数字化创意产业是文化产业中增速最快的部分，也是目前国际化程度最高的文化产品，国际传播能力较强，是海丝文化产业"走出去"的生力军。

"互联网＋"推动文化产业生产方式、组织形态和消费模式的转型。相较传统文化产业的概念，以移动多媒体广播电视、动漫游戏、数字出版等为代表的新兴文化产业改变产业效率、交易结构，甚至整体产业架构，发展理念和动力核心正是"互联网＋"。日本是世界上最大的动漫制作和输出国，全球播放的动漫作品中有六成以上出自日本。快速扩张和高附加值使卡通产业成为推进文化产业资产增值的孵化器和加速器。中国文化产业与发达国家的差距最主要就在于技术趋势，包括以互联网技术发展为依托的网络文化产业、信息技术与文化产业相结合产生的数字内容产业等。通过"互联网＋"，文创工作者将各种科技、艺术媒介和文化内容整合为数字技术，创造出效果独特的数字艺术产品。

二 海上丝绸之路文化产业发展现状与启示

（一）海上丝绸之路文化产业发展现状

在 21 世纪海上丝绸之路的建设中，坚持文化先行成为共识。海上丝绸之路的延伸，不仅是物资和经济之间的互相交融，而且是文化多样性的交互作用。陶瓷、茶叶、丝绸、香料等源源不绝地从中国运往世界各地。2015 年发布的《愿景与行动》表示，"一带一路"是一条互尊互信之路，一条合作共赢之路，一条文明互鉴之路，要彰显人类社会共同理想和美好追求。① 用好用足"一带一路"的文化纽带要素，正是体现这一精神所在。在对海丝的实地调研和企业访谈中，能明显感受到新常态外部经济下行对地方财政和企业的压力。在新常态下，文化产业被视为经济稳定增长和结构优化升级的重要推动力。催生区域经济新格局，利用深厚的海丝历史文化积淀，谋求区域文化产业的新发展成为沿线地区政府的共识。

1. 商品变身文化的动力：德化陶瓷文化产业

海上丝绸之路又被称为"陶瓷之路"，陶瓷行业的发展史与海上丝绸之路有着不解之缘，传承深厚的海丝文化底蕴。福建德化窑系、福建闽清义窑系、福建磁灶窑系、江西景德镇窑系和浙江龙泉窑系五大民窑闻名遐迩。如今，陶瓷文化产业大多数已发展成为地区经济的拳头产品，在行业结构优化升级的集约型增长方面取得了显著成效，德化陶瓷

---

① 《推动共建丝绸之路经济带和 21 世纪海上丝绸之路的愿景与行动》，《人民日报》2015 年 3 月 29 日，第 4 版。

文化产业可谓代表。

德化是中国三大古瓷都之一，陶瓷文化历史悠久。早在宋元时期，德化就是海上丝绸之路的重要出口商品地，明代后期得到巨大发展。德化陶瓷瓷质独具特色，为乳白色，产品以瓶、罐、杯、盘等日用瓷器为主，兼有雕塑艺术的陈设瓷器，多用贴花、印花、堆花作装饰。洁白晶莹的德化陶瓷沿着海上丝绸之路，走向世界，享有盛誉。如今，在美国、英国、法国、俄罗斯、澳大利亚、意大利、立陶宛、罗马尼亚、匈牙利、瑞典、葡萄牙、荷兰等国还能见到日用器皿、玩具瓷、宗教瓷等大量古代德化白瓷。在欧美各国40多个博物馆藏有大量德化窑瓷器。2015年5月30日，世界手工艺理事会专家组全票通过，授予德化县"世界陶瓷之都"称号。

21世纪海上丝绸之路倡议对德化陶瓷文化产业发展意义深远，近年来由于国内人力成本与陶瓷原料价格大幅提高，以劳动密集型、资源密集型为特征的德化出口瓷器遭遇产业发展的瓶颈。"互联互通"是加强全方位的建设，海丝沿线国家之间的深度互通会对文化提出更高的要求，这对中国文化产业特别是德化陶瓷这样已经成功"走出去"，继续做大做精的文化产品提供商，构成重大利好。5年来，德化推动以陶瓷行业为中心向商业与文化一体化发展的文化大产业转变。

（1）继续开拓陶瓷贸易市场。文化商品是文化交流的重要载体，德化陶瓷的文化商脉源远流长。作为德化的支柱产业，德化陶瓷在生产规模、分布范围、数量、纹饰以及外销等方面独具海丝沿线地区特色。德化80%的产品销往190多个国家和地区，是中国最大的陶瓷工艺品生产和出口基地、中国首个出口陶瓷质量安全示范区。21世纪海上丝绸之路倡议提出后，传统瓷雕、西洋工艺瓷、日用瓷等商品品种不断增多，释放出陶瓷产业链新的资源优势和市场潜力。2016年，陶瓷企业占德化县城企业的比重占到90%，陶瓷产值突破170亿元。德化陶瓷产业从业人员众多，全县有陶瓷企业1400多家，从业人员10万多人。陶瓷产品的商品贸易是德化陶瓷产业的核心部分，80%的产品外销，陶瓷出口余额达123亿元，拥有美国、欧洲、东南亚等一大批固定客户。来自多国的订单丰富了德化陶瓷艺术与设计产品线，德化陶瓷商品通过文化经贸，加强了与海丝沿线国家的文化交流，构建出完整的国际化销售布展的产业链。

（2）更为精心地保护德化陶瓷的海丝文化脉络。第一，依托申报海丝世界文化遗产进行全面保护。德化陶瓷在海丝文化中具有文化交流使者的地位。摩洛哥旅行家伊本·白图泰称赞"德化瓷器首屈一指"，意大利旅行家马可·波罗也盛赞德化"制造的碗及瓷器，既多且美"，德化瓷经由海上丝绸之路流传，被法国人命名为"中国白"，欧洲具有长达 300 年的德化白瓷仿制史。宋代沉船"南海一号"、清代沉船"泰兴号"发现的大量德化瓷，见证了古代德化陶瓷的辉煌历史。

德化陶瓷文化遗产众多，5 年来，德化紧跟 21 世纪海上丝绸之路倡议，积极融入海丝先行区建设，以"保护为主、抢救第一、合理利用、加强管理"的 16 字方针为指导，挖掘海丝文化资源。德化窑炉分布密集，古窑火生生不息，三班镇蔡径村内的月记窑在明清朝代是兴盛一时的名窑，烧制的瓷器远销海内外，窑火已经燃烧了 400 年。著名的海丝文物有屈斗宫德化窑 46 处遗址等。德化积极进行申报海丝世界文化遗产的工作，考古人员入驻德化，对窑址进行挖掘、测量、标注。2016 年发掘的梅岭窑遗址有 10 多个古代窑炉，其中，宋元时期古窑 4 处、明清 8 处、民国至今 2 处，涵盖阶级窑、龙窑等多种窑炉形态。①同时，注重保护德化瓷烧制技艺等非物质文化遗产项目。在油窑、电窑和天然气窑大面积使用的今天，注重保存古老的柴烧技法，鼓励和支持非物质文化遗产传承人开展传习活动。

第二，重视古老烧制技艺可持续传承。德化传统陶瓷手工烧制技艺底蕴深厚，捏、塑、雕、镂、贴、接、推、修"八字技法"代代传承。在德化瓷雕发展的历史中，出现过以"瓷圣"何朝宗、张寿山、林朝景、许良西、游长子为代表的杰出民间瓷塑大师。要重振历史辉煌，使德化陶瓷在海丝文化的交流中发挥独特作用，关键是实现技艺的传承和陶瓷艺术人才的培养。首先是尊重陶瓷艺术人才，形成宣传力度。高端陶瓷艺术人才的艺术造诣和工艺成就代表了德化窑的高超水平，也是德化陶瓷根脉绵延的最好名片。5 年来，德化实施"人才兴瓷"政策，打

① 《德化窑梅岭遗址　考古调查出 14 条窑址》，泉州网，http://www.wenbao.net/details.asp?id=8834，2016 年 9 月 23 日。

造陶瓷文化核心品牌，形成全国陶瓷文化创意创作的聚集地。鼓励支持陶瓷工艺从业者参评"工艺美术大师""陶瓷艺术大师""高级工艺美术师""工艺美术师"，创建大师工作室，成立大师创作团队。2014年，"德化大师限量版"陶瓷雕塑艺术展在福建泉州领 SHOW 天地文泽艺术馆举办，展示了德化陶瓷雕塑艺术的独特魅力。为了更好地继承地方的陶瓷艺术传统，德化陶瓷传承从娃娃抓起，从小学阶段开始开设陶艺课。同时，依靠专业院校的传授和民间师徒制传授共同传承陶瓷技艺，泉州工艺美术职业学院、德化职业技术学校培养了一支近6000人的老中青陶瓷艺术人才梯队，与韩国、丹麦、美国、日本等国家开展陶瓷文化交流，不断推动陶瓷技艺传承创新。德化为青年陶瓷人创建了一批创业大本营，支持泉州工艺美术职业学院发挥特色学科优势，建设海西大学生创业园。

第三，挖掘保护和开发利用陶瓷文化相关民间文化，形成丰富的文化生态链。德化历史悠久，围绕陶瓷行业形成了不可多得的乡土文化生态链，典型的有南音、三通鼓、山歌、窑坊公信俗、木偶戏、高甲戏、刻纸等。文化产业的发展总是集中在文化与商业结合度高、有一定区位优势的地区，这些民间文化具有陶瓷文化所共有的情感经验和共同的文化记忆。21世纪海上丝绸之路倡议的提出，是增加陶瓷文化形成富有影响力的文化品牌的助推力。正是这些自然而然的原生性的、传承有序的文化，包含着互联互通的文化信息和产业连接的发展后劲。通过推动陶瓷民俗文化与旅游，形成陶瓷民俗文化与生活、民俗文化与产业的融合发展，打造具有国际影响力和辐射力的陶瓷文化地标，为弘扬中华优秀传统文化，增进海丝文化交流起到积极的促进作用。

（3）"走出去"与"请进来"相结合，以"互联网＋"发掘德化陶瓷产业的海丝文化价值。文化是文化企业的灵魂，海丝文化产业的繁荣，首先是企业要有传承古老文化，创新时代文化的活力和生命力。融入21世纪海上丝绸之路倡议，不仅拓展了陶瓷产业在经贸关系上的经济价值，而且为德化陶瓷产业深入发展找到了核心元素，那就是将文化传承与产业创新相结合。重视文化交流与对话对于文化产业提升的价值和意义，把海丝文化要素融入陶瓷艺术创意，推动传统陶瓷产业再升级。在对外文化交流方面，精心策划、成功举办"2016中外艺术家新丝路对话"等活动,增进了与有关国家的文化交流和友谊,也有助于德化陶瓷直接以国际化的渠道"走出去",有效进入西方主流渠道,进一步形成世界影响力。加快建设世界瓷艺城,将其打造成为展示贸易、观赏制作、批发零售为一体的中国陶瓷文化与陶瓷旅游的主要中心和面向国内外市场的陶瓷展销窗口。

在艺术导向上,聚集陶瓷文化艺术人才,引入现代审美观念。旅居德国的艺术家吴金填组建"月记窑国际当代陶瓷艺术中心",中外艺术家共同创作具有德化品牌特征的标志性陶瓷艺术品,各种艺术理念在德化擦出火花。目前,德化开始制订"中国白"复兴计划,组织德化名家瓷器到世界各地展出。同时,以电子商务对接融入 21 世纪海上丝绸之路倡议。完善跨境电子商务发展生态圈,引导网络营销也是德化融入海丝文化的举措之一。通过搭建面向世界的中国陶瓷在线交易平台(http://chinachinaonline. com)和陶瓷全球购平台(http://go. chinachinaonline. com),接驳全球经济数字化趋势,将信息化机制引入海丝文化资源的传承与发掘中,打造中国电商示范基地和最大的陶瓷电商产业基地。同时,德化县培育一批创业示范基地(示范点),依托德化县电子商务产业园、建窑电商孵化园、顺美集团创客空间、三班月记窑、青年大师新秀园、海峡两岸大学生创业园孵化基地等条件较为成熟的园区(企业),打造大众创业的示范空间。

2. 连接产业链创造产业优势——闽茶文化产业

在海丝沿线国家,茶文化产业有着广泛的社会基础,是友好交流的载体。中国的茶文化源远流长。自古以来,中国人就有饮茶的习惯。唐代陆羽的《茶经》是较早关于茶文化的研究。茶文化是一种动态发展的文化,与海上丝绸之路联系密切,可以说是丝绸之路物质文化融合的见证。海丝沿线许多地区饮茶成风。在日本,公元 9 世纪出现了"弘仁茶风",贵族间以模仿中国人品茶为时尚。公元 12 世纪,中国茶种流播日本。茶叶的种植推动了日本茶道的形成。日本茶道继承发扬了中国唐宋时期的饮茶文化,成为一门"和、敬、清、寂"的专门艺术。宋元海外贸易繁盛之时,茶叶是海外贸易的大宗,茶以融入生活的艺术化特征,逐渐改变当地的文化生活方式,同时,乌龙茶伴随着华人华侨的足迹，流传到东南亚，并远达欧美。17世纪初，荷兰通过海上丝绸之路将茶叶输入欧洲。18—19世纪英国茶叶开始由奢侈品转变为大众饮品，饮茶成为英国传统文化的组成部分。海上丝绸之路上的茶文化交流是双向的，茉莉花茶是闽茶的一种，茉莉花最早起源于古罗马帝国，汉朝时通过海上丝绸之路到达古波斯、天竺，到了印度后成为佛教圣花，之后随印度佛教传到中国的福州，成为士大夫赏玩的香料茶。

（1）茶叶企业借力21世纪海上丝绸之路倡议赢得转型机会。福建是中国最大的茶叶主产区，茶叶交易活跃。闽茶自古代丝绸之路起就一直是对外贸易的重要商品，1856年至1886年，福州茶叶出口占全国茶叶出口总额的35%到44%，成为世界最大的茶叶市场。有一段时期，闽茶的辉煌不再，最为主要的是，闽茶出口多以大包装散装茶为主，以原料茶供应国外品牌茶饮料，国际化品牌较少，茶叶深加工产品以及高附加值的茶制品也少。

21世纪海上丝绸之路打通了茶叶外销的便捷通道。福建被定位为"21世纪海上丝绸之路核心区"，为茶文化产业带来了政策利好和市场信心。在福建出口普遍下滑的背景下，茶产品出口量价齐升，成为新的增长点。目前福建省主要出口越南、中国香港、美国、日本等56个国家或地区。21世纪海上丝绸之路倡议提出5年来，出口产品结构从散装茶向高档茶、包装茶、品牌茶转变。2014年，闽茶实现产值600多亿元人民币。2015年，出口茶叶1.34万吨，价值1.66亿美元，同比增长15.41%和40.93%，2016年前三季度，福建全省出口茶叶1557批，价值1.59亿美元，同比分别增长10.35%、40.24%。[①] 出口品种包括乌龙茶、绿茶、红茶、白茶、茉莉花茶等，绿茶、红茶持续保持增长态势。从区域上看，漳州已初步形成平和白芽奇兰、华安铁观音、南靖铁观音和丹桂、诏安八仙茶等各具区域特色的茶业发展格局，集生产、加工、销售、旅游、茶文化为一体，主要出口市场包括印度尼西亚、美国、爱尔兰、缅甸、泰国等。闽茶企业致力于开发海丝新市场，新增对非洲出口珠茶产品、对东南亚出口红茶和绿茶，新产品速溶乌龙茶粉也

---

① 《福建省1—9月出口茶叶1.59亿美元 保持高速增长》，东南网，http://fjnews. fjsen.com/2016 - 10/14/content_18574878. htm，2016年10月14日。

首次登陆日本市场。阿联酋处在海上丝绸之路的重要节点和战略要冲，迪拜杰贝阿里港是世界第九大港口，也是重要的海运中心。2015 年，漳州茶叶首次出口阿联酋迪拜。由于在周边动荡地区保持稳定，阿联酋吸引多国投资，迪拜机场是世界第七大繁忙的机场。阿联酋企业多将迪拜作为管理中东、非洲市场的总部。因此，漳州茶叶的出口颇具意义。

（2）丰富茶文化产业的产业链。茶文化的精髓在于"品"，品茶的意趣在于茶叶本身色香味及外形的欣赏、茶叶冲泡过程所必要的技艺及其表演、茶具应用与玩赏，也在于建筑物、园林、陈设艺术品、插花、焚香以及背景、音响等因素，在饮茶时也可适当佐以茶食、糖果、菜肴等。如闽茶中的名茶乌龙茶又叫"工夫茶"，是一种半发酵的茶，透明的琥珀色茶汤是其特色，名优茶的代表有安溪铁观音、武夷岩茶等，形成了一套泡茶、品茶、鉴赏的文化，茶业相关包装、茶具、器械、展会等都形成了产业。因此，茶文化产业天然具有多元产业集聚效应，是一个可以集休闲农业、文化旅游、品茶、商品、创意等于一体的文化产业平台。2015 年，德化三班镇 100 多个企业家抓住本土陶瓷工艺的优势点，组成 26 个股东，总规划 1200 亩，拟投资 25 亿元建成"中国茶具城"，组建成一个集茶具市场、电商、物流、研发、培训、体验、茶具文化旅游创意为一体的新园区。该项目一期 2017 年投入利用，已有 500 多家厂商入驻。

"互联网＋"带来茶文化产业经营环境的变化，产地与市场相联相通。随着海丝文化之路的建设，许多茶叶产地通过发挥资源优势整合产业链。一方面，加大产业链上中游产品研发力度，扩大种植生产，保证品质；另一方面，打通下游流通销售渠道，利用目前搭建的海丝国际平台销售优质茶叶。同时，在电子商务、文化创意、茶产业、家居工艺等各产业节点上赋予茶文化更多创意，扩大茶叶品牌的知名度，进而以茶元素推进地方品牌打造。福州春伦集团近年来持续延伸产业链条，开发了多种茉莉花茶产业链附加产品，如正在着手设计的海丝文化主题的茶文化线路，AAA 级茉莉花茶生态体验景区，研发茉莉花茶点、精油产品等各种茉莉花茶周边产品。公司营业额逐年增长，2014 年产量达到 3000 万吨，年产值达 7 亿元。

（3）组团建立文化交流平台，共同开拓茶文化产业市场。茶文化产业是典型的传统文化产业之一，中国拥有悠久的饮茶历史、丰厚的饮茶文化，在茶文化交流和传播方面有较大空间。21世纪海上丝绸之路倡议提出后，茶文化产业充分利用展销会、推介会等，瞄准海丝沿线国家和城市作为自己的市场布局，展示福建特色茶艺、茶禅等茶文化。越南、斯里兰卡、印度等既是茶出口地区，也是茶叶消费地区。主打茶文化营销品牌的企业和海丝沿线的华人、商会联合组团共同传播茶文化，不是简单的抱团宣传，而是通过资源优化重组，具体形象地展示茶文化，畅通商流、物流、信息流、资金流。

目前，福建茶叶生产基地基本上以分散种植为主。形成茶叶市场的有序竞争，产品销售形成规模优势以及品牌优势，满足产业化经营的需求十分必要。通过种、制、销、赏一体化的运作，实现传统产业链与文化产业链双赢，帮助更多企业复制文化产业模式，才能推动闽茶文化产业的快速发展。2016年，福建省农业厅、福建日报社共同主办的"闽茶海丝行"在波兰古都克拉科夫参加第20届世界茶叶咖啡博览会。福建茶叶企业与欧洲合作伙伴、经销商签约经贸合同3.8亿元，签署协议合同11.64亿元。

台湾是著名的茶叶产地，有阿里山红茶、冻顶乌龙、高山茶以及东方美人等诸多名茶。台湾茶文化源于闽茶文化，是闽茶文化联合宣传、创造商机的一支生力军，也是闽茶产业的一大潜在市场。在2016年第7届安溪国际茶叶博览会上，台湾展团带来了台湾本土的茶文化，展品有"梅山制茶"的台湾本土高山茶、"柴烧陶宝"茶具、台湾特产茶配太阳饼等，丰富了展区内容。通过海丝文化推广，闽茶在台湾市场打造出新的热点。台湾地区没有种植白茶，2015年，闽茶白茶首次出口台湾。

（4）建设符合绿色出口标准和生态理念的茶文化产业。生态友好、绿色健康是全球性的新兴文化理念。21世纪海上丝绸之路倡议提出后，沿线国家经济、文化不断融合发展。要维护海丝沿线国家和地区的可持续发展，一定要处理好生态保护问题，这是政策沟通、道路联通、贸易畅通、货币流通和民心相通的共同关注。中共中央政治局会议也明确提出，必须从全球视野加快推进生态文明建设，把绿色发展转化为新的综合国力和国际竞争新优势。将生态文明建设融入文化产业的发展，遵循国际规则，树立开放、包容、负责任的大国形象，才能真正盘活茶文化产业。

一是优化茶叶出口检疫检验模式和质量管理。坚持从数量导向转为质量导向，是茶产业参与 21 世纪海上丝绸之路市场的重要基础。5 年来，福建检验检疫部门推进茶叶标准体系建设，注重收集境外对茶叶的检验检疫要求和农残限量标准，进行分析比对，帮助茶叶出口企业破解技术门槛。同时，在种植、设备、工艺、生产管控等各方面做好系统规范与支持，开展茶叶农残超标专项整治，推广使用生态肥、生物农药等绿色技术，加强产地环境检测，从源头上保障茶叶质量安全。

二是推进出口茶叶质量安全示范区建设，发挥商品对产业优化升级的带动作用。闽茶的具体做法是完善茶叶从基地、初制、精制到出口企业全链条质量安全可追溯制度，确保茶产品质量安全。同时，整合福建省分散种植的出口茶叶生产企业联合提升茶叶初制加工环节的卫生条件，确保茶叶符合进口国要求。宁德出口茶叶质量示范区和安溪出口茶叶质量示范区建设成为国家级出口食品质量安全示范区，通过示范引领作用带动区域茶叶质量安全水平提升。

3. 沿线国家联手打造：广东海上丝绸之路文化旅游产业"走出去"

《愿景与行动》提出，要联合打造具有丝绸之路特色的国际精品旅游线路和旅游产品。作为"一带一路"建设的先导产业，旅游业可充分带动沿线各国人流、物流、资金流和信息流。旅游合作先行先通有利于消除文化壁垒和误解，带动全方位、多领域的合作。① 2014 年 8 月，国务院在《关于促进旅游业改革发展的若干意见》中，将"丝路旅游"上升到国家高度，指出通过建设"丝绸之路经济带"和"21 世纪海上丝绸之路"来推动区域旅游一体化，增强旅游发展动力。

中国沿海的南海、东海、黄海和环渤海的 11 个省份，是中国海上丝绸之路的重要节点城市，存在多种地域文化形态和多个次级地域文化形态，海丝沿线国家更不乏得到国际社会普遍认可的文化旅游热点。培育发展海丝文化旅游业，打造 21 世纪海上丝绸之路特色的国际精品旅游线路和旅游产品，既有港口群空间的广度，也有海丝文化历史的厚

---

① 《推动共建丝绸之路经济带和 21 世纪海上丝绸之路的愿景与行动》，《人民日报》2015 年 3 月 29 日，第 4 版。

度。海丝文化旅游产业伴随着21世纪海上丝绸之路整体倡议的推进迎来新的增长空间。

（1）沿线省份、地区、国家加深旅游合作。古代海上丝绸之路是东西方交流往来的大通道，东亚、西亚、东南亚、印度、阿拉伯等地有着丰富的世界文化遗产。21世纪海上丝绸之路倡议融通古今，连接中外，承载着沿线各国共同发展繁荣的梦想。沿线国家多元文化交融，具有独特的海丝人文风情。将海丝符号转化成得天独厚的旅游资源，开展文化旅游是沿线国家共同努力的目标，也是21世纪海上丝绸之路倡议深化多边文化产业合作机制的探索。5年来，福州、厦门、泉州、上海、天津、宁波—舟山、广州、深圳、湛江、汕头、青岛、烟台、大连等海丝节点城市开展了多项以海丝文化为主题的旅游合作，沿线国家海丝旅游合作也进入"快车道"。

一是按照海丝文化概念，创新旅游产品，提升海丝旅游品牌影响力和市场占有率。要塑造全球知名的海丝旅游品牌，首先要联合设计具有海上丝绸之路特色的国际精品旅游线路，打造相关旅游产品。"中国海上丝绸之路旅游宣传推广联盟"向海丝沿线国家发布了联动中国省份、辐射东南亚等国的丝绸之路跨境国际旅游线，以及海丝主题旅游线路。联盟正式推出第一批5条串联产品，分别是"丝路风情·经典览胜之旅""丝路风情·海丝遗迹之旅""丝路风情·人文怀古之旅""丝路风情·山海文化之旅""丝路风情·椰海风情之旅"，这些产品线路集中向境内外共同宣传推广。此外，"广州—北海—越南下龙湾"海丝国际旅游线路，涵盖阳江海陵岛大角湾、茂名放鸡岛、湛江徐闻灯角楼等诸多景点的"南中国黄金海岸游线路"等产品，引起海丝沿线国家的强烈关注。沿线国家和地区的人文艺术和文化交流类的旅游线路和产品也有所创新。民俗风情、民间节庆、非物质文化遗产旅游线路项目得到发展。福建、广东、天津自贸区旅游业也在进一步开放中。

二是加强海丝沿线国家文化旅游基础设施和基础服务建设。不断完善的航空、铁路、航运和公路立体式的交通体系是文化旅游的基础条件。在"一带一路"倡议中，基础设施的互联互通被确定为优先领域，2015年，中国企业在"一带一路"相关的60个国家新签订对外承包工程项目合同3987份，新签合同额926.4亿美元，占同期中国对外承包工程新签合同额的 44.1%，同比增长 7.4%；完成营业额 692.6 亿美元，占同期总额的 45%，同比增长 7.6%。① 21 世纪海上丝绸之路推进交通基础设施互联互通建设具有基础性、先导性和服务性，将有效解决制约海丝旅游发展的短板，也是海丝文化旅游实施的现实突破口。

5 年来，海丝沿线国家秉持共商、共建、共享原则，遵循国际市场规律系统整合交通规划，大力推进旅游设施建设。广东根据现有条件集成沿线各国优质资源，已与英国、法国、澳大利亚、新加坡等海丝沿线近 40 个国家签订旅游协议，支持重点旅游城市开通和增加相关航线。配套设施也在完善中。泉州"一环两纵三横六联"的高速公路骨架和"一横三纵"铁路网总体格局基本形成，泉州晋江国际机场各类飞行保障和服务设施配套齐全。2015 年完成 73 座旅游厕所的新建和改扩建，新增 300 多块主要景区的旅游交通指引标识牌。智慧旅游、公众信息服务平台建设有序推进，晋江市实现 A 级景区免费 Wi-Fi 信号全覆盖，德化县建设福建省智慧旅游试点县。一些着眼未来的基础设施建设也在构筑中，中国与巴西、秘鲁签署的建设连接大西洋和太平洋的两洋铁路的三边协定，中国和拉丁美洲将通过两洋铁路连接大西洋沿岸与亚太地区，也将是文化旅游的一大增长点。

（2）探索海丝文化旅游合作新模式，聚合文化产业业态。21 世纪海上丝绸之路的倡议构想从历史纵深中走来，赋予海丝文化旅游产业以崭新的时代内涵。一是拓宽合作渠道，建立合作机制。借助中国与东盟等有关国家行之有效的既有双边、多边机制，以海丝文化为龙头，有效提升文化旅游市场化、多元化、集约化运行水平，推动海丝文化旅游向更宽领域、更深层次、更高水平拓展。文化旅游业与文化、体育、农业、工业、商贸等融合发展是旅游产业的方向，需要合作机制的平台。文创旅游、自驾游等都是海丝文化新业态产品，可以与农特产品、地方名点、传统手工艺品、文化创意商品以及优势产业产品聚合发展，其中许多商品都已有区域合作平台。

二是挖掘特色文化旅游潜在资源，发展现代服务贸易。通过海丝文

---

① 《2015 年对外承包新签合同额首破 2000 亿美元》，《经济参考报》2016 年 1 月 28 日，第 3 版。

化旅游、乡村旅游、工业旅游、体育旅游等专题旅游产品的打造，海丝文化旅游模式创新以点带面，从线到片，逐步形成区域大合作。2016年，大型多边性国际化演艺产业平台"丝绸之路国际剧院联盟"启动，项目被列入《文化部"一带一路"文化发展行动计划（2016—2020年）》。首批共有来自中国、美国、英国、法国、俄罗斯等21个国家和地区及两个国际组织的56家成员单位加盟。联盟生产和挖掘具有丝绸之路特色、民族特质和全球视野的优秀文化艺术产品，计划开展巡演、巡展、互访及其他文化艺术活动。同时，发展"互联网＋旅游"模式，旅游企业可以开展旅游管理协作、旅游业务合作、旅游包机航线、旅游投资贸易、旅游服务采购。

（3）形成海丝文化旅游营销推广体系。21世纪海上丝绸之路以人文交流为纽带，夯实沿线国家互联互通的社会根基。一是以全方位、多角度的海丝文化为根基，宣传海丝文化和互联互通理念。近年来，广东省发布《广东省海上丝绸之路旅游合作发展规划》等专项海丝文化旅游规划，完善区域协调机制，共同进行旅游开发，推进海上丝绸之路文化旅游向多层次、多形式、多渠道、全方位发展。如广东台山海丝文化旅游资源主要集中于上川岛及周边乡镇。针对海丝旅游项目的开发与策划，《台山市旅游发展总体规划》提出，要根据不同的游客，打造大众观光、休闲度假及专业体验三个层次的旅游项目，融入海丝文化。广东省还在海丝沿线国家部分国际知名机场投放旅游形象广告，宣传广东海丝旅游，介绍景点风光和广彩瓷器等地方特色产品。泉州市与西安市共同组织开展"海丝起点对话陆丝起点"活动，举办"千年海丝路　魅力泉州行""第十四届亚洲艺术节暨第二届海上丝绸之路国际艺术节"等推介活动。

二是利用国际展会等推动旅游企业"走出去"，通过业内交流、公众宣传、推介展销、考察拜访等活动，进一步开拓客源地市场。每年9月举行的中国（广东）国际旅游产业博览会，已经成为海内外旅游机构及企业搭建品牌展示、业务拓展、产品采购的专业平台，并为广大市民提供大量优质旅游优惠及产品服务。同时，广东旅游也积极参加国外旅游展会，如韩国旅游展、新加坡旅游展、印度PATA旅游交易会、日本JATA国际旅游博览会等国际展会，"活力广东"的旅游品牌形象逐渐深入人心。2016年，由国家旅游局主办、福建省旅游局协办的"美丽中国——海上丝绸之路旅游带"联合推广活动在东南亚的泰国、马来西亚、印度尼西亚三国顺利举办。

三是加强民间外交，立体推动21世纪海上丝绸之路国家的旅游合作。通过在海丝沿线国家设立驻海外旅游合作推广中心等长期实体沟通往来。加强互联网利用，通过互联网实现线上线下融通。在2016年"千年羊城与海上丝路——2016年广州海上丝路文化活动季"中，广州生活英文网以及中国广州英文微博发布广州海上丝路一日游的活动，来自哥伦比亚、乌克兰、美国、英国、墨西哥、斯里兰卡、尼泊尔、菲律宾、印度尼西亚、丹麦等17个国家的海丝沿线国家友人通过线上报名参加活动。

4. 未来海上丝绸之路文化产业的方向：上海海上丝绸之路文化创意产业

文化创意产业，是一种在经济全球化背景下产生的以灵感和创意为核心的新兴产业。目前在中国的文化产业发展中，文化创意产业处于发展期，是未来海丝文化产业的主要方向。特别是与数字创意相关的网络游戏、网络期刊、动漫、电脑特技、软件设计、影视作品、数字媒体、数字音乐、框架媒体等系列产业。与数字创意相关的系列产业链的产值已超过传统文化产业的产值，成为文化产业中最有竞争力的部分。

一是借鉴海丝沿线国家的先进经验，加强合作，共同发现和挖掘文化创意元素。英国的文化创意产业全球领先，创意产业已成为推动英国经济发展的重要动力，在增强英国文化软实力、提高其国际影响力等方面发挥着重要作用。2015年，中英文化创意论坛举行，中英两国与会企业在电影、电视、音乐等产业领域签署总额31.8亿元人民币的合约，并将合作研发尖端设备。

在21世纪海上丝绸之路中国沿线城市和地区中，上海市文化创意产业的竞争力、影响力首屈一指，具有发展海丝文化创意产业发展的独特区位、环境与基础优势。上海是古代海上丝绸之路交通和贸易往来的重要港口。《愿景与行动》专门提出要"加快推进中国（上海）自由贸易试验区建设"。[①]《上海市"十三五"时期文化改革发展规划》提出，

---

① 《推动共建丝绸之路经济带和21世纪海上丝绸之路的愿景与行动》，《人民日报》2015年3月29日，第4版。

到 2020 年，上海文化创意产业增加值占 GDP 比重要超过 13%。

21 世纪海上丝绸之路倡议为上海推动文化创意产业发展带来新机遇。近年来，上海自贸区文创市场的开放、文化创意产业园区的成功融合、文创扶持资金对海丝文化创意产业产生了正向拉动效应。到 2014 年底，国家对外文化贸易基地吸引新增入驻企业 144 家，新增注册资本 51.48 亿元人民币，累计入驻文化企业达 300 余家，文化贸易规模超过百亿元。一大批知名企业、重点项目落户基地，包括全球最大的电影完片担保公司电影金融公司以及佳士得拍卖、盛大国际、亚洲联创等行业巨头入驻。国家版权贸易基地（上海）也入驻自贸区。2015 年，国家对外文化贸易基地（上海）等上海市文化创意产业示范园区建立，徐汇文化创意产业占全区 GDP 比重达到 16.9%，文化产业向区域支柱型产业转型。

上海金融行业的先行先试也是海丝文化创意产业的助力之一。推动文化与金融有效合作对接，成为上海海丝文化产业发展的显著特点。2014 年，《上海市关于深入推进文化与金融合作的实施意见》出台，从完善文化金融合作机制、拓展文化金融合作渠道和优化文化金融合作环境三方面着手，提出了 16 项具体举措。举措的主要内容包括推动相关金融机构与上海文广集团、上海报业集团、世纪出版集团等建立合作关系。民营文化创意企业扶持力度加大，市、区两级 4.1 亿元扶持资金撬动社会资金 21.4 亿元。上海文化产权交易所作为权益性资本市场，创新文化物权、债权、股权、知识产权的交易品种、交易方式和交易模式等。①

---

① 《上海市深入推进文化金融合作实施意见发布》，《新民晚报》2014 年 11 月 24 日。

三 海上丝绸之路文化地方传统特色产业
面临的问题和建议

第一，文化引领经济的观念先行，摆脱地方传统特色文化产业商品贸易第一的观念，树立大产业意识，认识到海丝文化地方传统特色产业的升级创新有可为、必须为。海丝沿线地方特色传统文化行业众多。个体加工专业户、直接从业人员数量多，在管理上有一定难度。经济新常态下，地方传统文化特色产业比较稳定，传统企业的商业业态和模式固定化，行业升级创新的观念上存在转变的困难，这是全国地方特色传统行业转型中的普遍问题。德化陶瓷行业利用行业协会、行业商会等市直有关部门和企业参与的社团组织进行沟通协调，提升行业效率，避免无序竞争。同时，对龙鹏集团、佳美集团等龙头企业加紧引导，促使它们形成产业骨干企业，从规模速度型增长转向质量效率型增长，并在地方税收、融资、搭台推介等方面设立多项优惠措施，鼓励不断研发、创造新的文化空间。德化的陶瓷产业通过加盟、直营、合资等形式，基本实现了整合性的联合生产，为资本专项投注、销售渠道电子化、设立科研所、物流中心等集中性的升级创新提供了条件。

第二，充实海丝文化地方传统特色产业内涵，形成产业品牌建设与城镇品牌建设、产业文化建设与新型城镇化建设的多面互赢。海丝文化地方传统特色产业大多依托城市群发展，蕴含着当地工艺、饮食、山水文化特色，历史悠久，传承有序。充实、宣传海丝文化地方传统特色产业的文化内涵，首先是企业品牌建设的需要。海丝文化地方传统特色产业的转型升级对挖掘海丝文化内涵的要求是长期的、动态的。21世纪海上丝绸之路倡议提出以来，德化陶瓷等海丝文化地方传统特色产业在政府的支持下，在增进产品文化内涵宣传方面发力，效果显著。这对海丝文化产业在地方经济发展中的定位、产业的特色化发展及产业的可持续性等方面有所助益。

其次是城镇品牌建设的需要。提升海丝文化地方传统特色产业的内涵不仅有助于宣传产品，而且有助于弘扬地方文化特色，塑造以文化为核心的城镇品牌。开放发展需要内外联动，城镇品牌为"走出去"提供条件。长期来看，有利于拉长地区特色旅游、餐饮、零售等产业链，促进地区经济的整体转型升级。以茶叶等海丝文化地方传统特色产业为依托，开发茶点、茶具、乡村旅游等特色产品，海丝沿线城镇将历史文化名城优势转化为文化产业优势，谋求将海丝文化地方传统特色产业变为亮眼名片。海丝文化地方传统特色产业"名片"以其独特的地方魅力，向全世界展示了海上丝绸之路的魅力。

第三，利用"互联网＋"平台，海丝文化地方传统特色产业从粗放式发展转变成为融合均衡发展。在经济新常态下，经济下行明显，海丝沿线城镇为大力优化产业结构、推动产业转型升级，重点发展互联网、物联网等新一代电子信息数据产业，海丝文化地方传统特色产业往往被置身事外。事实上，在海丝文化地方传统特色产业转型发展中，政府与企业合力推动产业深度融合十分必要，不能使海丝文化地方传统特色产业和"互联网＋"成为"两张皮"。"互联网＋"最有价值的核心在于，利用网络时代的外在资源和环境对行业潜力进行深度挖掘。用大数据、一体化的思维模式创造新的发展生态，重新提升海丝文化地方传统特色产业。传统行业结合互联网和大数据，积极推进转型，将使企业竞争力更强、效率更高。海丝沿线市镇充分发挥沟通协调作用，使海丝文化地方传统特色产业融合"互联网＋电子商务""互联网＋创新创业"。

第四，海丝文化地方传统特色产业利用21世纪海上丝绸之路倡议平台，实现产品多元化，积极地"走出去"。经济新常态下，国际市场需求持续低迷，受宏观形势影响，中国外贸出口普遍步入中低速增长。中国适时提出21世纪海上丝绸之路倡议，着力打造全方位对外开放新格局，有利于海丝文化地方传统特色产业形成产业载体和聚集区。在目前的外经贸形势下，海丝文化地方传统特色产业转型发展，要把握住海丝文化机遇，与沿线国家优势互补、开放发展是关键。安徽淮南牛肉汤是家喻户晓的传统地方名小吃，选用几十种滋补药材及卤料按一定的比例经传统工艺炮制，久经熬制而成。淮南牛肉汤经过速食化处理，采用方便包装、迎合当地市场、增加口味等方式"走出去"。阿联酋在国际贸易通道中拥有优越的地理优势，迪拜更是世界交通和物流的关键点，也占阿联酋进出口和转口贸易的 80%。淮南牛肉汤在"贸易之都"迪拜当地投资，开设传统淮南牛肉汤餐饮旗舰店和国际贸易公司可谓不易。在打开阿联酋市场后，淮南牛肉汤还获得日本长期订单，又成功打入英国、新加坡等地，获得出口新天地的表现成为亮点。此外，淮南牛肉汤在原产地认定、国际质量安全体系认证等国内外贸易规则上下工夫，力图突破贸易壁垒。淮南市质监局牵头制定技术标准以规范淮南牛肉汤，淮南豆制品行业获得 ISO 9000 质量体系认证的有 4 家，省市著名商标 7 个，省市农业行业化龙头企业 5 家，绿色食品标识 1 个。

第五，加大海丝文化地方传统特色产业创新型人才的引进和培养力度。在文化产业中，人是最积极、最活跃的生产要素。破解海丝文化地方传统特色产业人才难题，一是积极推动企业、院校之间的合作。制定适应推进 21 世纪海上丝绸之路倡议推进的文化产业人才专项规划，以人才连接文化产业链。如泉州促成泉州艺术学校与国家级工艺美术大师黄泉福的九龙公司合作办班，通过不断探索推进，一方面解决后备人才短缺问题，另一方面使"非遗"生产性保护得以实现。二是加大人才培训力度，建立海丝文化产业发展的促进机制。文化产业人才的培训方向既在继承传统技艺，也在了解和借鉴国外工艺创新和文化创意产业的先进发展模式，二者缺一不可。因此，需要不断拓展各类文化产业从业人才培训项目的范围及类型。如泉州与清华大学合作，举办文化产业人才研修班，根据泉州的具体情况量身定制精选课程，全市 40 余家文化创意企业总裁参加研修。

小 结

随着 21 世纪海上丝绸之路倡议的全面推进，中国的文化产业转型获得了前所未有的发展契机。海丝文化是沿线各国文化融汇的结晶，海丝文化产业以提供具有海丝精神内涵的文化产品和文化服务为载体，5年来，展现出强劲的国际化发展态势。海丝沿线国家和地区已成为文化投资的新热点。21 世纪海上丝绸之路倡议的提出，正值中国社会总体运行状况良好、经济进入新常态之际。新一轮的改革开放启动，体现在文化产业上，既"走出去"，也"引进来"，实现融合人文的制度改革和合作创新，激发文化内生动力的再创造能量。

第 四 章

海上丝绸之路文化遗产保护
管理体系建设

海上丝绸之路是连接古代中国和中亚、波斯以及欧洲、非洲和东北亚地区的大通道，起始于西汉，至"大航海时代"逐渐衰落。中西文化通过丝绸之路的纽带作用交流汇聚，世界文化的发祥地如埃及文明、两河流域文明、印度文明、美洲印加文明和中国文明等联系在一起，形成了一条连接亚、非、欧、美的文化通道。希腊、罗马、埃及、波斯各国各地区的商人、学者、宗教人士纷纷来到港口城市，在珠宝香料、异兽奇药等商贸活动兴盛的同时，多种文化交流频繁，为中华文化的发展注入新的活力。人类在这条历史通道上的活动轨迹留下了反映航海与通商贸易、多元文化交流、建筑风貌、民众生产生活的丰厚遗址遗物，记录了友好合作的真实历史，是沿线各国共同精神凝结的物质载体。古老的海上丝绸之路上散布着丰富的文化遗存，属于世界多元文化遗产。海丝文化遗存保护管理体系建设是寻找海丝文化基因，活跃海丝文化基因，借力海丝文化基因的基础，应从考古学、民俗学、人类学、民族学等现代社会科学中汲取养分，建构有自身特色的海丝文化诠释框架。

一 申遗实践中的海上丝绸之路文化遗产保护管理

（一）海上丝绸之路文化申遗的概况

世界遗产包括文化遗产、自然遗产、文化与自然遗产和文化景观四类。联合国教科文组织成立政府间合作机构世界遗产委员会，从1979年开始实施世界遗产名录项目，列入全人类公认的具有突出意义和普遍价值的文物古迹和自然景观。在充分尊重遗产所有国主权的前提下，承认这些遗产是世界遗产的一部分，并通过国际社会的多方合作使之作为全人类的共同遗产加以保护。一般来说，列入世界遗产的项目，可以提高世界知名度，大幅度提高旅游业收入，并加强当地人文、环境、文物的保护。1985年，中国加入《保护世界文化和自然遗产公约》，2014年6月，陆上丝绸之路成功列入世界遗产名录。

海上丝绸之路文化遗产既是历史演进中东西方文化交流的见证，也是现代文明源流的重要载体。中国拥有多种静态和动态文化遗存，具有申报世界遗产名录的价值和条件。中国海上丝绸之路文化申遗大致经历了两个阶段。第一个阶段是从1992年至2012年的起步阶段，这一阶段是以福建省泉州市为主进行申请。1992年，泉州开始筹划申遗。2001年，泉州市政府最终确定以"海上丝绸之路：泉州史迹"为项目申报世界文化遗产，上报国家文物局。2003年，国家文物局同意广州等地递交的捆绑申遗方案。2006年12月，泉州、宁波、广州三城列入世界文化遗产预备名单。2012年，南京正式提出加入海上丝绸之路申遗，正式提交申报文本。联合申报扩增至泉州、广州、宁波、扬州、北海、漳州、福州、南京、蓬莱 9 座城市，50 个遗产点，并再次被列入世界文化遗产预备名单。借此机会，长久以来未被重点发掘研究的海上丝绸之路遗产，重新被世人认识。

第二个阶段是 2013 年习近平主席提出 21 世纪海上丝绸之路倡议后，海上丝绸之路保护和申遗工作成为围绕国家"一带一路"倡议实施的重大文化举措。2014 年 11 月，海上丝绸之路申遗 9 座城市代表联合签署《联合推动"海上丝绸之路"文化遗产列入〈世界文化遗产名录〉——"泉州共识"》（以下简称《泉州共识》）。《泉州共识》指出，9 座城市围绕将"海丝申遗"之目标，秉承合作协同原则，加强沟通，密切协作，探索建立文化遗产保护和管理的长效合作联动机制，适时构建集联合申报、保护管理、宣传展示三位一体的"海丝申遗"运作体系，形成对"海上丝绸之路"文化遗产保护、监测、巡查有机结合的工作规范，全方位提升"海丝申遗"的保护管理水平。①

2015 年，"一带一路"倡议进入了实际操作阶段。国家文物局多次召开相关工作会议，研究部署申报工作。2016 年 3 月 25 日，国家文物局召开会议，明确要求直属的国家级文化遗产保护科学研究机构中国文化遗产研究院组建学科专业团队，高质量完成申遗文本和管理规划的编制工作。海丝文化沿线城市表现出强烈的申报愿望，有的城市组织了专门的海上丝绸之路遗迹申报世界文化遗产工作领导小组办公室，编制海上丝绸之路文化遗产图录等书籍，出现了海丝文化世界遗产申报热。如台山市申报"上川贸易岛"，具体包括方济各·沙勿略墓园、大洲湾遗址、新地村天主堂遗址和备选的广海镇广海卫古城墙遗址、紫花岗摩崖石刻、紫花岗烽火台。其中方济各·沙勿略墓园、大洲湾遗址已入选首批申遗点名单。

龙泉青瓷在世界各地享有很高的声誉，在北宋时"龙泉窑瓷"开始对外输出至菲律宾、马来西亚、日本等国，南宋中期外销瓷进一步增加。随着贸易的发达，元代龙泉瓷作为主要产品之一，通过宁波、温州、丽水等港口大量销往印度、斯里兰卡、泰国、越南等数十个国家。

---

① 《"海丝"联合申遗——"泉州共识"发布》，《泉州晚报》2014 年 11 月 29 日，第 1 版。

明代"龙泉青瓷"传入欧洲。2009 年 9 月 30 日，龙泉青瓷传统烧制技艺正式入选联合国教科文组织的世界非物质文化遗产保护名录。2016 年 7 月 12 日，国家文物局正式明确龙泉窑大窑——金村遗址纳入申遗点名单，浙江丽水市成为申遗城市联盟的新成员，更多沿海其他城市正对自身历史进行发掘与定位，规划参与申遗工作。原有的申报城市更是积极进行专业的准备工作。在国家文物局的统一安排下，由泉州市牵头，联合广州、宁波、南京等城市，组成"海上丝绸之路·中国重要史迹"作为中国 2018 年项目组织申报。

2017 年 4 月，在"一带一路"国际合作高峰论坛前，习近平总书记考察广西北海市合浦县汉代文化博物馆和铁山港，仔细观看了博物馆里的陶器、青铜器、金银器、水晶玛瑙、琥珀松石等当地出土的文物，这些文物见证了合浦海上丝绸之路早期始发港的历史。习近平总书记详细询问这些文物的年代、特点、来源以及古代海上丝绸之路贸易往来、文化交流有关情况。习近平总书记的参观引起了社会各界对海丝文化遗存更为广泛的重视，保护向纵深发展。

（二）申请世界遗产对海上丝绸之路文化遗产保护管理体系建设的促进

1. 加强海上丝绸之路文化遗址遗迹保护

联合国教科文组织根据《保护世界文化和自然遗产公约》，要求申报世界遗产须有唯一性、真实性、完整性。泉州申报世遗项目已历时多年，海丝文化遗产的资料较为充足，分类比较系统，分为"港口和航海设施""城市建设和外销生产基地""多元文化史迹"三大类，包括江口码头、石湖码头、万寿塔、六胜塔、九日山祈风石刻、真武庙、泉州天后宫、德济门遗址、洛阳桥、泉港土坑村港市遗址、磁灶窑系金交椅山窑址、德化窑系屈斗宫、府文庙、清源山老君岩造像、开元寺、伊斯兰教先贤墓、清净寺、草庵摩尼光佛等。在实体遗存的申报上，南京则选择了 12 个现存海上丝绸之路遗迹点列入申报材料。分别为天妃宫、静海寺、郑和宝船厂遗址、石头城、郑和府邸旧址、净觉寺、大报恩寺遗址、道场寺遗址、渤泥国王墓、明代都城遗址、洪保墓、郑和墓，以证明南京曾是海上丝绸之路的重要城市。最终，国家文物局确定龙江船厂遗址、浡泥国王墓为南京海丝遗产点，郑和墓、洪保墓作为龙江船厂遗址的关联点。

申遗是为了更好地保护，为了更好地传承和发展。虽然海丝申遗还在进行中，但海丝文化遗存在专题下具备了更多的资源优势，有利于进行全面、动态文物资源梳理和综合评价，按照世遗的标准保护管理当地海丝文化遗产，使其纳入国家文物部门的规划和联合国教科文组织世界遗产委员会的考评标准。从长远来看，还将保证海丝文化遗存资源的完整和管理的统一。例如，因应世界文化遗产唯一性、真实性、完整性的论证要求，海丝史迹点的相关立法、规划、展示与环境综合整治工作更为严格，尤其是对遗产区与缓冲区范围标准更高。台山新地村天主堂遗址是 2015 年新增的市级文物保护单位，纪念首个随海上丝绸之路来华的西方传教士方济各·沙勿略，反映了天主教与上川岛新地村之间的密切关系。教堂遗址有着明确的海丝文化主题，保存了较丰富的建筑元素，有门楼、围墙、花岗岩石房基、柱础、水井等，是台山现存教堂中建筑元素最为丰富的，对海上丝绸之路对台州的影响具有参考价值。海丝申遗的考察点还有一些备选方案，对这些备选点的保护也在整体上提升了海丝文化遗存保护管理的系统性和对海丝文化的总体认识。如在台州申遗点中，广海镇广海卫古城墙遗址、紫花岗摩崖石刻、紫花岗烽火台 3 处为备选方案，这对研究明清时期中国海上丝绸之路的守护史具有重要价值，是研究海上丝绸之路历史的重要物证。

海丝文化遗存保护是寻找海丝基因、活跃海丝基因、借力海丝基因的基础。海丝申遗也激发了沿线城市对海丝文化深入研究和对外交流的积极性。为向申遗提供历史和理论的支撑，山东蓬莱成立了蓬莱古文化研究等多个文化社团组织，对蓬莱阁、水城遗迹、八仙过海传说及蓬莱的民宅建筑、民俗风情等古文化进行系统研究和发掘。编辑并出版了《登州古港与中韩交流》《蓬莱古船》《登州与海上丝绸之路》《海上丝绸之路与蓬莱古船·登州港》等多部专著。海丝沿线城市从本土海丝文化遗存中获得第一手资料，在外销瓷研究、国际贸易史、航海史研究领域获得更多的话语权，也使人们更为清晰地认识海上丝绸之路的兴盛和影响。

2. 树立了海上丝绸之路文化沿线城市整体合力发展的理念

2003 年，国家文物局同意广州等地递交的城市联合申遗方案，这是中国古代"海上丝绸之路"申报世界文化遗产工作统筹部署的重要一步。海丝沿线申遗的 9 座城市有各自的特点和内涵，申报打破传统的以城市发展史为体系的思路，将更多的沿线城市项目列入世界遗产名单，对于保护、传承和利用中国的海丝文化遗产有益。在世界文化遗产申报的过程中，沿线城市逐渐看到申遗工作是一项复杂的系统工程，在海上丝绸之路发展历史中不同城市分别代表海上丝绸之路不同阶段，具有鲜明的特点。海上丝绸之路具有多航线、多始发港的特点。依托海上丝绸之路共有的城市文化标识，避免一些诸如"始发地"等不必要的争论，形成合力共同申报方是正途。海丝申遗逐渐成为沿线城市共同保护管理海丝文化遗存，文化互联互通，推动城市共同繁荣和长远发展的桥梁。

联合申遗成为海丝沿线城市文化力量整合的良机。9 座城市在文物、文化、城建、环保等各领域进行了多方面合作。从 2012 年开始，由南京、蓬莱、扬州、宁波、福州、泉州、漳州、广州、北海申遗城市文物局联合主办的"跨越海洋——中国'海上丝绸之路'九城市文化遗产精品联展"在 9 座城市巡回展出，每站展出时间约 3 个月。展览突出展示了 9 座城市在海丝文化发展进程中的地位、作用和特点。500 多件丰富多样的珍品涵盖具有各城市代表性的海丝文物，如沉船模型、陶瓷、丝织品、碑文、外国钱币、茶叶等，包括山东蓬莱的元代白釉酱花龙凤纹罐、福建泉州航海者自编自用的《航海指南》、漳州荷兰"女神站像"鎏金银币、扬州双鸾衔绶带纹铜镜等具有海洋元素、中西文化交融特色的海丝文化遗存。

由于旅游优势资源定位都聚集在海丝文化主题上，沿线的申报城市以海丝申遗为抓手，在文化旅游产业互补与合作方面沟通交流，以海丝文化旅游的新业态提高在全国乃至世界的知名度。海丝申遗的多个城市不仅是著名的历史文化名城，而且是享誉海内外的国家级优秀旅游城市。这有利于通过对海丝文化遗存的开发来挖掘旅游内涵，提高旅游品位，带动相关产业的发展，从而更好地全面展现海上丝绸之路的历史发展全貌。2015 年是国家旅游局确定的"丝绸之路旅游主题年",福建省旅游局牵头和广东、广西、浙江、江苏、上海、山东、天津、辽宁、吉林 9 个省份旅游局(委),以及香港旅游发展局、澳门特别行政区政府旅游局,联合组建"中国海上丝绸之路旅游推广联盟",统一海丝旅游品牌形象、产品推广、网络营销、渠道开发、营销基金等。《中国海上丝绸之路旅游推广联盟章程》规定,联盟组织采取"资源共享、市场共拓、品牌共创、利益共享"的原则,在 2015—2017 年,共同制订 21 世纪海上丝绸之路旅游推广 3 年行动计划,采取任务清单形式,共同推动工作开展。尤其是逐步推进与海丝沿线国家和地区旅游交通互通便利化,深化旅游投资合作,构建面向全球的旅游营销平台,互为客源市场,建立区域旅游合作发展机制,打造具有海上丝绸之路特色的国际精品旅游线路和旅游产品。①

与沿线国家合作进行跨国联合申遗也有新的动向。2015 年,《愿景与行动》指出,联合申请世界文化遗产,共同开展世界遗产的联合保护工作,支持沿线国家地方、民间挖掘"一带一路"历史文化遗产。②

3. 增加城镇居民海上丝绸之路的文化认同感

人的城镇化和城镇化的可持续是城镇化发展进程中必须高度关注的核心所在,这需要一种文化上的认同。海丝沿线国家和地区在城镇化上存在较大差异,有些城镇化水平非常高,如新加坡、卡塔尔等城镇化率接近 100%,大部分为 30%—70%。按照美国经济地理学家诺瑟姆的研究,属于城镇化加速发展或快速发展阶段。新型城镇化重在提升城镇宜居宜业的质量和水平,首先是将"人"的城镇化摆在首位,对城市居民美丽家乡、文化家乡的自豪感培育十分重要。要发展有历史记忆、地域特色的美丽城镇,就必须依托现有独特人文,凝聚城市文化气质,打造地方文明形象,传承本土文化。

海丝申遗成为申报城市加强对重点文化遗址、遗存和非物质文化遗产保护,优化文物保护区和人文保护区生态环境,实现融入整体倡议、

---

① 《中国海上丝绸之路旅游推广联盟成立》,《福建日报》2015 年 5 月 9 日,第 1 版。
② 《推动共建丝绸之路经济带和 21 世纪海上丝绸之路的愿景与行动》,《人民日报》2015 年 3 月 29 日,第 4 版。

谋求自身突破和发展的重要途径。海丝文化作为申报城市地方文化最有活力的历史脉络载体，不可再生的地方瑰宝和财富，使城镇居民了解到海丝对城镇性格的塑造。对城镇文化内涵的充实有助于在城镇发展和海丝文化保护之间形成具有内在生命力的良性互动。海丝文化传承千年，历史底蕴丰厚，申报世界文化遗产的实践使得各申报城市的形象更加生动、具象、亲民。"21世纪海上丝绸之路建设"是一个全新的概念，在世界文化遗产的申报过程中，海丝文化通过各种方式进入居民生活，丰富居民精神世界。在沿线推进以人为本的城镇化合作，能够实现最大多数人的利益，符合各国社会增长目标的"最大公约数"，参与主体多、面临阻力小。

海丝申遗涉及城市规划、居民生活、文化鉴定、遗产修缮等众多方面，利益群体广泛。21世纪海上丝绸之路的理念逐渐深入人心，加强了海丝文化认知的群众基础，增加了海丝沿线居民对城市人文荟萃、文化昌盛的自豪感和海丝文化的认同感，唤醒了对海丝文物的保护意识。申请世界遗产需要落实的环境整治工程、文物本体修缮方案、海丝文物征集等，在客观上以强有力的社会参与度宣传了海丝文化。如环境整治工程包括拆除史迹点周边违法建设、改善街区环境面貌、优化道路交通设置、完善公共设施配套等内容。城市景观更美、更有文化内涵，吸引更多的人主动去了解本土海丝文化，感受其中的文化魅力。海丝申遗城市不断创新，通过学校教育、媒体宣传、举办讲座等来提高居民的海丝文化意识，人们的海丝文物保护意识日渐自觉转化为群众的行动，海丝文物保护工作飞速发展，在全社会营造一个良好的自觉保护海丝文化遗产的氛围。

4. 促使海上丝绸之路文化保护意识逐渐向基层延伸

文化遗产需要通过日常行为，有机融入现实生活之中。海丝文化保护的生命力在于基层，在于与社区、乡村的结合，在更大范围内唤起公众认识海丝文化遗产的意义和价值。只有了解海丝悠久历史和灿烂文化，才能对海丝文化产生认同和共鸣。同时，尊重当地文化脉络，将海丝文化保护从单体文物延伸到街区、村落景观、环境。这就需要明确海丝文化史迹保护责任，将保护管理融入"美丽乡村"等建设规划，作为强县强村的基础性工作来抓。福建石狮市蚶江镇石渔村按照美丽乡村建设的要求，鼓励村民全面参与保护海丝文化遗产的事业，主动承担起保护的责任与义务，加入参与保护的行列。

石渔村利用海上丝绸之路起点的资源，以"保护海丝历史文化遗产，建设石湖宜居特色村寨"为目标，发展具有海丝文化特色的新型乡村。一是实施海丝路环境整治工程。结合回族特色与海上丝绸之路起点文化元素，组织开展国家文物保护单位——六胜塔至林銮渡"三点一线"的沿途环境整治，提升国家文物保护单位沿线道路景观的品位；同时，复建宋朝丞相梁克家读书处——魁星堂。根据历史记载及遗址发掘，争取政府在六胜塔公园内原址复建宋朝丞相梁克家读书处——魁星堂，设置石湖历代"名贤纪念馆"，做好石狮历史文化名人宝贵思想文化遗产的传承。加快推进海洋经济与海上丝绸之路先行区建设，以文化为载体，规划建设石湖寨石山妈祖民俗文化公园，打造石湖寨石山妈祖民俗文化广场公园，进而推动石湖海上丝绸之路文化创意园建设。塑造石狮石湖海丝文化品牌，是石渔村发展具有海丝文化特色的新型社区的方向。石渔村加强国家级重点文物保护单位及海上丝绸之路起点（唐朝）林銮渡、（明朝）再借亭和（五代）石湖寨墙遗址保护力度，重现原始风貌的保护，加强遗址周边海丝广场环境的整治，大力发展石狮石湖海丝文化旅游产业，塑造石狮石湖海丝文化旅游品牌。①

① 《石狮蚶江石渔村打造"海丝"文化特色新型社区》，《石狮日报》2016 年 3 月 28日。

二 海上丝绸之路文化遗址遗物的保护管理

海丝文化伴随海上丝绸之路形成于秦汉时期，发展于隋朝时期，繁荣于唐宋时期，转变于明清时期，海上航线直达中东、欧洲和非洲，既具有古代文化的一般典型特征，也具有鲜明的海洋特色和文化个性。海上丝绸之路开辟以来，沿线各国各地区各族人民在各个历史阶段融合相通，不仅创造了宽容博大的海丝文化，而且在沿线留下了为数众多的文化遗址遗迹。这些遗址遗迹是海丝文化的物质载体，以真实性、多样性和完整性见证了海洋贸易活动和文化交流的繁荣，也是中国为人类文明提供的一个不同文化之间互联互通，对话交流的先例。郑和出海是航海远洋的大历史，数百年来，郑和七下西洋的壮举不断被人们谈论和纪念，沿线各国对郑和下西洋的文化遗产传承有着历史认同感。在斯里兰卡首都科伦坡国家博物馆里 6 号展厅内有一座青灰色石碑——郑和碑。郑和碑全称是"布施锡兰山佛寺碑"，带有明显中国古代艺术风格，正面有用中文、泰米尔文和波斯文 3 种文字镌刻的碑文。3 种文字的碑文内容有所不同，但都表示了对佛祖释迦牟尼、婆罗门教保护神毗湿奴和伊斯兰教真主的尊崇和敬仰。郑和碑是 1409 年郑和途经斯里兰卡时，在德维努瓦拉一个寺庙竖立的。1911 年，一位英国工程师在南部城市高尔（加勒）路口的下水道发现，被认为是海丝文化交流中斯友好的历史见证和象征。①

2014 年 9 月 16 日，习近平主席与斯里兰卡总统拉贾帕克萨共同为斯里兰卡中国文化中心和 2014 年科伦坡书展揭牌，获赠藏于斯里兰卡

---

① 《郑和碑见证中斯海上丝路缘》，新华网，http://news.xinhuanet.com/photo/2014－09/17/c_126998059.htm，2014 年 9 月 17 日。

国家博物馆的郑和碑拓片。① 2016 年，由中国招商局集团建设、管理、运营的科伦坡港南集装箱码头吞吐量突破 200 万标准箱。由中国交通建设集团承建的港口城 2022 年建成后将拓展科伦坡市发展空间，拉动投资和就业，助力斯里兰卡建设 21 世纪海上丝绸之路重要节点，这些成就的取得正是基于海丝历史文化的认同感。

朱熹被尊称为"朱子"，是中国文化史上最卓越的思想家、教育家之一，理学的集大成者。朱子理学在海丝沿线的韩国、日本、越南、新加坡、马来西亚、印度尼西亚等国广有影响，留有朱子祠等朱子文化遗存，福建三明、南平等市的朱子文化与沿线国家和地区具有基于历史认同的交流合作纽带作用。福建省发布的《21 世纪海上丝绸之路核心区建设方案》特别提出："支持三明、南平等市发挥朱子文化等纽带作用，拓展与海上丝绸之路沿线国家和地区的交流合作，提高对外开放合作水平。"② 文化包容是海上丝绸之路的精神所在，对于弘扬海丝文化、宣传和确立人类命运共同体的价值观有重要作用。

（一）成系统、有主题地规范海上丝绸之路遗址遗迹的保护管理

一是认识到合作保护海丝遗址遗迹的重要性、紧迫性和艰巨性，从建设好 21 世纪海上丝绸之路的观念上将对海丝文化遗址、遗迹的保护提升到不可再生的精神文化遗产载体、海丝精神载体的高度加以重视，这是海丝遗址遗迹保护工作的思想前提。海丝文化一直是沿线各国各地区友好关系中的一股强大的促进力量，凝聚沿线各国各地区民众人心的精神资源。海丝遗址遗迹是海上丝绸之路变迁和沿线各国各地区友好往来和经贸发展的历史见证，积淀了沿线各国各地区共同创造、繁荣的历史记忆。在 21 世纪海上丝绸之路倡议的建设中，加强对海上丝绸之路史迹的保护和管理，规范海上丝绸之路史迹的利用十分必要。

有些西方舆论历来对沿线各国各地区因海丝凝聚的文明进步视而不

---

① 《习近平同斯里兰卡总统拉贾帕克萨会谈》，《人民日报》2014 年 9 月 17 日，第 1 版。
② 《福建省 21 世纪海上丝绸之路核心区建设方案》，中华人民共和国商务部网站，http://www.mofcom.gov.cn/article/resume/dybg/201511/20151101165490.shtml?S = bcab4，2015 年 11 月 17 日。

见，利用传媒对海丝的发展历程极尽造谣之能事，极力抹杀海丝沿线各国各地区人民的友好往来，其核心是否定中国共产党和 21 世纪海上丝绸之路倡议，妄图通过否定海丝的历史成就和历史辉煌，来动摇倡议的互联互通基础，从而进一步否定倡议的积极意义，其危害显而易见。我们应该充分认识到这场舆论领域内没有硝烟战争的严重性，积极应对，主动出击，用摆事实、讲道理的科学方法，来解疑释惑，正本清源，还历史以本来的真面目，以达到凝聚民心、联通民心的目的。涉及海洋、航行、海滨生活的多种海丝遗址遗迹，正是促进沿线各民族交往交流交融的活生生的现实载体，是海丝文化赖以存在的客观根基和精神依托，具有不可替代的实证作用。

二是加强海丝遗产保护的物质手段。由于国家众多、气候条件等限制，沿线地区的海丝遗址遗迹分布面广、保护技术手段要求高，且有许多有待发掘的重要文物处于地下、水下，保护、管理的条件十分艰巨。"南海一号"是距今 800 多年的南宋初期在海上丝绸之路向外运送瓷器时失事沉没的木质古沉船，发现地点在广东南路与珠江三角洲交通咽喉的阳江海域。"南海一号"是迄今世界上发现的海上沉船中年代较早、船体较大、保存较为完整的宋代远洋贸易商船。1987 年 "南海一号"被发现，成为中国国内发现的第一个沉船遗址。2007 年，实现了整体打捞。沉船被移送海上丝绸之路博物馆继续进行发掘。总共出水文物14000 余件套、标本 2575 件，其中瓷器 13000 余件套、金器 151 件套、漆器 28 件、石器 25 件。①

在海丝沿线，更是相对分散地分布着许多未被研究确认的遗址遗迹。这些遗址遗迹在 21 世纪海上丝绸之路倡议的契机下被发现和保护。台山上川高笋村委会石笋村村前有一座花岗岩石柱，地面上高 1.8 米，下端入土，石柱呈不规则形状，柱身由下向上略收，如同竹笋。经过文物专家的鉴定，这是 1513 年葡萄牙人首次来华时所立的航海标志，是葡萄牙人在上川岛活动的最早实物见证。因此，必须在海丝文化的整体框架下加紧宣传海丝遗址遗迹重要文物的意识，设立保护管理相关遗迹文物的海丝文化主题，突出遗址遗迹在海上丝绸之路重要节点中的特色

---

① 《南海一号，带你阅千年》，《人民日报》2016 年 1 月 11 日，第 12 版。

和意义，绷紧早日保护、着力保护、归类管理、科学利用这根弦。在保护观念上，要对现存的海丝遗址遗迹树立合作承继保护的观念，在实践上制定和落实一套更切实有效的保护规划和措施，尽量争取跨国家、跨地区合作。

三是重视非物质文化遗产的保护。对于海上丝绸之路而言，除了具体的物质文化遗产之外，相关的非物质文化遗产也十分重要。根据联合国教科文组织《保护非物质文化遗产公约》的定义，非物质文化遗产指被各群体、团体，有时为个人所视为其文化遗产的各种实践、表演、表现形式、知识体系和技能及其有关的工具、实物、工艺品和文化场所。① 海上丝绸之路历史悠久，人类活动众多，沿线留下了极其丰富的非物质文化遗产。海丝沿线被列入非物质文化遗产四级名录保护的种类众多，仅广西就有国家级非物质文化遗产代表性项目壮族织锦、壮族铜鼓习俗、京族独弦琴、毛南族花竹帽等 49 项。海上丝绸之路非物质文化遗产相对零散，未被归入海丝文化体系进行挖掘和保护。应加强海上丝绸之路非物质文化保护设计，设立专门机构，有计划地发掘、恢复已失传、流失的海上丝绸之路非物质文化遗产，抢救濒危项目，推动海丝文化体系的完整化。此外，还有一些地方语言、民风民俗、工艺美术等非物质文化遗产亟须确认扶持。特别是那些虽还存活在民间，但在现代文化的冲击下日益改变的海丝工艺民俗。如妈祖文化遗存中的"叠蔗塔技艺""妈祖平安糕制作技艺""妈祖宴菜"等，这些民间技艺亟须建立海丝文化遗存的非物质文化遗产档案，依托当地职业院校，开设海丝传统工艺专业课程，建立科学有效的传承机制是海丝文化保护的重要内容。

（二）目前沿线地区海上丝绸之路遗址遗迹保护中存在的问题

第一，对海丝遗址遗迹和文物的保护不够全面细致。在时间阶段上，近年来启动的海丝遗址遗迹抢救保护项目已有成效，但主要集中在

---

① 《全国人民代表大会常务委员会关于批准〈保护非物质文化遗产公约〉的决定》，《全国人民代表大会常务委员会公报》2006 年第 2 期。

重点项目如上述的"南海一号"水下考古发掘，重点城市如福建省泉州市、广东省广州市、江苏省南京市等联合申报海丝文化遗存世界遗产城市，以及唐宋元明等重点历史时期。清代的历史遗存除了重点文物和重点城市外，由于相隔较近，数量众多，还有待进一步整理，如广东揭阳外国商人合建的天后宫等。对海丝遗迹文物长时段、多区域的特征尚未普遍引起足够的重视，更未大面积纳入保护范围。在保护理念上，对体现中西友好交往尤其是宗教交流的石窟寺、石刻、壁画和历史纪念地等遗址遗迹的保护是主流，如南京对天妃宫、静海寺、郑和宝船厂遗址、郑和府邸旧址的保护，对海丝沿线的非物质文化遗产管理近年来也有所注重，对各历史时期的普通古港口码头、古街、一般航标性建筑、外贸商品生产基地、海外产品、外来技术、外来饮食等的保护则还有待提高，以匹配沿线地区的生产交换在海上丝绸之路中的地位和作用。从现状看，普通古港口码头、古街、一般航标性建筑损毁严重，应进行实地普查，认真筛选出有历史确切记载的遗存，建立遗存档案，加以切实保护。同时，应加快对海丝核心遗址相关遗址文物串点成线，优先抢救保护，根据条件逐步建设遗址展示馆。

第二，沿线地区海丝文物的保护亟须加强。海丝文物是在海上丝绸之路的发展过程中，沿线各国各地区交融互通促进经济社会文化发展的铁证。各个时期独特的实物形象和文字史料，表现了海丝沿线的文化艺术特征，揭示了中国与海丝沿线国家的相互影响作用，是研究和复原海上丝绸之路历史原貌的必要一环。自21世纪海上丝绸之路倡议提出以来，许多国家和地区对海丝遗址遗迹保护开始有所重视，突出体现在海丝考古的合作上。对海丝文物的主题征集收藏工作，有的地区长期以来作为区域文化的重要部分加以重视，已经形成丰富馆藏，如现存福建泉州海交馆内的宋代古船和保存完好、数量众多、风格迥异的各种宗教石刻；有的地区虽也有所关注，但尚依附于地方文化研究和地方文物搜集，未形成海丝文化遗存的专题意识，如广东阳江地区作为海上丝绸之路一个重要转运港，有着不少相关的文化遗产，从文化遗存的历史功能看，可分为港口与贸易遗存、文化景观和海防设施遗存三大类，其中有的保护、开发科学到位，但是有一些保存状况一般；有些则还处在起步阶段或尚未起步，这首先要在保护的观念上加以突破。

在海丝文物的归类管理上，有的海丝文物不被普遍接受具有文物价值，对于它们的保护有助于当代重新理解海上丝绸之路沿线国家之间的密切联系。在实际征集中，文物收藏单位对沉船、工艺品、贸易品、用品、手稿、书信等的海丝文物价值和主题性较为认可。普通寺庙、教堂、塔桥、墓园和其他各式风格的建筑、反映生活现实的器具实物在大多数地区未归于专题保护。一些较新的研究课题，如饮食史的相关遗存、金融史的相关民间遗存如侨批证照印章、洋银等，还未有综合完整的保护。海丝文化遗存保护的系统化和网络化有待建设。由于某些沿线地区的特殊社会历史观念，存在海丝文物传承断裂的客观原因，如果不在资金、技术上加以抢救性保存，这些独特珍贵的海丝文物就有可能消失。此外，文献、地图、学术资料等的文化遗产学意义应得到认同，逐渐做好海丝沿线国家间的沟通交流，进行系统整理、联合保护、共享资源和基础研究。2015 年 12 月，福建省社科联、福建省图书馆联合举办"世遗侨批·海丝记忆"侨批珍品展示活动，其中 45 件南洋侨批就全部来自东南亚海丝沿线国家。

第三，对海丝文化遗址遗迹进行结合实际的法治化、制度化的管理。多年来，各地区对《中华人民共和国文物保护法》、《中华人民共和国文物保护法实施条例》以及各省份的文物保护管理条例等相关文保法规宣传贯彻工作比较到位，干部群众对包括古遗址、古建筑、古墓葬在内保护的文物法规意识比较强，形成了较为严格扎实的文物日常管理制度。与之相较，虽然有相关的法律、法规，对破坏海丝文物法律责任的认定在实践中尚不完善。特别是在不少地方，海丝文化遗产概念的形成时间不长，对海丝遗址遗迹的保护意识不足，保护的可操作性和执行力亟待加强。

根据我们的实地调研，就沿线相关地区海丝遗址遗迹的现状而言，近年来纳入抢救保护项目的重要历史事件和重要历史旧址保护较好。但是，许多海丝遗址遗迹未纳入文物保护补助范围，尚处于一直未加保护修缮的自然状态，有的做了一般的修补或群众自发修建了并不专业的保护设施，有的野外遗址点损毁较为严重或移作他用。如广东汕头市澄海的樟林古港是清代康乾时期海上丝绸之路的重要港口，潮州红头船航泊的基地。清代的中暹贸易，以及潮汕地区与安南、新加坡、马来亚、吕宋等东南亚国家的海上贸易，主要集中在樟林港进行。潮汕人、客家人移居上述东南亚国家，也都是从樟林港始发。鸦片战争之后，汕头港逐渐取代樟林港，樟林转为内地埠市。目前，古港的遗迹尚存，原来用于存放樟林古港进出港口货物的仓库移作民居使用。在海丝沿线地区，获得周边群众自发保护的大多数是宗教遗存，如妈祖宫庙和通过海上丝绸之路前来祭拜的其他宫庙。总之，健全的法制体系是维护和保障海丝文化遗产真实性和完整性的重要保证，有待在 21 世纪海上丝绸之路倡议的推进中进一步完善。

海丝遗产数量较多，且遗产类别齐全。泉州的乌屿码头遗址等至今仍埋没于地下。乌屿码头在泉州城东镇洛阳江与海口交汇处，是宋、元、明时期通商海外诸国的海岛码头。古代海上丝绸之路淹没于水下的多处遗址、各个时期的沉船遗址、未经充分保护的古航海标志、古码头遗址、古地图等，都需要加大制度约束的力度，特别是逐步在乡镇人民政府、街道办事处等基层组织树立海丝文物保护的观念。海丝文化遗存有水下元素，特别在南海海域，盗宝式的非法打捞给文物保护带来了难题。加大开展文物安全检查的力度和频率，应鼓励制定包括保护优先、合理开发等原则的海丝文化保护村规民约，有条件的地方依法建立群众性保护组织。加大对文物犯罪分子打击力度，清理整顿文物流通市场。

（三）海上丝绸之路文化遗迹保护管理的建议

第一，因地制宜地做好保护维修的基础性工作。

由于年代跨度长，文物种类丰富，数量庞大，海丝文化遗产保护对重要的海丝历史文献资料、文物，生产、生活用具等物品应加大保护力度。在全国性的文物普查和遗址遗迹普查的基础上，对海丝遗址遗迹进行深入普查，摸清家底。根据海丝文化的特色，和海外发现的同类文化遗存相对应，对海丝文化遗址遗迹的性质进行科学界定，加快纳入国家、省、市、县级海丝文物总体保护的有效日常管护体系中来，实地设置保护范围和保护标志。在有条件的地方设定保护级别，资助研究有关课题项目和相关活动，对有代表性的重要遗迹遗址划定保护范围和建设控制地带，在各个层面的海丝遗迹建设项目和文物保护优惠政策上进行积极扶持。同时，加强对海丝遗迹、文物认知的宣传，加强全民参与保护的意识，推动海丝文化形成新的文化关注点。这项工作在 2013 年习近平主席提出 21 世纪海上丝绸之路倡议后得到了高度重视，有很大的推进。2014 年，广东省文物局在全省开展地毯式的海丝文物调查，共收集整理海丝史迹近 600 处，相关成果汇编出版。同年，福建德化县成立了"海上丝绸之路·德化瓷遗迹群落"保护展示项目领导小组，县、乡、村三级文物保护工作网络基本形成，一支专兼职相结合的海丝文化史迹保护队伍已经建立。严格对照文化线路的内涵和特征，始终坚持以"保护第一、合理开放"和"社会文化效益与经济效益并重"为基本原则，正确处理好保护与开发的关系，真正实现保护、利用、再保护的良性循环。莆田市梳理、收集海丝文化文献记载，整理出 110 多处与海丝文化有密切联系的文物保护单位和文物点。2015 年 9 月，第五批市级文物保护单位启动申报，文物部门重点把其中庄边古窑址、贤良港古码头遗址、吉城吉了寨、吉了港等未列入文保的文物点列入保护。漳州市重视海丝文化民间文物征集，到 2014 年，已经征集到 108 件文物，其中漳州窑外销瓷器精品 47 件，"番银"① 61 枚，绝大部分为国家一级文物。海南则加紧建设国家海上丝绸之路博物馆，计划提供空间和技术条件设立东盟海上丝绸之路文化遗产馆，拟展示东盟各国有关海上丝绸之路的历史文化。

南京市对祖堂山社会福利院明代太监洪保墓的抢救性考古发掘和保护也比较典型。2010 年，洪保墓葬在祖堂山福利院的建设施工中被发现，很快被认定为江苏省级文物保护单位，制订出符合明代砖墓原貌的保护计划。洪保，字志道，云南大理府太和县人，生于洪武三年（1370年），他 29 岁开始跟随明成祖朱棣，是推翻建文帝的功臣之一。洪保历任内承运库副使、都知监右少监、都知监太监等职。从永乐元年（1403年）起到宣德八年（1433 年）的三十年时间内，洪保曾经一次奉使西域、七次奉使西洋，与郑和、王景弘一道列为宣德六年（1431 年）下西洋的正使太监，乘坐郑和船队中的大型船只"大福号"下西洋。洪保墓葬及寿藏铭预制于其生前的宣德九年（1434 年），其卒年不详。郑

---

① "番银"是海丝贸易中流通使用的外国银圆。漳州"番银"以数量众多、国别多样、使用广泛著名，民间多有遗存。

和 1433 年辞世后，洪保依然活跃，1441 年 7 月到 1442 年，已年过七旬的洪保可能率使团又一次出使西洋，也是他最后一次下西洋。

洪保墓出土了海丝文化价值重大的石质墓志——《大明都知监太监洪公寿藏铭》，楷书 25 行，满行 40 字，共 741 字，比较详细地记录了洪保的生平事迹。铭文内容直接涉及郑和下西洋重要史料，如铭文记录，郑和船队的旗舰排水量达到 2500 多吨，比已知文献中提到的大 5 倍，成为郑和下西洋史料的重要补充。[①] 在洪保墓的保护中原计划采用叙事性浮雕和增设景观，但因缺乏实用性和必要性，计划未被采用，而是利用展厅形象描绘洪保一生与海上丝绸之路息息相关的历史故事。

第二，加大有明确海上丝绸之路文化遗产保护主题的财政专项资金支持，加强专业人才队伍建设。

中国海丝遗址遗迹保护起步较晚，须修缮的数量大、项目多，是文物保护中的薄弱环节。特别是沿线重要地区的文化遗址分布的情况多元，收集相关历史文献，组织人员将有关海丝文化的物质、非物质遗产进行全面系统的调查统计，摸清家底，建立专门档案是一个系统工程，亟须财政专项资金支持和专业人才队伍建设。中国是一个文物大国，全国众多文化遗产需要保护，因此，海丝文化遗产保护主题性的专款投入显得十分必要。要将海丝文化遗产的整体保护、建设、管理工作严格地置于财政规划的制约和监督之下。同时鼓励创新，建立多渠道、多元化聚集保护资金的体系。目前，在地方财政支持的层面上，泉州通过设立海丝文化遗产保护专项资金、扶持海丝专题研究机构发展等途径，加大对海丝文化遗产的发掘、传承和开发力度，以"东亚文化之都"和 21 世纪海上丝绸之路先行区为特色打造海丝文化品牌，提升城市竞争力，成效良好。

资金支持重在专门化，专业人才队伍建设重在专业化，需要精准到位。这些专业人才不仅需要具有专业性很强的海丝文化遗产资源保护和研究能力，而且必须熟悉海丝文化遗产管理的专业知识、企业经营、旅游管理等。在这个要求下，海丝文化遗产管理机构需要不断加强行业性

---

① 胡正宁、范金民：《郑和下西洋研究二题——基于洪保〈寿藏铭〉的考察》，《江苏社会科学》2015 年第 5 期。

的培训和教育工作，聘请专家学者定期对主要管理人员、技术人员以及有关地方政府部门人员分层次培训。派遣有关专业管理和技术人员到高等院校进行专门学习，组织外出考察，不断吸取先进管理经验和业务素质。由于海丝文化遗存保护的特殊性，在专业人才的培养培训中，对外交流能力十分重要，应将外事礼仪、国际交流方式等作为业务知识学习培训。目前，能够利用国外第一手资料和信息化文物保护技术的人才缺少，这是海丝文化人才培养需要加强的薄弱环节。2016 年，泉州市出台《关于实施泉州市 21 世纪海上丝绸之路人才培养工程的意见》，从对外文化交流、港口航运、法律等 8 个领域着手，配套出台以海丝文化遗产保护管理与申遗的专业人才、文博骨干人才、"非遗"传承人为主要培养对象的《泉州市对外文化交流人才培养工程实施办法（试行）》等 8 个文件，为海丝文化的保护提供了更强有力的人才支撑和智力保障。

第三，以对沿线地区文化的深入研究促进遗址遗迹的保护。

海丝文化的研究与遗址遗迹的保护是相辅相成、共同促进的关系。21 世纪海上丝绸之路倡议是 2013 年出台的，此后，各种论调层出不穷，宣传斗争形势复杂。只有在文化研究的基础上令人信服地对海丝东西方经济文化交流的历史有正确认识，才能有理有据地驳斥"朝贡体系复活论""丝路文明冲突论"等，坚定对人类命运共同体的信心，并以此为思想基础坚定倡议实施的信心，推进 21 世纪海上丝绸之路建设顺序展开。要实现中国梦、海丝梦，以海丝遗迹、文物中保留的珍贵历史信息为论据资源，从中西经贸文化交流的角度，在各个专业学术领域进行深入研究，就需要保护这些遗迹文物，从中获得鲜活的理论生命。

同样，海丝遗迹文物的保护也需要从继承和发展海丝文化的学理研究中，提炼、宣传海丝文化体现出来的强大精神内涵。海丝精神是中华民族的宝贵财富，是中国国家文化软实力的有机组成部分，具有丰富而又独特的内涵，如贯穿海丝历史文化发展始终的持续创新、冒险开拓、开放包容等。依靠海丝遗址遗迹的实物证明，向世界讲好海丝故事，树立基本的是非观、价值观，真正做到凝聚人心、互联互通，培养人类共同体意识就能落到实处。因此，需要深化、细化海丝遗迹文物的保护，强化智库平台上对海丝文化的专门研究。

如对广药的研究和对海丝文化中老字号的研究就离不开拥有 400 多年历史的药厂陈李济。陈李济始创于公元 1600 年，是中国中药行业历史最悠久的老字号，是吉尼斯世界纪录认证"全球最长寿药厂"，2008年以"首创蜡丸文化"和"百年陈皮文化"为代表的"陈李济传统中药文化"还被入选"国家级非物质文化遗产名录"。陈李济是广州土生土长的老字号，承载着源远流长的中医文化底蕴和岭南特色文化。陈李济首创的蜡丸制作工艺，开创了中药汤剂向丸剂发展的先河，为中国古代中成药随着海上丝绸之路远洋贸易推向海外创造了重要条件。陈李济蜡丸剂型至今仍在中医药产业中被广泛应用，在东南亚等国家享有盛名。

第四，对海上丝绸之路遗址遗迹相关文献进行抢救式的采集和研究。

一方面，对研究海丝历史变迁的历史证据应予重视并及时着手进行寻找。比如，"南海一号"沉船的发现、打捞和考古，为复原海上丝绸之路全盛时期人类文明交流的轨迹提供了鲜活的样本，印证了世界历史上多元文化和平共处、互相交融、共同发展的辉煌历程。在此之前，历史界和考古界都在寻找能证明南宋海上贸易兴盛，海上丝绸之路在历史上第一次取代了陆上丝绸之路的统治地位的实物证据。而南京郑和下西洋时的副使洪保墓《大明都知监太监洪公寿藏铭》铭文中有"永乐纪元……充副使，统领军士，乘大福等号五千料巨舶、捧招敕使西洋各番国，抚谕远人"的明确记载，为下西洋的具体过程提供了史证。洪保乘坐的宝船为"五千料巨舶"，则比以往发现的南京静海寺残碑碑文中"二千料海船"大得多，这还需其他类型史料的支持，继续深入研究。该铭文又载洪保派遣军校抵达天方国，而只字未提如今有人所主张的发现美洲之说，足以否定屡被引用的英国人加文·孟席斯所谓郑和船队发现美洲的说法。

另一方面，口述史应引起重视。口述史源自人的记忆，通过对曾经活历史现场的见证人的访问笔录、有声录音、影像录影等保存历史资料，辅以实地考古取证以及外围大量学术研究，作为学术分析的依据。在我们调研过程中，耳闻目睹了许多具有生命力的海丝文化遗存，见证古今贸易往来载体的陶瓷、潮绣企业的现代化进程。海丝文物保护、发掘的学者和普通群众，以生动朴素的语言，鲜明描述海丝文物保护的往事。而一些海丝文物的近现代变迁，曾与当地人民的文化生活紧密相连，与相关的民间文化形成丰富的文化生态链，有的能够补充完整海丝遗迹的相关学术研究空白。

广州南海神庙坐落在广州黄埔区庙头村，建于隋开皇十四年（594年），是中国古代东、南、西、北四大海神庙中唯一留存下来的建筑遗物。由于河道淤积，南海神庙渐渐远离江岸，庙前是一片芭蕉林。在进行考古时，庙头村年长的村民谈到他们年轻时曾经在庙前游泳。这一口述引起了考古人员的重视，为清代古码头的发现提供了有力线索。建于清代的台山新地村天主堂，1943 年被日军烧毁。新地村的老人尚能回忆，教堂至 1943 年烧毁前一直有神甫、修女在此传教，曾开办学校，对台山乡村的教育事业做出一定的贡献。1947 年，江门天主教会在教堂遗址南面修建了一座新教堂，主要用于弥撒和生活之用。①

这些看不见的活生生的关于海丝文化的民间社会文化印证以及隐藏其后的记忆故事，与看得见的海丝遗迹文物一样，也是不可复制的凝聚人心、培育人类命运共同体意识的钥匙，有助于沿线民众了解历史真相。这些民间记忆极易散失，应加强保护海丝文化遗存的历史责任感和紧迫感，组织力量进行文献导向的田野作业，尽快搜集整理。海丝文化遗存的保护对进一步传承和弘扬当地的海丝文化、推进和谐文化建设有着重要意义。

第五，加强对海上丝绸之路遗迹文物的开发利用，树立海上丝绸之路文化旅游国际化的理念。

利用海丝文化遗产要善于利用其蕴含的独特价值。在有效保护的前提下，通过科学整合，不断提高品位，恰当适度地合理利用。海丝遗迹文物的保护在科研、教育、游览、启智和创作体验等多种精神文化功能的开发利用中，才能获得新的生命力。5 年来，以海丝遗址遗迹的独特旅游资源为依托，在海丝文化地理、文化起源、文化生态、文化特征、文化地位、时代要素等方面建设出了一批特色鲜明的海丝文化标志地。山东蓬莱以北方最具代表性的新古船博物馆为特色，目前已经开馆。福

---

① 《昔日"贸易岛"浮出水面》，《南方日报》2016 年 5 月 27 日，第 A12 版。

建德化以屈斗宫窑址、磁灶窑址等众多外销瓷窑址的保护为代表。屈斗宫德化窑遗址为宋元古窑址，1988 年被国务院公布为第三批全国重点文物保护单位。挖出的窑基长 57.1 米，宽 1.4—2.95 米，出土 800 多件窑具和 6790 多件完整和残缺器物。瓷器造型和烧制方法具有明显的宋元朝代瓷器的特点，对研究宋元时期中国民窑体系、瓷业生产规模、窑炉结构、烧制工艺、瓷器外销等都具有重要价值。德化已完成对屈斗宫德化窑遗址保护范围的重新勘探测定，编制完成《福建屈斗宫德化窑遗址保护规划》。

对海丝遗迹文物的开发利用是对海丝文化的扶持培育，也是沿线各国各地区民众对海丝互联互通感性认识的重要渠道。旅游是文化传递的一种交流形式，近几年来，国内许多地区重视海丝文化旅游的开发，取得了较好的社会效应和经济效益。2014 年以来，在海丝文化旅游的国际化方面，福建省推出"21 世纪海丝之旅"等专题旅游项目，着力打造海丝旅游核心枢纽，让海丝旅游"走出去"，旨在构建环南海及大东亚文化旅游经济圈。

在现有的文化旅游宣传，特别是国际宣传中，对海丝遗址遗迹的专题宣传不够丰富，除了泉州等一些海丝重要节点城市之外，沿线城市地方文化名片中海丝遗址遗迹的内容也不普遍。各个时代独特的实物形象和文字史料，从不同侧面所展示海丝经济、文化、社会的发展和变化，是民心互通的实物依据，也是 21 世纪海上丝绸之路建设的有效保证。海丝主题旅游线路和特色景区让世界了解海丝，在了解海丝悠久文明的同时，也客观全面地介绍和展示沿线各国各地区在经济、社会、宗教、文化、民生等各领域的交流史。这就需要树立海丝旅游国际化的宣传观念，促使海丝遗址遗迹为人所知，使源远流长的海丝文化焕发全新的生机活力，成为向全世界展示中国自信和远大规划的窗口。

在开发利用中讲好海丝遗址遗迹背后的故事，因地制宜地合理做好周围环境整治、景观提升、基础设施配套等，进行科学的旅游线路规划，形成海丝文化旅游圈。如广东海上丝绸之路博物馆 2015 年 6 月首次展出的"南海一号"金器、瓷器造型精美、做工精细，带有浓郁的异域风格，充分说明海丝是经贸文化之路、和平友谊之路、交流互动之路。事实胜于雄辩，海丝文化遗存叠加的丰富历史信息是海丝连续、动态发展的真实代表。我们有底气、有能力按照国际传播规律，以海丝文化的遗迹、文物真实反映 21 世纪海上丝绸之路倡议道路正确的客观事实，驳斥某些西方媒体刻意歪曲历史事实的片面报道，讲述今日中国梦想，展望 21 世纪海上丝绸之路倡议下世界各国共商共建的美好未来。

三 海上丝绸之路文化遗产保护国际
合作的展望

（一）使用好国际文物保护展陈的借鉴平台

海丝遗址遗迹的保护是一项专业性很强的工作，必须加强科技资源、人力资源的投入。中国专题性的海丝遗址遗迹保护和维修工作开展较晚，保护理念还不成熟，文物部门鉴定、技术、规划的专业人才储备明显不足。随着海丝文物遗产保护事业的发展，一方面要走出去，充分学习新加坡、马来西亚等海丝遗址遗迹保存、展陈的成功经验，利用好后发优势。在文物保护科研工程项目、学术研讨和专业培训等方面突破地域，积极开展国际交流，在考古发掘、信息互通、物控技术等方面开展合作，实现资源共享。另一方面要利用好现有国际文物保护的合作平台，与中国海丝文化遗址遗迹保护工作形成科学、可持续的对接。邀请沿线国家博物馆共同参与展陈建设，以文物互存、互换的展陈交流方式，将现有科技手段创造性地运用到海丝文化保护展陈工作中，在藏品征集、陈列展示、文物保护等方面深化文化互信，推进海上丝绸之路文化遗产研究。

大型沉船打捞文物展陈在新加坡、菲律宾和马来西亚举办得较多，多数与古代海上丝绸之路的贸易往来相关。2016年，新加坡亚洲文明博物馆推出唐代沉船"黑石号"珍宝展。1998年，德国一家打捞公司在印尼勿里洞岛附近的爪哇海域发现"黑石号"。"黑石号"是目前打捞上来的最古老的航海帆船，被称为20世纪最重要、年代最久远的海洋考古发现之一。由于船上出水的长沙窑瓷碗中有唐代宝历二年（826

年）的年号，宝历为唐敬宗年号，沉船年代被确认为 9 世纪上半叶。"黑石号"是一艘阿拉伯沉船，证明中国和阿拉伯地区在唐代已经存在直接的海上陶瓷贸易。"黑石号"出水文物共有 67000 多件，基本上都是中国制造，其中 98％是瓷器。主要有瓷碗、执壶、杯、盘、罐等生活器皿，还发现了 3 件完好无损的唐代巩县窑烧制的青花瓷盘，是"海上陶瓷之路"的直接证据。

新加坡海事博物馆陈列的 15 世纪巴高沉船文物是常设展。巴高沉船是在新加坡地区海域沉没年代最久远的中国制造船只之一，沉没在南中国海与爪哇海之间的航道上。船只从中国南部出发，途经泰国，目的地可能是印尼爪哇的港口。巴高沉船出水 1600 多件文物，有不少中国陶瓷。这些陶瓷从一个侧面反映出，虽然巴高沉船发生在明代实行海禁期间，但当时仍有中国陶瓷流出海外，它们大部分来自广东窑系，以褐釉或黑釉器皿为主，主要外销到东南亚。由此看来，当时中国人已参与东南亚的贸易活动。

这些沉船的展陈采取实物、图片、动画、口述历史、书籍等形式，布置人性化，注重创意，讲求趣味，吸引观众亲身参与体验。力图使每个人能够看到自己所想了解的东西，体会到展品的精彩。尤其是利用高科技把古老与现代文明联系起来值得借鉴，用科技增强展品与观众的联系，提供新颖的多感官体验，对认识藏品及其海丝文化背景极有帮助。海事博物馆有一个模拟露天市场，它再现了当年海上丝绸之路沿途所经过的港口。越南归仁、马来西亚马六甲、印度尼西亚巨港、斯里兰卡加革、印度古里、伊朗忽鲁漠斯、肯尼亚马林迪等港口市集的繁荣景象，在这个露天市场一一呈现。此外，还通过这些城市特有的商品展现文化特色，比如越南的水上木偶戏、东非的制鼓技术等。

（二）通过国际交流，对海上丝绸之路遗迹遗物进行重大事件、重大精神承载、重点人物事迹的线索式梳理，形成相对完整的历史呈现

这种线索式的梳理涉及城市、地区、国家间的合作，是一个较长时段的工作，有助于形成一个相对完整的历史呈现，也有助于开发后期的文化资源，对海丝遗址遗迹进行集中，对海丝文化传播起到整体推进作

用。如对郑和下西洋的历史遗迹遗物的研究、东南亚海上丝绸之路重要转换站地位的研究都属于此类。明朝以郑和七下西洋为标志，中国的航海事业和海上对外贸易进入一个新的高峰时期。作为世界航海史上的伟大壮举，郑和先后访问了亚洲和非洲的 30 多个国家，最远到达非洲东岸赤道以南的麻林地（今肯尼亚的马林迪）和慢八撒（今肯尼亚的蒙巴萨港）。郑和下西洋时间之长、规模之大、范围之广，都是空前的，因此文物、建筑、墓葬、诗文图谱、楹联匾额、神灵信仰、民间传说、社会与生活民俗等文化遗迹众多。只限于一时一地寻找采集，郑和在海上丝绸之路上的活动很难形成全貌，在海丝文化史上的意义也不完整。

经过中国和肯尼亚双方有关机构的共同努力，中国考古团队开始延伸到东非，赴肯尼亚与当地部门进行联合考古，寻找郑和船队遗迹，并对该国海滨地区发现的中国文物和遗迹进行研究。肯尼亚发现"永乐通宝"，为郑和船队航海增添了新的历史佐证。肯尼亚出土的陶瓷等文物追溯到非洲与中国贸易往来的久远。① 2016 年，中国考古队完成了肯尼亚迄今为止最大规模考古发掘工作，肯尼亚出土的中国瓷器年代最早的可追溯到 9 世纪，表明早在晚唐时期，中国商品就已经抵达这一地区；发掘出的永乐官窑瓷器，基本确定了郑和到访非洲的事实；肯尼亚马林迪古王国的创建年代为 9—10 世纪，比英国学者之前认定的 14 世纪向前推进了 4—5 个世纪。这些无疑将改写肯尼亚沿海地区的历史，是对东非历史研究的重大推进。在东南亚在海丝的地位研究中，从中国过去20 多年的水下考古及南中国海一带的沉船出土来看，自五代以来，海上丝绸之路贸易一直频繁持续，东南亚是重要交换地。

同时，重视国外机构对海丝文化研究成果的吸收，通过举办海丝文化学术年会等形式，邀请国际上有关专家学者根据专题交流研讨，提高海丝遗产研究的水平。如在郑和下西洋的问题上，有斯里兰卡学者就认为，郑和碑充分体现了郑和以及中国古代人民的广阔胸怀和平等宽容精神。这与西方殖民者后来入侵斯里兰卡时修城堡、掠夺财产，强迫斯里兰卡人改变宗教信仰的做法形成鲜明的对照。海丝文化产品的推出基于

---

① 刘岩、秦大树等：《肯尼亚滨海省格迪古城遗址出土中国瓷器》，《文物》2012 年第11 期，第 37—60 页。

各自国家对于海丝文化遗产的认知，也值得重视。2015 年，印度尼西亚启动"郑和旅游线"计划，对当年郑和下西洋在印度尼西亚经过的巴淡、巨港、邦加、勿里洞、雅加达、三宝垄、井里汶、泗水和巴厘岛9 个城市和地区的旅游文化进行开发，包括郑和船队留下的文化遗迹、宗教遗址和民风习俗的恢复等。印度尼西亚国家海事统筹部部长英德罗约诺说，往昔中国船队来到印度尼西亚，对印度尼西亚文化的发展产生了深远影响，这可以从花式巴泽蜡染布、美食、文艺舞蹈、建筑设计以及传统服装等体现出来。①

（三）对海上丝绸之路文化遗产形成跨国集中连片的保护

海丝沿线国家地区众多，线路复杂，跨区域、跨文化明显，文化根基深厚，呈现大尺度、多维度与文化生态多样性等特点。海丝沿线国家的沧桑巨变充分体现了海丝东西方文化交流的变迁。面向海丝沿线各国联合发起文物保护活动，共同开展世界遗产的联合保护工作，进行务实对接是未来之路。在目前海丝文化遗产的保护和管理中，跨国交流的内容仅有郑和遗迹、贸易连线、文物修复、征集展览相关文物等少量内容。这与海丝沿线各国文物遗产资源的多样性和海丝文化发展历程的丰富度不够匹配。2015 年 12 月，第二届海上丝绸之路文化遗产保护论坛在海南海口举行。论坛发布了《第二届海上丝绸之路文化遗产保护论坛倡议书》，来自中国及新加坡、菲律宾、泰国、缅甸、柬埔寨、老挝、英国、肯尼亚等国的 65 位文物方面的专家共同倡议成立一个开放性的交流与合作平台，实现海上丝绸之路文化遗产资源共享、信息互通；共同推进海上丝绸之路水下文化遗产保护工作，实现海上丝绸之路文化遗产保护论坛的机制化。由于各国体制、法律等诸多方面有所不同，更需要相互理解，努力探索合理机制。中国的海丝文化遗产保护和管理有实力走向世界，发出中国的声音，书写中国故事，有待于 21 世纪海上丝绸之路倡议的逐步推进。

---

① 《印尼打造"郑和旅游线"吸引中国游客》，《中国文化报》2015 年 3 月 2 日。

小　结

　　古代海上丝绸之路上散布着丰富的文化遗存，这些世界多元文化遗产记录了真实的历史，是沿线各国共同精神凝结的物质载体。海丝文化遗产既是历史演进中东西方文化交流的见证，也是现代文明源流的重要载体。海丝文化遗存保护管理体系建设是寻找海丝文化基因，活跃文化海丝基因，借力文化海丝基因的基础。海上丝绸之路申遗和国际合作是沿线申遗城市文化力量整合的良机，有助于在沿线城镇形成和海丝文化保护之间具有内在生命力的良性互动。5 年来，申遗城市在文物、文化、城建、环保等各领域进行了多方面的合作，唤起公众认识海丝文化遗产的意义和价值，海丝文化遗产的保护有机地融入了现实生活之中。

第 五 章

21 世纪海上丝绸之路视野下的
中国海洋文化

2012 年，党的十八大报告提出中华民族伟大复兴的中国梦，并首次提出"海洋强国"的目标。报告指出，要提高海洋资源开发能力，发展海洋经济，保护海洋生态环境，坚决维护国家海洋权益，建设海洋强国。① 习近平总书记历来高度重视海洋经济的发展，多次提出要关心海洋、认识海洋、经略海洋。海洋文化是中国文化的一个重要的构成部分。海洋文化要走向未来，必须植根历史。从历史发展逻辑出发，海上丝绸之路起点在中国，它虽然是一个历史概念，但其中所蕴含的文化意义延伸了这条通道，使之具有海洋架构的现实与未来意义。

---

① 胡锦涛：《坚定不移沿着中国特色社会主义道路前进 为全面建成小康社会而奋斗——在中国共产党第十八次全国代表大会上的报告》，《人民日报》2012 年 11 月 18 日，第 1 版。

一 海上丝绸之路历史凸显中国海洋文化特征

（一）海上丝绸之路与中国海洋文化的历史轨迹

中国是一个海洋大国。在地理位置上，中国位于亚欧大陆东侧，倚陆面海。海上丝绸之路的开辟无疑是中国古代海洋文化最为辉煌灿烂的篇章，从概念上来说，"海上丝绸之路"最先来自1913年法国汉学家沙畹："丝路有陆、海两道。北道出康居，南道为通印度诸港之海道。"[①]海上丝绸之路东海航线形成于秦汉之际，徐福受秦始皇之遣东渡日本。据日本古史记载，西汉时中国的罗织物和罗织技术已传到日本，对日本丝织文化的发展起了很大作用。隋唐时期，又出现了横渡黄海及东海的多条海上航线。日本使节和僧侣在海上丝绸之路上往来中国，鉴真和尚东渡日本。经由海上丝绸之路，中国与日本、朝鲜等地的物资、典章、制度交流频繁。借助于丝路往来，中国文化深刻影响了海丝沿线地区的服饰、文字、建筑，形成了饮茶等民间习俗。

汉代，海上丝绸之路南海航线逐渐成型。西汉的官方船队从南方的徐闻、合浦出海，[②]沿着中南半岛航行，最终到达现在印度半岛的东海岸和斯里兰卡。东汉时航线进一步延长，到达大秦（古代中国对罗马帝国的称呼）。海上丝绸之路跨越印度洋，横贯东西方，成为当时地球上最长的航线。海上丝绸之路极大地促进了海洋文化的交流、沟通和共同进步。

盛唐之后，由于西域战乱及经济中心的转移，陆上丝绸之路衰落，

---

① 〔法〕Edouard Chavannes：《西突厥史料》，冯承钧译，中华书局，2004，第137页。

② 韩湖初和杨士弘通过广东有关中国古代海上丝绸之路始发港的研究，认为番禺（广州）不是最早的始发港，合浦与徐闻同为始发港。

海上丝绸之路代之而兴。从广州出发的海上航线经过东南亚、南亚、阿拉伯半岛，最后抵达非洲东海岸，并开始取代陆路成了中外贸易的主要渠道。这一阶段的海上丝绸之路成为连接东西方的主要通道，对中国海洋文化的贡献良多。商贸文化的内容大为增加，航海文化快速进步，文学艺术方面则显示中西元素交融的美学风格。宋元时期，海上丝绸之路更加兴盛，航线最远到达非洲东海岸。海丝沿线市镇作为中西经济文化交汇地，形成了多元化格局。宋末至元代，泉州成为中国第一大港，与埃及的亚历山大港并称为"世界第一大港"，是中西文化荟萃的中心。商贾、各色人等浮海而来，世界多种文明在此交汇融合。特别是不同宗教和平共处的图景，成为中国海洋文化的独特风情。

明初，政府严行"海禁"政策，永乐年间，虽然有郑和下西洋的盛举，但民间海上贸易一直禁绝，后来才有所解除。16 世纪明朝嘉靖年间至 19 世纪中叶鸦片战争之前，海上丝绸之路在开海、禁海的政策反复间走向闭关锁国，失去了原本的海洋优势。嘉靖三十年（1551 年）后，为防倭患，再行海禁。清初康熙年间，曾一度开放海禁，海上贸易得以兴盛一时。乾隆年间以后，清政府正式实行全面的闭关锁国政策，一开始是四口通商，到后来只开放广州一口对外通商，且由十三行垄断其进出口贸易，逐渐发展形成从十三行到公行，从总商制度到保商制度的外贸管理体系。

总的来说，中国的海洋文化逐渐封闭保守，远洋活动被施以各种严厉的限制措施，偏离了海上丝绸之路联通商业贸易和文化交流的轨道。但是，即使在海禁期间，海上丝绸之路仍有有限的民间贸易来往，尤其是与东南亚之间的华商贸易从未中断。鸦片战争后，中国沦为西方列强的半殖民地，沿海口岸被迫开放。中国与海上丝绸之路相连的传统海洋文化就此断裂，留下了一批宝贵的人类文化遗产，包括遗址遗迹、非物质文化传承等。但是，商人、移民经由海上丝绸之路所开辟航线进行的海上活动，在清末民国时期仍在持续，直至中华人民共和国成立。① 有

---

① 关于海上丝绸之路的历史时间下限，学界多有争论。因鸦片战争后，中西之间的海上交通和贸易被纳入不平等条约体系之中，古代"海上丝绸之路"从文化背景、文化特征、文化内涵都发生了质的变化。参见赵春晨《关于"海上丝绸之路"概念及其历史下限的思考》，《学术研究》2002 年第 7 期；冯定雄《新世纪以来我国海上丝绸之路研究的热点问题述略》，《中国史研究动态》2012 年第 4 期。

学者认为，从晚清至民国，中国在制度、物质以及科教等方面日益具有浓重的海洋文化色彩。在制度上，晚清政府新成立了总理各国事务衙门，创建了近代水师，建立了台湾省。在物质文化方面，晚清政府购买洋枪洋炮，出现了军工业、造船业、现代航运业、新式海洋相关产业。晚清政府还创立了水师学堂，派遣幼童前往欧美学习实业。辛亥革命以后，海洋科学知识传播较快，孙中山已经形成来自美国人马汉《海权论》的海权观，[①] 并将发展广东茂名博贺港的规划写进了《建国方略》。

（二）中国海洋文化特征在海上丝绸之路历史中的体现

纵观海丝的文化历史，海上丝绸之路是中国海洋文化成熟发展的历史标志。中国海洋文化是中华文明的重要组成部分，在长期的发展过程中，除了"开放""拼搏""兼容"这些海洋文化的共性之外，中国海洋文化还具有独特的个性，体现的是"和谐""和平""乐享""友好"的核心价值观。"和谐"代表着人与海洋、陆地与海洋关系的价值理念，"和平"表达的是处理不同国家间关系的行为准则，"乐享"是中华文化与不同文化融合共生的基本原则，"友好"是情感互动的途径。这些特征源于几千年来中国海洋文明本身发展的逻辑，是理解海洋文化在今天生生不息脉搏的要义。中华海洋文化传统伴随海上丝绸之路的兴起而不断滋育、传播，建设 21 世纪海上丝绸之路，推进中国海洋文化的现代化转型，是海洋强国的内在诉求。

1. 和谐：对人与海洋、陆地与海洋关系的认识

中国是典型的滨海国家，中国海洋文化是在认识、利用、改造和适应海洋的过程中不断发展的。中国人与海洋互动的历史极为悠久。随着社会生产力的不断发展，人们开发利用海洋的能力不断提高，除了利用海洋发展渔业、耕海以外，海上贸易运输带动了商业发展。马克思说："不是人们的意识决定人们的存在，相反，是人们的社会存在决定人们的意识。"[②] 海上丝绸之路加深了人与海洋的关系，也使得中国人从海洋获得启迪，对海洋形成了独特的看法和态度。

---

① 参见杨文鹤、陈伯镛《海洋与近代中国》，海洋出版社，2014。
② 《马克思恩格斯选集》第 2 卷，人民出版社，1995，第 82 页。

一方面是人海和谐，这也是人类与自然的和谐共处形成的共同价值取向。"海纳百川，有容乃大""观于海者难为水"等俗语成语都体现了中国人与海洋的生存联系和对海洋的理解。中国海洋文化中追求天人合一的境界还体现在政治伦理与海洋和合共生的内在联系。中国人用"海不扬波"来说明政治的清明是获得理想海洋环境的感应条件。在中国海神崇祀中盛行海祭，体现的则是崇尚自然、相互依赖、相互认同的海洋文化形态。人与海洋经由海神的纽带功能与海洋实现和谐对话。西方海洋文化把海洋当作开辟市场与资本主义原始积累的工具，向扩张殖民的方向发展。这种观念直接形成了中西方对海洋利用的方向不同。

另一方面是陆地与海洋的和谐。中国的地貌海陆交织，人们以劳力从海洋获得各种所需成为必然，再逐渐发展到商路开拓，以陆上物产与沿线各国进行交易。内陆经济经由海上方向产生广阔辐射效应，基础是互惠互利的。海上丝绸之路的兴盛来源于陆上经济的日趋繁盛，繁盛带动海洋贸易，也提供了沿线地区文化交往的物质桥梁。海上丝绸之路始终基于辽阔的腹地，各具特色的丰茂物产。海上丝绸之路又被称为"陶瓷之路""香料之路""茶叶之路"，充分说明了与陆地文化互为表里、相互促进的和谐关系。广阔的经济腹地为开辟古代海上丝绸之路奠定了商贸格局，先进的造船和航海技术则为开辟古代海上丝绸之路提供了必要的航海条件，形成内生均衡。正是在坚实的陆地经济基础支持下，中国的海洋文化基因发育，以海上丝绸之路为代表，进入黄金发展时期，具有明显的开拓性和开放性。海上丝绸之路所凸显的人与海洋、陆地与海洋的和谐观是传统海洋文化的精华。因此，在对海洋的认识上，中国海洋文化是与农耕文明并存的，不能忽视中国海洋文明变迁的史实，将陆地文化与海洋文化截然两分。对"海洋—陆地"二元对立的夸大是海洋文明被一些发达国家意识形态化的产物。事实上，中国并不缺乏开放海洋观念的传统，但这一传统是与大陆文明紧密连接的。21世纪海上丝绸之路的建设正值海洋商业文明走向海洋工业文明的发展阶段，海水养殖、远洋渔业加工、海洋生物制药、海洋工程和海上旅游等海洋产业合作得到深化。发展21世纪海上丝绸之路的现代海洋文化，谋求海洋经济与生态环境相协调正当其时。

2. 和平：处理不同国家间关系的行为准则

古代海上丝绸之路是一条和平之路，集中体现了中国海洋文化崇尚和平，不搞霸权，共同发展的特征。这也形成了中国海洋文化的基本特性。考察海上丝绸之路的连续历史，中国一直奉行和平的外交政策，这种政策不曾包含任何具有侵略性、扩张性的内容，从未有军事征服和商品倾销的目的。

中国的和平政策促进了东西方经济的交流和文化的互补。明代拥有强大的海上军事实力，但明成祖积极联络海外各国，奉行的是"强不凌弱、众不暴寡"的信条。郑和下西洋的使命主要是"宣布纶音"，目的只是显扬国威，以"共享太平之福"来求同存异。[①] 通过政治制度、文化先进、文明成熟的感召力来达到"四夷来朝"的政治理想，绝非通过海上航线去征服别的国家，建立殖民地。明成祖甚至采用对进贡国"薄来厚往"的方式，以让更多的沿线国家感化来归。海上丝绸之路推动了19世纪之前世界的和平发展，这种热爱和平的态度至今仍为沿线国家所承认和称许。有关国家的人士认为当年的郑和船队非常庞大，显示了当时的中国国力极其强盛。但郑和船队并未以强凌弱，更未进行殖民征服，这与后来进行掠夺的西方国家形成了鲜明的对比。[②] 中国是海上丝绸之路上维护和平的主要力量。郑和下西洋所到之处"入国问禁，入境问俗"，本身就代表了一种和平交往的方式。郑和帮助当地军民修筑城墙，驱逐海盗，力图使用中国的海上威慑力量调节国际纠纷，平息冲突，特别是制止爪哇、暹罗、亚齐等地区强国对满剌加的侵略行为，形成一个区域战略和平环境。近代林则徐的《四洲志》、魏源的《海国图志》、徐继畲的《瀛寰志略》、梁廷枏的《海国四说》等所表达的海洋文化思考，在于从地理原貌认识海外国家，注重维护自身海上安全。因此，21世纪海上丝绸之路倡议这一充满活力的倡议秉承"共商、共建、共享"的原则，具有历史连续的中国海洋文化和平内核，与沿线国

---

① （清）万斯同：《明史》卷三〇四，《列传第一九二·宦官一》"郑和"条，中华书局，1975，第7768页。

② 《专访：非洲期待第二个"郑和时代"的到来》，中华人民共和国驻肯尼亚共和国大使馆网站，http://www.fmprc.gov.cn/ce/ceke/chn/sbgx/t204432.htm，2005年7月11日。

家一道建构海上通道的安全，共同和平发展。

3. 乐享：中华文化与不同文化融合共生的基本原则

一是物质财富的乐享。明代以前中国的海洋文化与近邻朝鲜、日本、越南交往密切，汉代以后拓展了与中亚、西域和欧洲的贸易往来与文化交流。这种文化交流是以物质财富的乐享为基础的。郑和作为礼物和商品携带的也是大量的黄金、白银、丝织品、瓷器等，并为普通民众传播了农业、制造、医学等生产生活技术。同一时代，西方国家不断争夺海上独占权。从地中海时代沿岸各国争夺海上霸主地位到地理大发现后西欧各沿海国竞相在大洋一决雌雄，其目的都是通过海上商道从事征服和掠夺性质的海外贸易。二者在主导意识上有着明显区别。随着 21 世纪海上丝绸之路倡议的实施，中国与沿线国家在基础设施建设、经贸合作、金融合作、人文交流、公共服务等领域逐渐展开务实合作。发展经济的共同目标，互通有无的互补优势起了基础性的作用。

二是文化习俗的乐享。2015 年全国"两会"期间，李克强在参加福建代表团审议时说，"妈祖文化包含海洋精神"。[①] 海上丝绸之路不仅是商品贸易的通路，而且是文化传播交流的通道。中国的儒家伦理、政治制度、汉字等都曾远播日本及朝鲜半岛。历史上海上丝绸之路上各种文化相互尊重，以平等的态度乐享其中所蕴含的普遍理念和艺术元素，实现彼此受益。僧人取道海上丝绸之路传播佛教，其中最著名的有昙摩耶舍、菩提达摩、法显、义净等。海上丝绸之路便利了伊斯兰教东传。宋元时期，穆斯林商人络绎不绝地浮海而来，在海丝沿线的广州、泉州、扬州等地留下了不少伊斯兰教遗迹。海上丝绸之路上，各类形态的文化兼容并蓄，各自保持相对的独立性又优势互补，形成了融合性的海洋人文空间。最明显的是海丝沿线市镇精神文化状态向海洋文化的转变，丰富了中国海洋文化的基本内涵。21 世纪海上丝绸之路以开放合作为基础，支持不同文明和宗教之间的对话，被国际社会尤其是周边国家所认同。

4. 友好：情感互动的途径

海上丝绸之路不仅成就了世界性的贸易网络，也成就了中国在海丝

---

① 《妈祖文化包含海洋精神》，《湄洲日报》2016 年 3 月 14 日。

沿线国家的良好形象。中国与海丝沿线国家的交往历来讲究"天下同福，厚往薄来"的情感性。郑和七下西洋，不仅开通了中国的海上丝绸之路，而且扩大了中国同海丝沿线国家和睦相处的友谊，永乐一朝先后有 60 余个国家的国王及使节来到中国。海丝沿线各国的差异性极大，朝贡外交虽然秉持的是传统政治思想中原中心大国的定位，但并不以武力强迫海丝沿线国家接受中国的政治主张，而是在和平自愿的基础上进行"册封赏赐"，赏赐远多于进贡。朝贡方也都是独立国家，与中国维持松散的政治关系。因此，排除抵御倭寇侵扰，海上丝绸之路情感互动的大方向一直是友好的。友好中国的社会形象延绵至今。海丝文化交流的历史也是一部沿线国家民众的心灵沟通史。郑和船队曾抵达东非沿海的肯尼亚海滨。肯尼亚海滨一带还流传着中国船只在肯尼亚拉穆群岛附近海域触礁，水手上岸定居并融入当地社会的故事。个人之间的友好合作关系是海上丝绸之路的主流。因此，中国海洋文化是友好的文化，是走出去、双向交流的文化，而不是排他的、自我发展的文化。

　　21 世纪海上丝绸之路提倡以亲、诚、惠、容的伙伴关系超越海上联盟体系。5 年来，中国同海丝沿线数十个国家展开多层次、多内容的交往，提升国际贸易、金融合作水平的同时，也密切了文化、学术交流等人与人之间的联系。由此可见，21 世纪海上丝绸之路秉承了古代海上丝绸之路以友好为情感互动途径的精髓。

二 海上丝绸之路对中国海洋文化的涵养

21世纪是海洋的世纪,中国提出的21世纪海上丝绸之路倡议呼应了这一时代召唤,已经显现出巨大的号召力和发展力。以21世纪海上丝绸之路为中心,在全球化视野下充分有序地发掘海洋文化资源,合理有效地展示21世纪海上丝绸之路的文化形象,成为中国文化发展的主题之一。

(一)海上丝绸之路与海洋商贸文化

海上丝绸之路作为海上通道,顾名思义,首先是在商业经济不断发展的前提下,有了物资沟通需求,逐渐演变为包括政治、军事、宗教、文化、科技等方面的中外交流。海洋商贸文化是海丝文化的主要构成部分。晋朝法显所撰写的《佛国记》,记述了到广州经商的大秦(罗马帝国及近东地区)、狮子国(斯里兰卡)、天竺(印度)等15个国家和地区。宋人有诗形容海上丝绸之路进出口贸易港的盛况:"斛量珠玑若市米,担束犀象如肩柴。"宋末至元代,泉州港拥有"三湾十二港",商贸繁盛,被称为"番货、远物、异宝、奇货之所渊薮,殊方别域富商巨贾之所窟宅,号为天下最"。由于海丝沿线国家资源差异较大,具有较强的贸易互补性,海上丝绸之路成为世界海洋商路网络中最繁忙、最兴盛的航段。宋元时期,海上丝绸之路上的商船货物前往西亚、非洲、欧洲,载去茶叶、条丝烟、靛青、薯莨、水果、乌梅、药材,运来香料、药材、明珠、琉璃、宝石、布匹、海味、异物等。元代与中国有海外贸易关系的国家达到140多个,进口商品品种达到250种以上。宋人的商品较前代多了龙涎香、蔷薇水等物,还有孔雀、鹦鹉等珍禽。海上丝绸之路形成了一个系统的商业性社会，有着重视契约，追求安定的浓厚海洋文化商业气息。摩洛哥旅行家伊本·白图泰写道："对商旅来说，中国地区是最安全最美好的地区。一个单身的旅客，虽携带大量财物，行程 9 个月也尽可放心。"① 正是在对中国海洋文化的共同认知下，沿线各国资源互补，海洋商贸文化发达。与此同时，中国的先进知识传入沿线各国，远及欧洲，沿线各国的科学、文化与艺术也通过商品广泛传入中国。

海上丝绸之路绵延千年，沿线国家的商业传统和商业记忆仍发挥着作用。泉州是宋元时期世界最繁华的商贸港之一，来往海上丝绸之路的商人中以穆斯林居多。时代变化，今天大量穆斯林客商仍然选择泉州长年经商，贸易门类丰富。2014 年泉州市与海上丝绸之路沿线国家贸易总额达 157.6 亿美元，同比增长近 5%。中东成为泉州第一大贸易伙伴，也是泉州出口增长最快的市场，增幅达 27%。这无疑与海上丝绸之路历代相传的海洋商贸文化传统有关。在 21 世纪海上丝绸之路倡议下又创造出新的商贸文化内涵。泉州加大同阿拉伯国家的经贸文化往来力度，计划同阿拉伯海湾国家设立海上丝绸之路绿色石化产业合作泉州园区，对石油出口国在原油贸易和金融领域实现高度开放。

中国海洋文明古今连贯，海上丝绸之路的商贸以陶瓷、茶叶、丝绸为代表，这些物品已经不限于商品范畴，而具有代表东方文化符号的内涵，在给沿线留下了美好深刻的印象。17 世纪初开始的通过海上运输进行的全球性茶叶贸易，外国商人持续、大量订购中国茶叶，中国茶叶大宗从海港出口，中国茶成为世界性饮品标志。1644 英国东印度公司在厦门设立办事处，1676 设立商馆，都是为了购买厦门茶叶运往印度马维拉斯集中，再运到英国。作为商品的德化瓷器通过海上商贸活动流传世界各地，特别受到欧洲皇室和贵族喜爱，法国人命名为"中国白"，作为奢侈品和艺术品收藏。德化陶瓷不仅向国外输出陶瓷商品，而且向外输出了陶瓷文化。18 世纪，德国皇家瓷厂迈森、法国的切尔西等德、英、法、丹麦的皇家瓷厂纷纷模仿德化白瓷生产工艺，促进了欧洲瓷业的发展。

---

① 《伊本·白图泰游记》，华文出版社，2015。

　　海丝沿线的福州茶叶、德化陶瓷、竹刻、木偶、皮鼓等商品，曾经通过海上丝绸之路而声名远播，至今仍享有盛名，东南亚乃至欧美贸易需求兴旺。近 10 年，中国与海丝沿线国家的贸易额年均增长 18.2%，占中国对外贸易总额的比重从 14.6% 提高到 20%，中国企业对海丝沿线国家的直接投资额从 2.4 亿美元扩大到 92.7 亿美元，年均增长 44%。东盟已成为中国游客出境游的首选目的地。①

　　中国海洋商贸文化是人们在海上丝绸之路的长期商业贸易活动中创造的，具有丰富的内涵。中国古代海洋商贸分为官方经营的朝贡贸易与民间私商的海上贸易两种类型。明太祖朱元璋实行严格的海禁，从 1374 年开始，直到 1567 年才重新开放对外贸易，中外海外贸易断绝 193 年。多次禁海政策的长期施行使得沿海地区的商人私人利用郑和等人开辟的航道自行开拓海上商贸。海上丝绸之路航线仍是商贸的主流。因海上贸易而兴的区域性海商家族及其活动成为中国海洋商贸文化的特色之一。海商集团的活跃使得广东、福建沿海保持了海外贸易的发展，主导了远东海上商贸，成为中国对外贸易的中心和海上丝绸之路贸易的重要枢纽。有的学者认为这是 "中国社会历史上资本主义萌芽的时代标志之一"。②

　　广州十三行是中国古代海上丝绸之路商贸中的一种特殊组织，在 17 世纪后期至 19 世纪中叶连接中西方经济，是海上丝绸之路最后的商贸文化中心。十三行是清政府指定专营对外贸易的垄断机构。1685 年，清政府分别在广东、福建、浙江和江南四省设立海关，沿海贸易盛极一时。1703 年，公行确立。最开始，由官方指定一人为外贸经手人，包揽对外贸易大权。后来，各行商从自身利益出发，共同联合组织起来，成立一个行会团体，即所谓的 "公行"，这就是十三行的由来。公行名义上虽称 "十三"，其实并无定数。1757 年，广州成为全国唯一海上对外贸易口岸。十三行依靠政府给予的对外贸易特权进行垄断。除十三行外，还有官办的商行。盐商、铁商、米商、糖商、丝绸商、陶瓷商、烟

① 《近十年我国与海上丝绸之路沿线国贸易额年均增长近两成》，新华网，http://news. xinhuanet. com/2016-02/11/c_1118020842. htm，2016 年 2 月 11 日。
② 戴裔煊：《明代嘉隆间的倭寇海盗与中国资本主义萌芽》，中国社会科学出版社，1982，第 3 页。

草商、典当商、布商、药商各种买卖皆有。同时，美、英、法、荷、瑞等国的商馆也聚集于此。

21世纪海上丝绸之路倡议重点方向从中国沿海港口过南海到印度洋，延伸至欧洲；从中国沿海港口过南海到南太平洋，海上以重点港口为节点，共同建设通达亚欧非、通畅安全高效的运输大通道。互利共赢的贸易畅通作为倡议推进的主要抓手，以上述国际大通道为依托，在贸易投资便利化基础上实现开放型经济体系，使中国发展更多惠及周边国家。倡议重点推进经贸机制建设、自贸区谈判、跨境经济合作区建设及毗邻区规划，提高市场开放度和贸易便利化标准化程度，中国与沿线国家的贸易总额逐渐扩大。

（二）海上丝绸之路与海洋航行文化

中国的航海文化历史久远，海上丝绸之路促进了造船、捕鱼、航海、商业的发展，进而促进了各国之间的交流。在船舶制造技术上，在唐宋至明初期，中国航海业和航海技术一直处于世界领先水平。宋元时代，由于当时积极的航海贸易政策，中国的航海技术达到巅峰，取得了具有世界意义的重大突破。以罗盘导航、天文定位与航迹推算为标志，航海技术领先西方2—3个世纪进入了"定量航海"时期（即可以根据海洋季风、水文形态来把握航行的时间、方向）。宋代发明指南针以后，水罗盘成为航海中普遍使用的最主要的导航仪器，从而大大提高了航船的定位、用锚和使舵的准确度，为远洋航行奠定了坚实的科技基础。元代阿拉伯的天文航海技术传入中国，促进了中国航海技术的发展。《明史·郑和传》和其他一些时人笔记记载了郑和船队中各种船型的尺度。郑和所率远洋船队极为庞大，规模最大的一次有船200多艘，最小的一次也有62艘。最大的木帆船是总指挥船，长152米，宽62米，共有4层，船上9桅可张12帆。郑和船队代表了中国古代航海文化的技术巅峰。明朝时，地方船舶业也得到了发展。泉州已经形成了优良的船舶制作技术。郑和船队中的舰船，有一部分就是泉州所造。可惜的是，随着海禁政策的施行，15世纪以后，中国具有悠久历史的海上航行文化的发展链条中断，中国的航海事业迅速由盛转衰。当西方的大航海时代到来的时候，中国却退出了在世界航海界的领先地位。

海上丝绸之路的开辟及一些私人活动探索出了较为固定的航行线路。西汉携带"黄金杂缯"的汉使从徐闻、合浦出海进行南亚航行，史称"徐闻、合浦南海道"，西行线的终点是斯里兰卡和印度。在东汉以及之后的三国时期，航线又有所延长，到达了大秦（罗马帝国及其近东地区）。三国时的东吴孙权曾经组织大规模的船队到达今天的台湾，朱应、康泰进行了南洋远航，东晋时法显和尚从印度洋航海归国。据贾耽在《皇华四达纪》中的记载，唐代广州通海夷道从广州出发的海上丝绸之路有两条，一条到达日本，另外一条到达现今的伊拉克巴士拉港，当时全长 14000 千米，是 16 世纪以前最长的远洋航线。

元代汪大渊行踪遍及南海、印度洋，远达阿拉伯半岛及东非沿海地区。1405—1433 年，郑和 7 次远洋航行，前后 28 年，航线达到印度支那半岛、马来半岛、南洋群岛、印度、波斯和阿拉伯的许多地方，最远的到过非洲东海岸的索马里等国。此外，还有徐兢奉使高丽、亦黑米失四下南亚、杨廷璧三使俱兰（奎隆，英语 Kollam，葡萄牙语 Quilon，今印度喀拉拉邦南部濒阿拉伯海的港口城市）、周达观出使真腊（为中南半岛古国，今柬埔寨境内）等。

中国航海文化史上，出现了与海上丝绸之路相关的各类从事航海活动者，这是中国航海文化富有特色的一部分。郑和被称为"世界海洋第一人"。郑和下西洋的航海活动，在世界历史上是空前的，随行人员多达 2.8 万人。泉州经验丰富的水手、舵工、通事等，也成为郑和船队的重要成员。郑和下西洋客观上大大增加了中国人对海洋的总体认识，开阔了中国人的眼界。元代民间航海家汪大渊两次从泉州出发，航海远游。1330 年，汪大渊搭泉州远洋商船出海，从泉州经海南岛、占城、马六甲、爪哇、苏门答腊、缅甸、印度、波斯、阿拉伯、埃及，再横渡地中海到西北非洲的摩洛哥，回到埃及，出红海到索马里，折向南直到莫桑比克，然后横渡印度洋回到斯里兰卡、苏门答腊、爪哇，到澳大利亚，从澳大利亚到加里曼丹岛，又经菲律宾群岛，最后返回泉州。1337年，汪大渊第二次从泉州出航，游历南洋群岛，印度洋西面的阿拉伯海、波斯湾、红海、地中海、莫桑比克海峡及澳洲各地，两年后才返回泉州。他于公元 1349 年写成《岛夷志略》，记录了两次航海所看到的各国社会经济、奇风异俗，作为资料保存下来。其中涉及亚、非、澳各洲的国家与地区达 220 多个。

海上丝绸之路的祈风文化独具特色，丰富了中国航海文化的内涵。泉州南安丰州九日山是海上丝绸之路的起航所在，有 13 方摩崖题刻是祈风石刻，记录了 1104—1266 年，泉州海船出发前的 11 次祈风典礼。宋代船舶的远洋航行需要信风驱动，泉州作为当时"东方第一大港"，每年数以万计来泉的番舶要在春夏时乘东南信风而来，秋冬时顺西北信风而去。每年夏季 4 月出海和冬季 10 月归海时，九日山南麓的海神庙延福寺、昭惠庙总会举行"冬遣舶、夏回舶"的祈风盛典，泉州府郡及市舶司的高级官员敬祭海神，祈求航海顺风，让各国商舶在海上往返畅行。仪典隆重肃穆，规模很大，礼毕勒石记录，成为祈风台。九日山石刻"回舶南风，遵以典""待潮"等字句，记录了祈风的内容。当地至今留有每年农历八月十三日的祈风民俗。1991 年，联合国教科文组织"海上丝绸之路"国际考察队乘船由意大利威尼斯出发，经地中海、阿拉伯海、印度洋、南中国海，沿当年海上丝绸之路贸易城市考察，在九日山留下了一方纪念海丝友谊与对话的英文石刻。

21 世纪海上丝绸之路的海洋航行文化塑造主要在于提升海运业政策环境与宏观管理竞争力，增强国际航运规则的影响力和话语权，如打造具有国际航运影响力的海上丝绸之路指数等。2015 年，由中国宁波航运交易所编制的"海上丝路集装箱运价指数"在波罗的海航交所官方网站正式发布，此后每周发布一次。这是波罗的海交易所自 1744 年成立以来，第一次与其他机构联合发布指数，也标志着中国航运指数首次走出国门，获得国际市场的认可。该指数由四条具有代表性和国际认可度的航线指数构成，分别是宁波—欧洲线、宁波—中东线、宁波—地中海以东线、宁波—地中海以西线，共同反映集装箱市场情况和价格波动的趋势。

（三）海上丝绸之路与海神崇祀文化

中国海洋文化中的海神崇拜由来已久，其成型和兴盛与海上丝绸之路密切相关。中国海洋文化中的海神崇拜体系庞大、复杂，有海龙王、潮神、网神、礁神、鱼神、岛神、地方海神崇祀等。特别是宋代以后随着海洋开发和海上交流的日趋活跃而形成的妈祖崇祀等，形成了中国海洋文化海神崇祀的自身特色。

一是中国海神大多是人情味极强的凡人演化而来。这些海神多为具有善良、智慧和正义美德的先哲圣人，以平和仁慈为主要性格色彩，极富亲和力。通远王是位"白须公""白衣叟"；嵊泗列岛信奉的船神杨甫老大，是个捕鱼能手；汕头三义女原是清代澄海县外砂乡的金兰三姐妹，因反对包办婚姻一起蹈海而亡，传闻有灵性，祀典为神。妈祖崇祀在中国海神崇祀中最富特色，在海上丝绸之路的开拓中发挥了巨大作用，妈祖文化一直与郑和七下西洋等中国诸多和平外交活动和海上交通贸易密切联系，促进海丝沿线各国的交流对话，促进海洋文化认同。体现在神形上，妈祖是位和蔼可亲的女性形象。中国海神体系和海神形象体现了中国海洋文化的思想价值、行为方式和对待海洋的态度。

中国海神与西方海洋文化中海神形象有较大差异，西方最著名的海神波塞冬（Poseidon）是宙斯之兄，来自古希腊的神话传说。波塞冬统治环绕大陆的所有水域，他的海神地位来自与提坦神泰坦的提坦之战，他的标志物是三叉戟，当他愤怒时海底就会出现怪物。他挥动三叉戟不但能轻易掀起滔天巨浪引起风暴和海啸、使大陆沉没、天地崩裂，还能将万物打得粉碎，甚至引发令人战栗的整个世界的地动山摇。波塞冬尚武强悍，住在海洋深处的金色宫殿。

二是中国海神崇祀形成了极具民众参与性的世俗仪轨。海洋文化与当地民间习俗结合的世俗性仪轨是中国海神崇祀的特色之一。山东沿海对龙王的祭祀仪式主要有第一次出海前的祭海，以及龙王生日、正月、黄道吉日等。日照每年正月初五举行的"敬龙王"仪式，供品中猪脸用刀划一个"十"字，并抹进豆瓣酱，放上两棵大葱，摆上糕点、馒头、水果等。有的渔民还把大红公鸡在船头上杀出血，经船眼流下，叫作"挂红"。待上香发纸之后，船员在船主的带领下，面对大海磕头。①

妈祖崇祭活动因为历代官府的重视和信众广泛，更是逐渐形成一套内容广、仪程多的完备世俗仪轨。农历三月二十三日妈祖的诞辰日、农历九月九日妈祖羽化升天日，各地分灵庙和妈祖信众组织起庞大的进香

---

① 叶涛：《海神、海神信仰与祭祀仪式——山东沿海渔民的海神信仰与祭祀仪式调查》，《民俗研究》2002 年第 3 期。

队伍，到福建莆田湄洲岛妈祖祖庙、贤良港妈祖诞生地举行大典拜祭妈祖。祭典形成了一整套世俗化的典礼，具体规程是：请神、上香、祝文、献礼、乐舞、叩拜、焚香、送神等一系列祭典程序，再进行三叩九拜，最后礼生宣布礼成。其间，还有护送妈祖神像来祖祠谒祖进香等仪式。此外，还有妈祖神驾巡游、妈祖回娘家、妈祖供品制作等诸多民间仪式。文峰天后宫妈祖供品配套和摆序格式相对固定，必备花、果、茶、酒、面、饭等，供品制作有海景，体现出鲜明的海洋文化特色。这些崇祀习俗民众参与度极高，形成了丰富多彩的文化空间，形成中国海洋文化的一部分。

三是中国海神崇祀流播广泛，具有很强的民间动员力。妈祖在古代海上丝绸之路上崇祀广泛，得到船工、海员、旅客、商人和渔民的共同信奉。妈祖在南方被称为"天妃""天后""娘妈"等，山东沿海渔民则称妈祖为"海神娘娘"。山东最东端的部分渔民把渔船归航称为"归山"，因此将妈祖称作"归山娘娘"。[①] 妈祖崇祀以妈祖宫庙为主要活动场所，称为天妃宫、天后宫、妈祖庙、天后寺、天后祠、圣母坛、文元堂、朝天宫、双慈亭、安澜厅、中兴公厝、纷阳殿、提标馆等。妈祖既是航海保护神，也是中国海洋文化认同的具体标志，甚至成为海外华人社会认同的需要。妈祖崇祀的流播最初以东南沿海地区为主，随着海上丝绸之路航路的深入，扩展到海丝沿线国家。郑和推动妈祖信仰向海上丝绸之路沿线传播最为有力，妈祖信仰从明代开始规模化地流播世界各国，其中最为主要的是东北向航线的日本、朝鲜半岛航线。明代以后，日本、冲绳一带开始在船上供奉妈祖神像。南向的东南亚航线上，印度尼西亚、马来西亚、新加坡、菲律宾、泰国等有华人的沿海地区，妈祖崇祀也十分兴盛。以这些国家为中介或由移民传播，妈祖文化越洋传入美国、巴西、秘鲁、墨西哥、法国、英国等地。在南非的开普敦也有当地信徒集资兴建的妈祖朝天宫。妈祖文化所反映的深切人文关怀取得跨国籍、跨地区的文化认同，成为世界华人以及各地部分原住民共同的崇祀。妈祖崇祀以"割香""分灵"等形式流布，传播了中国海洋文化中

---

① 叶涛：《海神、海神信仰与祭祀仪式——山东沿海渔民的海神信仰与祭祀仪式调查》，《民俗研究》2002年第3期。

和谐、博爱的理念。妈祖融入海丝沿线各国的当地，对所在地区的社会和文化生活产生了广泛而深远的影响，具有成规模的动员力。

四是中国海神崇祀持续时间久，间有流变。中国海神崇祀历久不衰，其中许多已历千年以上。在长期的信仰演变中，民众不仅祈求保护航海的安全，而且祈求儿女姻缘、生儿育女、延年益寿等美好理想和愿望，海神的功能趋于多元。由于受航海技术发展、官方推崇变化、海上丝绸之路航线变更等各种影响，有的海神甚至转变为不具海洋文化内涵的一般民间神祇，通远王信仰就是显例。通远王是海上丝绸之路上最初出现大规模崇祀的海神。通远王"善利风雨"又曾显圣于海上，中外船舶随风而至又顺风而去，为出海靠信风驱动的船舶所崇奉。如九日山祈风文化中所述，泉州官员在通远王祠前举行盛大的祈风盛典，祈求船舶顺风顺水地出发及回港。九日山祈风石刻印证了当时通远王信仰之兴盛。元代之后，妈祖逐渐取代了通远王"第一海神"的地位，通远王功能转变为地方保护神。至今，永春祠庙、九日山祠庙已圮。但通远王在泉州仍有信奉，惠安洛阳桥北的昭惠庙香火不断。每年元宵节，洛阳桥上还会举行海神巡境保平安民俗活动，流传至今已有 900 多年。

21 世纪海上丝绸之路建设中，海神崇祀文化特别是妈祖文化将继续成为沿线不同国家和地区间互联互通的纽带。

（四）海上丝绸之路与海洋市镇文化

海上丝绸之路沿线市镇是古代世界海洋文化繁荣发展的主要区域，共同的海洋文化塑造了沿线国家的文化认同感，形成市镇形象标志。海丝沿线市镇是海洋文明发展的载体。这些市镇具有得天独厚的地理禀赋优势，有的面向海洋，拥有漫长的海岸线，成为货物集散地，逐渐演变成港口，如广州、泉州、宁波 3 个主港和其他支线港市镇；有的是海上丝绸之路的中心城镇。它们共同的特点是因海上丝绸之路而兴。虽然其中一部分港口后来因严重淤塞或禁海政策，未能恢复往日的繁荣；一部分商贸中转城市因严厉海禁政策而衰落，退出了海上丝绸之路的贸易通道，但厚重的海洋文化积淀仍有留存。历史上的不同时期，各国商人、旅行家、僧侣及各行各业人员沿海丝来往，会集于这些海洋市镇。海洋市镇充满着异域情调，形成了东西方文明兼容并蓄，千城千面的海洋文化地方特色。

建筑特色是市镇的面貌，也是市镇地方文化的传承和文化内涵的展示，海洋文化市镇更是如此。泉州古称刺桐，泉州濒临东海和南海，又扼晋江下游，以海上丝绸之路上的港口城市闻名世界。在宋元海上丝绸之路的兴盛时期，与100多个国家和地区通商贸易，成为东西方经济文化的聚集地和交汇点。上千年的海外交通史使泉州各大宗教和谐相处，被称为"世界宗教博物馆"。据统计，共有道教、佛教、伊斯兰教、印度教、基督教、天主教、犹太教、摩尼教等相继传入。如此之多的宗教聚集一起，平等相待，自由传道，堪称世界宗教史上的奇观。时人记载，泉州"每个民族都有自己的居住区、寺庙、街道、旅馆、库房"。1326年驻泉州的圣方济各会派安德鲁·贝鲁亚主教给意大利的瓦尔敦主教的信上说，"各种宗教，皆依信仰，自由居住……吾等可自由传道，虽无特别允许，亦无妒忌阻碍。"清净寺是中国现存最早的一处伊斯兰教建筑，在清净寺方圆1千米内，伊斯兰教、佛教、道教、儒教，不同的信仰和睦相处。

海洋市镇的生命力根源于海洋文化交流中形成的个性，中国海洋文化开放和包容，造就了海洋市镇的历史人文景观。海洋市镇的民俗文化也是海洋文化的重要内容。海上丝绸之路连接古今，融合在海洋市镇的衣食住行中。海洋市镇以本土和外来多元文化的交融形成突出海洋文化特色，其传统美食、艺术、节庆活动大多融进了来自海丝沿线国家的多元审美观和生活意趣，是构成海洋市镇文化不可或缺的根脉因素。泉州海外交通史博物馆内展示着体现各国宗教文化的石刻，最大特点是糅合了多种文化的艺术元素。碑文多混合汉字、英文、阿拉伯文、八思巴文、波斯文、拉丁文和古叙利亚文。现存的古基督教石碑在碑额中刻有十字架。十字架以中国传统佛教艺术中的"华盖"、云朵、莲花装饰图案，有些碑还在十字架两侧雕有带翼天使，这是中国海洋文化多元融合的证明。

中国是陆海复合型国家，航道交织。海洋市镇的港口优势与广阔腹地通过江河航道连接，形成一个方便的水上交通网络，完成海洋商业文化向农耕文化的传递。内河航运是海运港口的补充和组成部分，也是海上丝绸之路的延伸。广州、泉州、漳州等海洋市镇与以农耕文化为主体精神的市镇在开放性、兼容性上有很大的差异。海洋文化的发展要素向海洋市镇集聚，也通过海洋市镇进行整合、流布。海洋市镇与腹地的商业流通为海上丝绸之路提供了丰富的物资和广阔的市场，也对海丝沿线腹地的稳定文化起到辐射作用，腹地市镇由此兴盛。海丝腹地不仅农、渔、盐、工、商、贸等多种行业受到海上贸易的正向影响，而且对海洋市镇琳琅满目的洋货以及样貌言语殊异的外国人，腹地市镇在了解和接受中形成了普遍的海洋文化认同，融合为本土文化的一部分。海上丝绸之路上发展出以海洋文化市镇为中心的市镇群，建立起区域内部的文化互动，实现了海洋文化的规模效益。

2014 年，国家新型城镇化规划明确提出的基本原则之一是注重"文化传承，彰显特色"。① 海丝沿线市镇培育文化核心竞争力，最根本的是传承中国与各国友好相处和交流的独特海洋文化。在 21 世纪海上丝绸之路建设中，海洋市镇因为海洋文化特质而具有内在生命力，逐步完善航空口岸、保税物流中心、跨境电商建管中心、国际油价交换站等服务功能，推动航班、班列等实现双向化、常态化的运作。中国海洋文化的人文价值为海丝沿线市镇的未来留下无限发展源泉。海洋文化资产的有效发掘和应用，对区域经济发展特别是贸易支点城镇打造和整体文化产业转型升级极具意义。

（五）海上丝绸之路与海洋移民文化

海洋移民文化是中国海洋文明的重要组成部分。海洋是人类交通的要道。随着海上丝绸之路的逐渐成型，有商人为便于经商，客居东南亚与日本、朝鲜等地。中国海丝沿线地区居民成规模大批移居海外，与海上丝绸之路航路的开辟和商业贸易、文化交流的发展密不可分，形成了海丝沿线独特的移民文化。

中国海洋文化传统是在历史中生成的，海洋移民的动向与海上丝绸之路的产生和发展密切相关。正是经由海上丝绸之路，中外海洋文化得到频繁交流的机会，思想观念也发生巨大变化，郑和下西洋在当时社会中就激起了强烈的反响。汉族是一个安土重迁的民族，向海上丝绸之路

---

① 《国家新型城镇化规划（2014—2020 年）》，《人民日报》2014 年 3 月 17 日，第 9 版。

沿线的迁徙，说明通过长久的经贸往来和文化交流，移民深思熟虑，目的地明确。明清时期，中国封建统治者严加禁止"下海通番"或"遁居海外"，对下海之人视为"盗贼""叛逆"。海洋移民因为政治原因、生存危机、人口压力、地方动荡等因素突破海禁，屡禁不绝，说明中国海洋文化接受了崇尚自由、开拓冒险、开放交流的海洋精神。海上丝绸之路面向海洋开放，使沿海居民有更多的机会接近外来文化。中外商人、水手所讲的异国风情，必然带来心理上投向大陆以外的海洋天地。中国海洋移民对菲律宾、暹罗等海丝沿线国家的物产人情比较熟悉，受其影响也比较多，因此，在生活习惯、心理状态上较容易适应。中国的海洋移民随着海上丝绸之路贸易网络的扩大向大海拓展生存空间，遍布沿线国家，远及欧美。中国海洋移民精诚团结，大都保持了原有的宗教信仰和文化传统，在移居地形成了以同乡、同族、同业为纽带的海外华人社会，促进了中国海洋文化的新发展。

人是文化的载体，海洋移民的迁徙活动，必然带来本土文化与外域文化深层次的交汇与融合。从海洋文化的内涵来看，海洋移民成为中外经济文化交流的重要媒介。中国海洋移民在定居后，重新回归乡土，回馈桑梓，这是中国海洋移民文化的特性。自宋元以来，中国的海洋移民结成的数百年华商网络，始终与故乡命运紧密相连。中国海洋文化观念成为吸引华人华侨海外投资、发展海洋经济的重要力量。海洋移民文化也在侨乡注入外来文化因素，表现在语言、习俗以至思想观念各个方面，增加了中国海洋文化的内容。华侨通过海内外民间机构与国内亲友联系，汇寄家书、钱款的活动而形成"侨批投递"，构成了一条与世界各国连接起来的海上民间信息、金融、亲情通道，反映了华人华侨与海上丝绸之路的密切关系。侨乡更高的经济水平带来更好的生活条件和更高的教育水平，融入到带有海丝元素的生活方式中去。其他信仰海神、民间送船科仪、闽南话的外来语借词和歌谣等民俗也较为普遍。

海上丝绸之路上的移民是双向的，商人们经海上丝绸之路来到中国，在中国经商、传教、留寓、通婚、繁衍。历史上，阿拉伯商人建有"蕃坊"聚居，立有蕃长，并有蕃市、蕃学、蕃宅、蕃仓等设施，形成了移民的条件。至今，泉州散居着5万多阿拉伯人和波斯人的后裔，以晋江陈埭镇的丁姓回族、百崎回族乡的郭姓、散居永春县等地的蒲姓为代表。数百年的民族融合使移民后裔的生活习俗与周边汉族百姓区别不大。永春县的蒲姓阿拉伯移民后裔中，有许多人仍旧沿袭着祖上从海上丝绸之路传入的制香业。

海洋移民文化的兼容性、开放性丰富了中国海洋移民文化的内容。海丝沿线国家和地区华人华侨历来与祖籍地的人文交流和传统亲谊不断，对 21 世纪海上丝绸之路双边贸易、双向投资、金融、人文等领域信心强，预期良好。挖掘侨乡与海丝的紧密联系和历程，激发人们保护海丝文化遗产、热爱家园、传承历史文明的热情，对推进 21 世纪海上丝绸之路具有重要意义。

（六）与海上丝绸之路相关的文学艺术

海洋文化是一种文化现象的集合，融入日常生活中。在中国海洋文明历史进程中，东西方海洋文化的碰撞与交流，不同的艺术作风与古老技法互相熏染陶冶，在诸多的文学艺术领域产生了海洋文化结晶。为商品订制行销而创作的外销画、外销瓷等商业作品，则记录了海上丝绸之路商贸的辉煌历史，也丰富了中外海洋文化。

1. 诗歌、小说等文学作品

诗歌、小说等文艺形式虽然是文学作品，但反映出社会政治、经济、伦理、道德现实和个人思想感情、精神准则。海上丝绸之路不但开辟了海上交通，而且促进了中外各方面的友好往来与和平交流。与海上丝绸之路相关的文学作品反映的空间和时间跨度大，信息量丰富。作家从不同方面展示海上丝绸之路的商业繁华、社会生活、国家关系，也勾勒出海洋文化对中国传统文化产生影响的观念变迁。罗懋登的《三宝太监西洋记通俗演义》和李汝珍的《镜花缘》都描写了作为现实存在的海洋活动。《红楼梦》第五十二回，薛宝琴说自己 8 岁时曾跟父亲到西海沿上买洋货，见到一个真真国里的 15 岁女孩子，形貌、服饰都有着明显的外国美人特征，会讲五经，能作中国诗词。小说来源于现实生活基础，海上丝绸之路通过海外贸易在对外交流中曾产生过很大的影响，出海经办洋货是现实发生的。专家们对于真真国的原型历来看法不一，有的认为指真腊国，有的认为指中亚以至阿拉伯诸伊斯兰教国，有的认为指荷兰，但都是古代海上丝绸之路沿线国家。

有关海上丝绸之路的诗歌众多，时段伴随海上丝绸之路的起始、繁盛和衰落，其中不乏名作。这些诗歌从整体上勾勒出一部海上丝绸之路商品流通与文明发展的历史。海上丝绸之路最早的出发点是广东西部的徐闻，《徐闻谚》中讲道，唐宋时期，中国造船技术有很大的进步，海上丝绸之路各国的来往更加密切，中外贸易也利用此航线异常繁盛。同时，海上丝绸之路带来的经济繁荣为诗歌兴盛提供了雄厚的物质基础和良好的社会环境，万国梯航、异域风情的奇特景象给了诗人不绝的创作源泉和灵感。韩愈所写的"货通狮子国，乐奏粤王台"、刘禹锡所写的"连天浪静长鲸息，映日帆多宝舶来"都表达了对贸易繁盛的自豪感。来自域外的香料、犀角、琉璃、珊瑚等珍奇和"金环欲落曾穿耳，螺髻长卷不裹头"的昆仑奴也是诗人热衷描写的对象。明代郑和下西洋，各国使者纷纷沿海上丝绸之路前来，中外政治经济、文化的交流极盛，这反映到了诗歌创作中。"殊方入贡梯航旧，上国归来冠盖新"就是当时情境之诗。屈大均作为清朝著名的文学家，其《广州竹枝词》中的诗歌在重现十三行历史的细节方面具有诗史价值。屈大均描绘十三行的繁荣景象："洋船争出是官商，十字门开向二洋。五丝八丝广缎好，银钱堆满十三行。"与他同时代的诗人对十三行珍奇货物众多、外国人物往来也多有吟咏，如"香珠银钱堆满市，火布羽缎哆哪绒""饱啖大餐齐脱帽，烟波回首十三行""粤东十三家洋行，家家金珠论斗量"等。

2. 绘画

随着澳门16世纪中叶开埠，传教士带来西方中世纪的绘画艺术。在画家交往和艺术交流中，中国绘画的风格、技法、材料开始发生变更，吸收了西方绘画的透视法和对于光影的明暗处理。很多西方传教士画家经由海上丝绸之路来华，其中有的进入中国宫廷，成为御用画家。最有名的例子就是意大利传教士画家郎世宁，他在康熙末年来到中国，侍奉康熙、雍正、乾隆三代皇帝长达50余年。同时，这些来华西方画家的绘画作品也逐渐适应中国审美观，有意识地削弱明暗对比、高光对比和焦点透视等技法，学习中国绘画的细致渲染，色彩笔触柔和，用皴擦取代阴影的涂染，呈现中西结合的特点。

在商品画领域，自海上丝绸之路来居广州、香港、澳门的西方画家是西方绘画艺术的传播者。1757 年，清政府独许广州一口进行对外贸易，每年都有大量西方商船停泊，广州形成了以十三行商馆为中心的西方人集中地和贸易区。在十三行地区逐渐出现模仿西方绘画技法、风格的艺术商品画。外销画作品为适应民间商业要求而兴起，至 19 世纪中期达到高潮。外销画以油画为主，也包括通草画、纸本水彩画、叶画、玻璃画、扇画、版画等，以当时中国社会风物为题材，分为船舶港口、行商肖像、仕女小像、外销生产、市井风情、花草鸟蝶不同内容。

3. 工艺美术

随着海上丝绸之路的兴盛，手工艺对外贸易也繁荣发展起来。艺人融通中西方美术要素，最为典型是面向外销市场的德化窑瓷器。表现欧洲人生活题材的雕塑作品众多，如商人、家庭妇女、旅行家以及狮子、骆驼、神话里的怪兽等。德化窑烧制的动物儿童玩具流行于英、法、荷等国。漳州窑艺人则在克拉克瓷盘上详细记录下内河及浅海沿岸的小船形象、中式海运大帆船的形象和西洋式大帆船的形象。在器型上，艺人们不断适应西方社会生活方式的需要进行改进。德化窑工按照欧洲商人订制的式样，烧成带过滤的茶壶、带嘴的水罐、咖啡壶、啤酒杯等日用饮食器等。

4. 舞蹈

渔村、商帮、移民群体中经常举行各种敬神活动，表演悦神、娱人的民间舞蹈，以增强海洋社会内部的凝聚力，强化海上活动的群体精神。福建闽南地区的湄州妈祖庙、泉州妈祖庙等地，妈祖迎神、出会都表演民间舞蹈。一般常见的形式有"龙舞""狮舞""高跷"，也有"藤牌舞"这样具有海洋文化色彩的舞蹈。传说藤牌舞来自明代嘉靖年间的海上抗倭名将戚继光所创的藤牌战术鸳鸯阵。戚继光曾在浙江、福建、广东消除海上倭患，功绩卓著，深得当地群众的爱戴，将其藤牌战术练兵的阵法衍变为舞。藤牌舞沿用古曲《得胜令》《将军令》等曲牌，用唢呐、长号以及锣鼓打击乐作为伴奏。舞者为古代士兵打扮，手持藤牌、短刀、长枪等主要道具，队形变化多端，表现"对打""摆阵""偷营""夜战""庆功"等情节。

在 21 世纪海上丝绸之路的建设中，应对海丝文艺创作多加扶持，以精品佳作促进海洋文化。海洋文化寄寓在具体而实际的文化产品中，形式不断创新的艺术精品将展示中国海洋文化的新进步。

三　21世纪海上丝绸之路与中国海洋
　　文化的塑造

（一）　以海洋经济为基础发展21世纪海上丝绸之路海洋文化

习近平在福建、浙江工作时，就曾多次对海洋经济发展做出重要论述，指出发展海洋经济是一项功在当代、利在千秋的大事业。2013年7月30日，他在中共中央政治局第八次集体学习时强调："海洋在国家经济发展格局和对外开放中的作用更加重要，在维护国家主权、安全、发展利益中的地位更加突出，在国家生态文明建设中的角色更加显著，在国际政治、经济、军事、科技竞争中的战略地位也明显上升。"①

海洋经济是海洋文化的物质基础，一个海洋强国的文化需要富有活力的海洋经济来滋养。海洋经济可持续发展是构建21世纪海洋文化版图不可或缺的组成部分，更是中国海洋文化的深厚土壤。同时，海洋文化是海洋经济发展的精神依归，缺乏文化的经济是难以持久的。海洋文化与海洋经济相互渗透、相互促进。当今时代，中国海洋经济的发展空间更加广阔，已成为国民经济发展的新引擎和新支撑，这为海洋文化的发展提供了基础条件。特别是21世纪海上丝绸之路倡议提出5年来，中国海洋经济总量平稳增长，转型升级加速。2015年中国海洋生产总值达64669亿元人民币，占国内生产总值的9.4%，与2015年可比增速

---

① 《习近平在中共中央政治局第八次集体学习时强调：进一步关心海洋认识海洋经略海洋 推动海洋强国建设不断取得新成就》，《人民日报》2013年8月1日，第1版。

为7%，保持略高于同期国民经济增速的发展态势。①

一是加强顶层设计，创新海洋经济综合管理模式。海洋经济结构与布局是海洋经济发展的核心领域与主体内容。中国海洋经济的发展空间和潜力巨大，搞好海洋科技创新总体规划的重点应在深水、绿色、安全的海洋高技术领域。集中力量完善陆海统筹机制，是保障海洋经济健康发展的重要基础，也是实施21世纪海上丝绸之路倡议的体制保障。21世纪海上丝绸之路倡议提出以来，海洋管理体制进行了调整。国家海洋局及中国海监、公安部边防海警、农业部中国渔政、海关总署海上缉私警察的队伍和职责进行了整合。重新组建国家海洋局由国土资源部管理，主要职责是拟定海洋发展规划，实施海上维权执法，监督管理海域使用、海洋环境保护等。

二是深入调整海洋油气勘探开发、海洋渔业、海洋船舶工业等传统产业。随着陆地资源的不断枯竭，海洋已成为能源开发和经济发展的又一重要开拓领域。2015年，海洋渔业生产稳定，全年实现增加值4352亿元，比2014年增长2.75%；海洋生物医药业发展迅猛，全年实现增加值302亿元，比2014年增长16.3%。近年来，受国际经济形势影响，在经济新常态下国际航运运量减少。以21世纪海上丝绸之路倡议的推进为契机调整行业结构，培育品牌的竞争力和影响力成为必然。

三是"海上丝绸之路＋"的概念推动海洋资源供给从生产要素向消费要素转变，发展新兴产业和服务业。2015年，中国海洋经济三次产业结构实现5.1∶42.5∶52.4，21世纪海上丝绸之路倡议的实施为海洋自然风光资源、海洋历史人文资源、海洋文学艺术资源、海洋风俗资源、海洋饮食文化资源、海洋生物和生态资源、海洋文化节庆资源以及海洋科技资源提供了深入开发的契机。战略性新兴产业成为海洋经济发展的新热点。通过科研机构的创新带动，实现产学研结合，出现了一系列海洋高新技术产品，如海产品加工操作机器人、海洋3D打印等。

在"海上丝绸之路＋"的概念下，海洋经济服务业作为最具海洋文化扩散效应的交流形式蓬勃发展。5年来增长势头显著，成为带动海

---

① 《国家发展改革委国家海洋局联合发布〈中国海洋经济发展报告2016〉》，《中国海洋报》2016年9月28日，第1版。

洋经济的重要增长点。2015 年海洋经济服务业实现增加值 10874 亿元，比 2014 年增长 11.4%。其中邮轮游艇等新兴海洋旅游业态借助"海上丝绸之路"品牌走向多元化，发展尤其迅速。2015 中国海洋创客节，组织了无人机、无人船展演等活动，展览与海洋科技有关的创意与技术设计创新的最新产品。涉海金融服务业是海洋经济的重要方面。特别是对海洋海水淡化、海洋矿业、海洋新能源、海洋油气化工和生物医药等新兴产业等，创新模式层出不穷，信贷产品不断创新。

（二）加强 21 世纪海上丝绸之路沿线海洋基础设施建设

进入 21 世纪，人类进入整体开发、利用和保护海洋的新时代。从重要通道来看，海洋是中国开放型经济持续快速发展的重要支撑。21 世纪海上丝绸之路的受益地区是全局性的，不仅促进中国的经济改革、产业升级创新，而且旨在对沿线国家和企业的经济注入强大的增长潜力。沿线海洋基础设施建设，不仅促进沿线国家的经济繁荣，为当地提供就业机会，而且对世界经济资源有效配置产生影响力。中国对外贸易 90% 的运输量是通过海上运输完成的。中国港口货物和集装箱吞吐量均居世界第一位，拥有世界上最大的集装箱船队。2015 年通过希腊比雷埃夫斯港的商务集装箱达 335 万箱，其中 300 万箱来自中远集团。21 世纪海上丝绸之路建设为海洋文化的发展创造新的发展机遇。中国与海丝沿线国家加速发展战略对接、深化海洋合作，正在迸发出巨大的发展合作潜力，走上一条互利共赢的共享之路。

21 世纪海上丝绸之路倡议提出 5 年来，中国综合考量国际政治、地缘政治和经济等因素，把自身海洋文化发展同周边国家更紧密结合起来。中国欢迎各方依托经济走廊建设布局，搭乘中国发展的快车、便车，推动各国实现海洋发展战略的对接。海丝沿线国家和地区的加速融合发展，对基础设施建设和产业合作有着巨大需求。目前中国与海丝沿线国家海上运输服务覆盖面广大，海陆空全方位、多层次交通基础设施的布局为交流合作提供了重要支撑和良好基础。在此过程中，海洋文化借助沿线国家的发展需求和相对优势，实现文化"走出去"。海丝沿线口岸依据不同的要素禀赋发展，地缘文化潜力得到较大提升。

希腊地处欧洲、亚洲与非洲三大陆的交接处，成为亚洲通往欧洲的最佳通道。2016 年，中国远洋运输集团与希腊国家私有化委员会签署协定，收购希腊最大港口比雷埃夫斯港务局 67% 的股权，作为中希合作的龙头项目。比雷埃夫斯港位于希腊雅典西南约 10 千米，自古就是希腊重要的港口，是通往欧洲的南大门。根据协议，购买比雷埃夫斯港经营权协议的总价值达 15 亿欧元。通过中远集团此次投资，希腊成为 21 世纪海上丝绸之路的欧洲首站，打开中国与西方世界、亚洲与欧洲之间的贸易通道。中远的目标是将比雷埃夫斯港口打造成地中海最大的集装箱转运港、海陆联运的桥头堡，成为 21 世纪海上丝绸之路合作的重要支点，在未来几年内将集装箱运输量提升至 700 万箱。比雷埃夫斯港在欧洲至地中海地区的排名已经上升至第 3 名，世界排名也从 2010 年的第 89 名上升至第 39 名。① 自 2016 年 8 月开始，中国远洋运输集团接管经营比雷埃夫斯港口有限公司，港口航运繁忙，成为希腊主要货物进出口中心，在海丝物流链上独具地位。

亚投行和丝路基金为"一带一路"沿线国家和地区的基础设施建设、资源开发、产业合作等有关项目提供投融资支持，海丝沿线各国广泛响应和积极参与。以亚投行、丝路基金为代表的金融合作不断深入，推动一批有影响力的海洋文化标志性项目逐步落地。据亚洲开发银行测算，2020 年前亚洲地区每年基础设施投资需求高达 7300 亿美元。海洋基础设施投资需求旺盛，开展互利合作的前景非常广阔。亚投行和丝路基金的投入运营，为海洋基础设施建设、资源开发、产业合作等有关项目提供投融资支持。

（三）自觉弘扬中国海洋文化

21 世纪海上丝绸之路倡议的提出充分体现了中国在新历史时期的海洋观，标志着中国对海洋的认识有了新视野，达到了新高度。倡议将 21 世纪的时代需求与挑战融入海上丝绸之路原有的核心价值中去，发展了世界海洋文化。全面推进 21 世纪海上丝绸之路倡议，需要深刻认识海洋文化的历史内涵，重视海洋文化在中国与周边国家政策沟通、设施联通、贸易畅通、资金融通、民心相通中的作用。

---

① 《希腊成为海上丝绸之路欧洲首站》，《中国民商》2016 年第 10 期。

　　海洋发展是一个具有全局性、前瞻性、战略性的重大理论和实践问题。习近平总书记指出，建设海洋强国是中国特色社会主义事业的重要组成部分，对实现全面建成小康社会目标、进而实现中华民族伟大复兴都具有重大而深远的意义。建设海洋强国，创新海洋文化制度的能力必不可少。尽管中国的经济总量已经上升到世界第二位，但中国的海洋文化软实力相对不足。因此，海洋强国建设，不仅包括港口、航运等硬件建设，而且包括制度建设、话语建设、人才建设等。要始终弘扬中国海洋文化的核心价值观。古代海上丝绸之路承载的和平合作、开放包容、互学互鉴、互利共赢精神是贯穿古今的资源。沿线国家和地区既是丝绸之路的受益者，也是丝绸之路发展的贡献者。推进 21 世纪海上丝绸之路倡议，必然面临沿线国家的文化隔膜与政治疑虑。由于有西方国家利用海洋殖民扩张的历史在前，在我们的调研中，不少沿线国家的民众有着被掠夺的惯性思维和殖民恐惧，海洋文化是个敏感话题。再加上别有居心的西方媒体渲染"中国海上威胁论"，以西方海洋文化观解读中国 21 世纪海上丝绸倡议，以此论证中国崛起后必然像西方一样殖民、扩张和称霸。因此，要注意宣传中国的海洋文化和海洋历史。

　　如果了解中国海洋文化和古代海上丝绸之路的历史，追溯中国与沿线国家海洋文化交流的历史，就会了解中国海洋文化与西方海洋文化大相径庭的思维方式。中国海上丝绸之路的历史表明，中国的海洋文化讲求与自然和谐相处，具有和平理念和开放共享的胸襟，对其他文化尊重吸纳，求同存异。中国人所理解的海洋文化，有着多种理解途径和发展模式，今天的 21 世纪海上丝绸之路倡议也无意改变沿线国家的发展目标和发展道路，而是以新的海洋发展模式来推动沿线地区的互利共赢。沟通、交流、互信的海洋合作是海上丝绸之路发展方向之一。如深圳港已与德国汉堡港、加拿大哈利法克斯港、比利时安特卫普港、哥本哈根—马尔默港、比利时泽布鲁日港、荷兰鹿特丹港、马来西亚巴生港等 19 个国际知名港口建立了友好港关系。通过与各友好港的信息与服务对接，深圳港口链已初具规模，链条通达世界各大洲。①

　　结合 21 世纪海上丝绸之路的推进，还需要打造海洋文化精品，加

---

　　① 《深圳港口链雏形初现》，《中国水运报》2016 年 10 月 28 日。

大海洋文化推介。中国海洋文化内涵丰富，文艺载体可以活跃民间沟通交流，将中国海洋文化的形成过程、特征状况、发展规律通过媒介特别是主流媒体的传播，较为直观而形象地反映出来。福建省歌舞剧院创作演出的大型多媒体主题音画《丝路梦寻·海》与《丝路梦寻·陆》共同组成舞剧《丝路梦寻》，艺术地再现了800年前泉州港商船竞发的壮观场面和中外交流的繁华景象。舞剧是在20世纪90年代初舞剧《丝海箫音》基础上改编创排而成。《丝路梦寻》内容是泉州刺桐港一家两代水手远航西亚国家的航海故事，以福建的闽南元素为主，适当增加海上丝绸之路沿海省份元素，以及周边国家元素，充分展现海上丝绸之路丰富中国海洋文化，沟通各大洲商贸往来，维系东西方文化交融的历史地位。①

习近平主席提出21世纪海上丝绸之路倡议，受到了国际社会的广泛关注，特别是受到了海丝沿线政府和人民的普遍赞同与积极支持。海洋文化的互融需要发展海丝沿线地区有特色的海洋文化企业，通过共建海洋文化，无疑可以成为推动中国与沿线国家建立伙伴关系的一把钥匙。因此，有必要采取海洋文化的新视角来统领海丝文化工程建设，结合21世纪海上丝绸之路倡议，与沿线各国在传承发展海洋文化领域展开广泛的合作，这也是时代赋予海洋文化的重要内容与使命。

（四）提倡海洋文化教育

海洋在中华民族伟大复兴历史进程中具有关键性地位，海洋意识是海洋软实力的重要体现。在21世纪海上丝绸之路建设中，有效普及民众的航海意识和海洋知识，培养海洋文化意识，不仅是维护国家主权的重要组成部分，而且是海丝沿线民众民心相通不可或缺的一部分。培养海洋意识，首先需要中国海洋文化历史教育。海洋文化是一切与海洋有关的文化，是人类认识、开发和利用海洋的过程中所创造的精神财富和物质财富的总和。在中国海洋文化的形成与发展中，海上丝绸之路起着关键作用。对21世纪海上丝绸之路的历史认识根基在对中国海洋文化

---

① 《大型舞剧〈丝海梦寻〉国家大剧院上演》，光明网，http://culture. gmw. cn/2014 - 08/26/content_12806492. htm，2014 年 8 月 26 日。

史的认识上。中国海洋文化为海上丝绸之路复兴提供了思考和借鉴，重新审视中国海洋文化的嬗变轨迹显得尤其重要。中国海洋文化的发展历经了漫长的历史时期。古代中国的海洋文化的崛起辉煌，近代中国海洋文化衰落和教训，都是当代中国海洋文化复兴的渊源。海权的兴起则给海洋文化增添了海洋意识的要求。海洋权益维护、海上力量发展等观念也应当普及。这是解决海洋人才奇缺、科技创新动力不足等问题的长远之计。

其次是海洋生态意识的宣传普及。21世纪海上丝绸之路倡议的提出，引起了人们对海洋文化的关注，了解海洋、重视海洋越来越成为沿线地区的社会氛围。从整体上来看，中国国民的海洋意识仍然非常薄弱，对这方面知之甚少，难以适应国家海洋强国建设的需要。这有当前在海洋意识宣传、教育和普及方面存在的问题。超越停留在一般意义上的号召，真正有效地构建中国当代海洋生态意识，要充分利用好大众传媒这一重要平台，更好地发挥在国民海洋生态意识建构中的重要作用。此外，夯实经略海洋的社会基础和文化基础，促进海丝沿线地区航海文化和航海技术的合作交流，对中国海洋文化也是一种提升。要有重点地建设海洋保护区、海洋公园等海洋生态环境科普教育基地。建立完善公众参与机制，提高公众投身海洋生态文明建设的自觉性和积极性，努力形成关心、珍惜、保护海洋生态环境的良好氛围，在全社会牢固树立海洋生态文明理念。

小　结

　　纵观海上丝绸之路的文化历史，可谓中国海洋文化成熟发展的历史标志。中国海洋文化是中华文明的重要组成部分。在长期的发展过程中，中国海洋文化还具有"和谐""和平""乐享""友好"的核心价值观。"和谐"代表着人与海洋、陆地与海洋关系的价值理念；"和平"表达的是处理不同国家间关系的行为准则；"乐享"是中华文化与不同文化融合共生的基本原则；"友好"是情感互动的途径。这些特征源于几千年来中国海洋文明本身发展的逻辑，是理解海洋文化在今天生生不息脉搏的要义。中华海洋文化传统伴随海上丝绸之路的兴起而不断滋育、传播。21世纪是海洋的世纪，中国提出的21世纪海上丝绸之路倡议呼应了这一时代的召唤，已经显现出巨大的号召力和发展力。以21世纪海上丝绸之路为中心，在全球化视野下充分有序地发掘海洋文化资源，合理有效地展示21世纪海上丝绸之路的文化形象，成为中国文化发展的主题之一。

第 六 章

21 世纪海上丝绸之路文化安全研究

中共十八大以来，国家安全工作被提上重要议程。习近平总书记在提出总体国家安全观时，要求准确把握国家安全形势变化新特点新趋势，坚持总体国家安全观。从理论上来说，国家安全既包括政治安全、军事安全、社会安全等传统安全要素，也包括经济安全、文化安全等非传统安全要素。具体到 21 世纪海上丝绸之路建设中的文化安全，也是各种传统安全挑战和非传统挑战交错叠加。

一　21 世纪海上丝绸之路建设中文化安全的特征

（一）维护 21 世纪海上丝绸之路建设中文化安全的意义

习近平总书记将文化安全视为"走出一条中国特色国家安全道路"① 的保障。认识文化安全，并在文化开放中维护文化安全，是在全面深化改革背景下建设社会主义文化强国必须解决好的重大课题，也是建设 21 世纪海上丝绸之路的题中应有之义。21 世纪海上丝绸之路沿线国家历史现实状况复杂，在文化安全上主要体现为受"中国威胁论"影响，希图制衡中国、干扰中国的因素威胁较大。在 21 世纪海上丝绸之路文化发展繁荣中厘清文化开放与国家安全的内在关系，充分理解文化安全的内涵和外延，认识提高文化开放水平与维护国家安全，包括文化安全的关系十分重要。

文化实力是文化安全的基石和最终决定因素。21 世纪海上丝绸之路建设面临信息日益全息化的环境、人口流动加快的频度、文化多样性丰富的类型，都要求警惕西方中心论的文化霸权及中国威胁论的话语霸权，保护中国本土的文化安全，特别是与文化安全紧密相关的国家安全，抵制各类境外敌对势力文化渗透，这是不可回避的理论和实践难题。在 21 世纪海上丝绸之路建设中，文化被置于经济和政治的环境之中，处处同政治和经济交织。以西藏地区为例，经过 5 年的创新实践探

---

① 《坚持总体国家安全观 走中国特色国家安全道路》，《人民日报》2014 年 4 月 16 日，第 1 版。

索，"一带一路"倡议的对外开放中，西藏西北方向与"丝绸之路经济带"相对接，正南方向与"21 世纪海上丝绸之路"在南亚沿海地带交汇。对内连接方面，通过青藏铁路、京藏公路、新藏公路、川藏公路等与丝绸之路核心区域四川、青海等地经贸联系密切。西藏以高度的文化自觉和文化自信，已经形成了一系列行之有效的把握文化安全的政策措施。如将巩固中国共产党的执政地位，维持西藏文化的繁荣发展作为硬任务和第一责任来抓，实施网络、手机真实身份登记；通过"文化下乡"等活动的深入开展，构建和谐的民族关系，以文化为突破口为国家安全提供强大的思想基础、组织基础和社会基础；对民族干部群众加强民族理论与民族政策、国情区情的宣传教育，对国家政策进行深入浅出、群众喜闻乐见的宣传，增强群众的政治敏感性、政治鉴别力、政治定力等。

（二）以文化开放促进文化安全

文化的开放是新一轮开放必须具备的前提条件之一。21 世纪海上丝绸之路着眼于东西互济、陆海联通的全方位开放格局，其中也包括推动文化的交流合作。中国共产党十八届三中全会提出了"提高文化开放水平"的重大任务，同时强调"切实维护国家文化安全"。① 在文化开放的条件下，维护文化安全是一项系统工程，对传统文化的继承与扬弃构成文化安全的坚实基础，社会主义先进文化的构建构成文化安全的保证，在文化开放中对国外文明成果交流与融合是文化安全题中应有之义。海上丝绸之路文化的吸引力和发展动力在于不断吸纳其他国家和民族的优秀文化，使多元文化兼容并蓄，并不断加以创新。因此，应当避免将文化开放与文化安全相对立的思想倾向，以文化开放为立足点维护文化安全。对于海丝沿线国家和地区来说，文化交流是长期的、和平的，并可增进各国人民的互相了解与互相信任，相互吸收各国的优秀文化传统，促进不同文明的和谐对话。

文化开放与文化安全绝不是一对矛盾的关系。恰恰相反，如果处理

---

① 《中共中央关于全面深化改革若干重大问题的决定》，《人民日报》2013 年 11 月 16 日，第 3 版。

得当，文化开放将与文化安全相辅相成，共同构筑21世纪海上丝绸之路文化发展繁荣的大舞台。文化开放促使国内法规、体制、机制的改革和创新，积极适应沿线国家文化领域的实际情况，提高文化服务实体的效率。文化开放绝不是洪水猛兽，可怕的是文化开放之后的文化安全措施无法配套跟上。这就需要夯实民族优秀文化自信心，处理好21世纪海上丝绸之路倡议实施中的文化开放统一筹划与历史地缘的关系；处理好沿线地区互联互通和文化安全协调的关系；处理好鼓励国际、区际开放与防止内外部敌对势力相勾结的关系等。

（三）文化安全的多元性

习近平总书记在谈到"走出一条中国特色国家安全道路"时，强调贯彻落实总体国家安全观，既要重视传统安全，又要重视非传统安全。① 21世纪海上丝绸之路的文化安全既包含政治安全、军事安全、经济安全等传统安全因素，也包含网络安全、宗教文化安全等非传统安全因素。文化安全与政治安全、经济安全、环境安全、信息安全有着广泛的联系，存在着力的同构关系。② 在倡议的推进中，对不同性质的文化安全的组成要素进行辨析，有利于拓展海丝文化发展途径，加强对海丝文化安全的维护。

建设好21世纪海上丝绸之路是对中国文化安全的保障之一。首先，文化安全需要和平稳定的环境。从国际和周边来看，由于重要的地缘战略地位，欧亚地区历来是国际政治舞台的中心，各大国都非常重视在此扩大影响。21世纪海上丝绸之路倡议可能建立的文化共享的区域新秩序，可以打乱美国亚太再平衡战略的部署，为中国等发展中国家的国际文化安全创造新的体制环境，保障文化交流通道安全。其次，维护21世纪海上丝绸之路的文化安全，最关键的是相关各国以全面合作精神打造互利共赢的"利益共同体"和共同发展繁荣的"命运共同体"。海丝沿线的国家和地区，因自然环境和历史环境的不同形成了各自独特的文

① 《坚持总体国家安全观 走中国特色国家安全道路》，《人民日报》2014年4月16日，第1版。

② 胡惠林：《中国国家文化安全论》，上海人民出版社，2005，第18页。

化。全球化的时代中，经济不仅是物品的交换活动，而且包括文化价值的传播和交融。在这一过程中，发达国家在经济上的优势所形成的文化强势，将影响发展中国家的文化状况，可能形成文化依附。最后，在海丝沿线国家的文化安全挑战中，非传统安全要素十分突出。沿线国家和地区在传统的对外关系、区域安全局势、国内政治秩序的考量之外，经济发展模式以及历史轨迹、文明取向等多个方面存在多元复合性。环保合作、医疗卫生合作、安保合作等对非传统威胁的应对，对促进不同种族、不同文化的沿线国家共享和平、共同发展的追求，增强民众对国家间关系与政策选择的理解，增强文化交流的民众基础都深具意义。

二 21世纪海上丝绸之路建设面临的文化安全问题

文化安全是推进21世纪海上丝绸之路建设中极为重要的部分。文化沟通对21世纪海上丝绸之路构建意义重大，关系到人心向背对倡议长期有效实施的影响。倡议提出5年来，沿线不少国家和地区对文化安全的保障作用取得共识，共同期望建立一个维护包括文化安全在内的安全合作架构。

（一）意识形态安全

对于中国而言，21世纪海上丝绸之路的文化安全首先在意识形态安全，也就是国家基本价值观的安全。这关系到中国国家政权的稳定，没有稳定的国内政治经济局势，21世纪海上丝绸之路倡议无从谈起。21世纪海上丝绸之路倡议的意识形态领域文化安全问题具有紧迫性、复杂性和长期性。

第一，在建设21世纪海上丝绸之路过程中，西方个别国家有目的地加大对中国的意识形态渗透，是最直接的文化安全挑战。这在海上丝绸之路沿线国家已有先例，伊斯兰宗教问题的矛盾激化，非洲国家的政权更迭，其后都有美国及其他西方资本主义大国推行的新干涉主义的影子。一些西方国家还以武力支持、资金扶助等方式，打着"民主自由"的幌子，培植分裂势力，在南海、台湾等问题上屡生事端。

同时，也有一些攻击中国社会主义形态和中国共产党领导的声音。应对这些安全挑战，维护意识形态安全，要落实到维护社会主义政治安全的高度上，维护社会主义意识形态在全社会主流的引导地位。意识形态安全的挑战具有隐蔽性、间接性的特征，特别是西方文化优越论为中心，在整个社会的价值取向上以思维方式、文化消费、生活方式为突破点，进行潜移默化的影响。因此，应对 21 世纪海上丝绸之路倡议的意识形态挑战，必须强调中国特色社会主义的核心价值。中国特色社会主义是中国人民的共同事业，中国特色社会主义道路是解决中国发展问题的根本道路，这已经为历史和现实所反复证明。冷战结束以来，类似历史终结论、民主社会主义、文明冲突论的论调，实质都是把资本主义价值观普遍化，以此分化、西化社会主义的意识形态。国内也出现了形形色色的新自由主义、历史虚无主义、淡化意识形态思潮，为中国特色社会主义的发展也包括 21 世纪海上丝绸之路倡议的推进制造干扰和杂音。

第二，美国 2013 年开始实施"亚太再平衡"政策，从安全角度看，中国显然是"再平衡"的主要对象。在此背景下，某些西方势力以抹黑 21 世纪海上丝绸之路的内外形象为目的，打着"还原历史"的旗号，通过各种方式抹黑中国形象，另类解读海上丝绸之路的历史，误读、曲解 21 世纪海上丝绸之路倡议。最常用的手段是将久已有之的"中国威胁论"与 21 世纪海上丝绸之路倡议相联系抛出话题，将中国塑造为海丝沿线国家威胁者的形象。目的在于从民心根基上干扰沿线民众对 21 世纪海上丝绸之路的认同，消解对倡议未来发展的信心。他们直接挪用西方历史的某些概念，套用到海上丝绸之路的历史之中予以比附，或歪曲史料，或断章取义，反复强调朝贡贸易的中国中心主义，甚至无限夸大一些历史礼俗细节，解构古代海上丝绸之路是一条和平道路的事实。凡此种种，都意在削弱 21 世纪海上丝绸之路倡议的文化基础和经济文化交流的民意基础。

21 世纪海上丝绸之路倡议提出以来，得到了国际社会高度关注，沿线国家和地区民众思想活跃多元。沿线各国意识形态有着巨大差异，但存在可以相互包容的文化基础和政治基础，那就是政治上的互信，文化上的互通，这已经为 21 世纪海上丝绸之路倡议提出 5 年来的实践所证明。因此，在 21 世纪海上丝绸之路倡议实施中，主要应通过增强对海丝文化的认同，体现其文化精神的方式应对文化安全挑战。海丝文化是沿线各国共有的精神家园。对海丝文化的认同既包括对各国共同合作创造的整体海丝文化的认同，也应与时俱进地包括对 21 世纪海上丝绸之路的认同。通过各类文化产品，增进沿线各国民众对中国海洋文化的价值了解，确立起21世纪海上丝绸之路倡议的文化结构，使海丝文化成为21世纪海上丝绸之路实施的强大精神支柱。

应对中国特色社会主义核心价值观的文化挑战，对内要通过各种方式使人民认识到中国特色社会主义理论是具有科学性和真理性的理论体系，认识到中国特色社会主义制度具有不可比拟的优越性，是适合中国国情的发展道路选择，从而夯实中国特色社会主义的共同理想信念。对海丝沿线国家，一方面要胸怀大局，因势而谋。对攻击中国社会主义制度的话语和行为及早警惕，联合媒体、学界等综合力量，给予回击。说明中国特色社会主义道路是历史的必然选择，也是保证中国稳定，贡献世界和平发展的主要力量。另一方面则要应势而动，顺势而为。保护海丝文化的美好声誉，通俗地讲好中国故事，占领海丝文化高地，获得沿线大多数民众的理解。同时，随着倡议的深入，建立起一套以"和平、发展、合作、共赢"为核心的21世纪海上丝绸之路价值体系，以构筑战略互信。冷战思维和遏制传统大国崛起的惯性思维，西方资本主义国家把中国对"一带一路"的首倡视为挑战和威胁，利用其经济和文化的全球产业链，以其优越的传播技术进行诋毁。因此，要向沿线民众说明21世纪海上丝绸之路倡议不是地缘政治的工具，不能用过时的冷战思维去看待。中国不搞意识形态的输出，21世纪海上丝绸之路倡议也不强加政治条件。

（二）经济文化安全

经济文化安全是21世纪海上丝绸之路文化安全的有机组成部分。经济文化具有丰富复杂的内涵，属于总体国家安全的范畴，是指在经济发展过程中，围绕一国经济运行制度和方式所形成的文化观念、历史传统、价值准则体系。文化作为人类物质生活和精神生活的产物，与一国政治制度的基本方向和价值取向密切相关。2008年以来，国际金融市场反复大幅波动，新兴市场增速回落，全球物价上涨和通胀压力加大，沿线国家普遍贸易持续下滑，经济低迷震荡，前景尚不明确。经贸领域是沿线国家最容易取得共识的优先领域，也是倡议预计的早期收获领域。通过1992—2014年贸易强度指数、行业内贸易指数、出口相似度指数、显示性比较优势指数等指标对中国和海上丝绸之路沿线国家的贸易结构、贸易关系紧密程度、行业内贸易以及贸易竞争性的演变的研究也充分证明了这一点。双方的出口产品结构升级明显，贸易紧密程度不断变化，行业内贸易水平经历了先上升后下降的过程。2013 年以来，在总计 66 个行业中，仅有 7 个行业存在明显的出口竞争关系。① 因此，经济竞争和贸易摩擦并不是经济文化安全中最主要的部分。

21 世纪海上丝绸之路建设的经济文化安全问题主要体现在对中国经济制度和经济前景的质疑。5 年来，西方媒体不断推出有关"中国经济崩溃""人民币崩溃""实体经济崩溃""中国经济硬着陆"的论调，焦点直指中国以公有制为主体、多种所有制经济共同发展的基本经济制度。具体到 21 世纪海上丝绸之路倡议，则认为这是中国难以在现有经济制度框架内实现国内经济结构转型，通过倡议对海丝沿线国家进行传统产能输出，从而规避本国经济危机。21 世纪海上丝绸之路"中国经济威胁论"与"中国经济责任论"也是近年来提得较多的，这两种言论是在旧论调加上对 21 世纪海上丝绸之路推进的有意误解。一是将海丝沿线国家经济复苏乏力和有的国家产业空心化的原因强行归咎于中国，要求中国通过 21 世纪海上丝绸之路的建构承担起沿线国家经济失衡的责任。二是认为中国大规模投资基础设施，海丝沿线发展中国家将对中国形成经济依附，形成海上丝绸之路版的中心—边缘格局。中国企业的竞争力超过沿线国家当地企业，成为沿线国家商贸及投资中最强大的参与者，极易导致当地厂商破产与工人失业。

21 世纪海上丝绸之路的经济外交接连推出了打造中国—东盟自贸区升级版、亚洲基础设施投资银行、孟中印缅经济走廊、中巴经济走廊、设立丝路基金等一系列重大合作倡议。沿线国家大多为发展中国家，经济水平参差不齐，市场经济体制机制成熟度不一。不同程度地存在主要市场单一化、发展规模受限、行政效率较低等问题。诸多文化安全挑战与机遇同在，体现在沿线地区的多种经济活动中。未来将出现更多海上丝绸之路支点城市，形成沿线国家资金链，推动人民币国际化，

---

① 叶刘刚：《中国与海上丝绸之路沿线国家的贸易演变：1992—2014》，《东南亚研究》2016 年第 4 期。

文化安全愈益重要。比如说，有些国家的通关效率低、企业营运成本高。有些国家长期存在争端，如马来西亚和菲律宾之间的沙巴争端，柬埔寨和泰国之间的柏威夏寺争端，还有屡兴的南海争端等。此外，文化差异壁垒造成的品牌、产品和服务缺乏文化认同也是21世纪海上丝绸之路建设的阻碍之一。

应对21世纪海上丝绸之路建设中的经济文化安全挑战，一是对中国经济文化保持自信心，夯实中国国内经济文化的基础。2008年美国经济危机波及全球经济，近年来，欧美国家还在经济危机中震荡，复苏乏力。中国积极调整政策，在步入经济发展新常态中重新定位自身，积极转变经济发展方式。中国取得巨大经济成就的同时，随着社会主义市场经济体制的深化和对外交往的扩大，各种社会问题和矛盾叠加凸显。经济发展不平衡，区域、地区发展不平衡，还存在一定的贫富差距等，这都是需要正视的。但这绝不意味着社会主义基本经济制度的消解。在21世纪海上丝绸之路的建设中，中国经济体制既要实现操作面上和各国的共赢，也要继续深化改革，发掘内部的制度优势。唯有如此，才能真正成为海丝沿线经济带经济增长、科技进步乃至社会进步的发动机。中国现有的所有制形式是适应中国国情的历史选择。改革开放以来，国有经济经过战略性改组和布局调整以后，效益明显提高。在21世纪海上丝绸之路的建设中，以公路、铁路、油气管道、网络通信设施建设为代表的国有企业发挥了重大作用。建立中国经济文化的正面形象，不能一味只注重投资的经济效益，还应综合考虑投资给当地带来的文化效益，及时化解出现的文化矛盾，使得沿线的当地民众真切感受到中国的投资实实在在是为了促进当地发展。可以说，21世纪海上丝绸之路建设有利于中国海权经济权益的维护，贯通海上丝绸之路的文化观，本身就是一项维护经济文化安全的举措。目前来说，维护中国经济文化安全的首要在于改革，21世纪海上丝绸之路倡议面临金融业的高度垄断和金融市场价格扭曲。随着倡议的深入，金融风险上升是必然的。因此，提高金融配置效率和人民币国际化进程都是倡议需统筹探索的领域。

二是重视经济发展对21世纪海上丝绸之路制度建设的促进作用，循序渐进地向海丝沿线国家引入一个全新的经济文化视角，夯实推动国家发展、经济复苏的共同诉求。全球化的时代，人类社会的相互依存与风险共担在经济上的表现最为明显。在推动互联互通理念的基础之上，有必要对 21 世纪海上丝绸之路倡议是沿线各国共享的经济体系这一特点加以说明。习近平主席提出的中国梦秉承自中华人民共和国成立以来所奉行的永不称霸的外交政策原则，中国梦与世界梦、海丝梦交融。这需要向沿线国家民众反复申明并以惠及大多数百姓的实践证明。中国现在是沿线一些重要经济体的主要贸易伙伴，同时也通过投资对当地基础设施、港口业、农渔业等发挥着关键作用。基础设施的建设周期长，资金需求量大，大多是在一些偏僻落后的地区，政治文化风险成为中国企业面临的主要风险。

21 世纪海上丝绸之路倡议为沿线发展中国家的国际经济安全创造出新的体制环境。对于经济文化壁垒，应力图最终通过对话和交流来解决，防止贸易保护主义和民粹主义抬头。2008 年世界经济危机以来，在中国与东盟自贸区关系问题上，由于本来长期保持对中国贸易顺差的一些国家变成了逆差，东盟一些媒体要求政府设置针对中国的暂时关税措施。这些新动向需要及时了解，迅速解决，以免影响海上丝绸之路倡议建设的经济文化安全。

海丝沿线国家经济活动面临不少商业文化风险，企业需要在政治风险和经济利益之间取得平衡。宏观来说，应加强直接针对民间的战略性社会投资和亲和力公关，以更加开放的政治和商业姿态，扩大利益相关者的范围。微观来说，市场规则应在民众、政府、反政府武装等各方利益的博弈中真正发挥基础性避险功能。做好在沿线国家的保险服务布局，扩大覆盖面，提高服务能力，使企业主体参照国际基本原则和通行做法获得对冲风险的保障。政府的功能主要在发挥政策性保险机构的作用，引导企业与专业法律服务机构、风险保障平台进行合作。对当地基于宗教、民族、家族的组织和网络提前做好风险提示、制定风险处置流程、开展境外投保等。具体来说，包括加大中国出口信用保险公司和多边投资担保机构的政治风险担保机制的宣传；增强企业运用政策工具抵御境外投资风险的能力，协助企业获得适当的承保；建立行业建构企业、行业协会民间团体与相应实体或机构的互保机制，分摊经济活动的文化风险等。措施上采取降低费率、扩大覆盖面、创新保险产品、提升理赔效益等。

三是应对具体的经济文化风险。经济瞬息万变，风险随时可能发生，这就需要做好预案，联合沿线各国，形成较为透明的预测体系。如外贸虚假出口风险，在每年的岁末年初都会集中出现。2016 年 1 月中旬，海关总署发布 2015 年 12 月进出口数据，进出口总值为 2.48 万亿元人民币，下降 0.5%。其中出口值为 1.43 万亿元，增长 2.3%；进口值为 1.05 万亿元，下降 4%；贸易顺差为 3820.5 亿元，扩大 24.7%。①从该数据可知，在进出口总值同比下降的前提下，贸易顺差有较大幅度的扩大。但对照观察其他数据，如 2015 年 12 月海关总署编制的中国外贸出口先导指数为 31.2，比 11 月回落了 0.8，这显示外贸态势并未有大的改观，仍呈现疲软，与外贸顺差的大幅增长之间存在差异。2015年 12 月，被普遍视为国际贸易晴雨指标的波罗的海贸易海运交易所干散货运价指数连续下跌，全球经济景气仍然低迷。因此，本次贸易顺差幅度的超预期扩大与支持外贸发展的多项政策措施效应显现、直接兑换层面对人民币计的出口利好、年终翘尾等因素直接相关，但国内仍然偏弱的经济、汇率走势不稳并非外贸出口长期合同的利好因素。从商品结构和市场结构呈现来看，虚假出口风险也较为明显。特别是 2015 年 11月以来，人民币在岸、离岸两地汇差一直保持数百基点，2016 年甚至有 1000 基点以上的交易日。鉴于这些情况，必须严防 21 世纪海上丝绸之路倡议推进中的虚假出口集中出现风险。

应对外贸虚假出口风险首先是加强对海关特殊监管区域和高科技产品、服务贸易的精准监控。海关总署公布的数据显示，2015 年 11 月海关特殊监管区域物流货物进出口同比增幅大为增加，11 月出口同比增幅 31.3%，进口同比增幅 32.7%，此前的几个月内，这两项数据仅呈个位数增长。②按照现行联合国推荐的海关贸易统计制度和中国海关的统计制度，实物跨越国境就列入海关贸易统计，因此，保税区、出口加工区、保税物流中心等成为虚假出口流转，获取利益返还的高发区。

①　《2015 年 12 月全国进出口总值表（人民币值）》，中华人民共和国海关总署网站，ht-tp://www.customs.gov.cn/publish/portal0/tab49666/info784228.htm，2016 年 1 月 13 日。

②　《2015 年 11 月进出口商品贸易方式总值表（当月）（人民币值）》，中华人民共和国海关总署网站，http://www.customs.gov.cn/publish/portal0/tab49666/info780506.htm，2015 年 12 月 8 日。

2015 年下半年，对整合优化为综合保税区的海关特殊监管区域加强了监控，通过监测出口复进口、一般贸易和其他贸易方式出口增速等的贸易收支异常变动，提高打击精准度。同时，在海关特殊监管区开展了对高科技产品、服务贸易、跨境电子商务虚假出口的监控，对具有典型套利交易特征企业实行名单制的重点监控核查。在打击虚假贸易的同时，兼顾通关效率，确保守法企业通关便利。

其次是加快完善出口退税总量管理、贸易信贷调查等虚假出口防范制度。出口退税中虚假出口的牟利做法多样，很难辨别，一直是虚假出口的多发地。特别是广东沿海货到香港的贸易，交易多，进出口量大，更是虚假出口高发地域。深港虚假出口比较常见的方式是为获取出口退税，企业虚报出口。其中帮工厂代理出口和退税的供应链公司环节应重点监控，全面管理。如工厂出口一批电子产品到香港，香港收货人是进口公司，当天出口第二天进口。同一批货物反复操作，先出口做退税，再包税进口，行内俗称"香港一日游"。2015 年 12 月，中国内地对香港出口同比上涨 10.8%，总值高达 460 亿美元；中国内地从香港的进口则飙升 65%，总值达到 21.6 亿美元。与此同时，2015 年全年内地与香港进出口贸易额降幅为 8.3%。"香港一日游"有所抬头。当前，人民币汇率市场波动，热钱涌动套利，出口退税中的虚假出口也出现了出口退税与出口增速相背离的新情况，其原因在于部分造假企业资金，甚至热钱借道跨境贸易避开外汇监管流出境内，因此放弃获取出口退税、虚假出口未在退税名目、不履行退税要求的手续等，达到融资目的，赢取汇率波动的高利润。同时，伪造企业出口贸易项目，利用虚假进出口合同骗取外管局核准的外汇结算额度，进行跨境付款，甚至通过伪造进口贸易虚假融资实现外汇转移的情况也增多。因此，必须加快完善出口退税的总量管理、贸易信贷调查等虚假出口防范制度。

再次是加强地域间、部门间的联合监控，弥补监管短板。当前，在密切观察汇率变动的基础上，应对结汇套利、购汇外逃为目的的犯罪行为严厉打击，尤其是加强监控在统计数据上与贸易伙伴对该出口商品的真实需求并不一致的情况。进一步建立内地与深、港沿海等地域间，海关与税务、公安部门、外汇管理等部门间的联合监控制度，规范出口退税检查制度，严格防范、打击出口骗税等虚假出口行为，弥补监管短板。2015年1月曝光的河北兴弘嘉纺织服装有限公司集体出口骗税案，通过接受虚开专用发票抵扣进项税额5.6亿元，涉嫌骗取出口退税4.5亿元，最关键的疑点就是来自海关认定的报关单拼凑。①

最后是不断细化信用证诈骗罪、骗取出口退税罪等打击虚假出口的法律法规，加强对虚假出口危害和构成犯罪的宣传。境内外客商虚假贸易犯罪活动禁而不止，虚假出口在一些地域和一些行业带有极强普遍性。许多从业者法律认知模糊，小额出口骗税等被视为潜规则，认为法不责众，各环节衔接，最终酿成大案要案。上述河北兴弘嘉纺织服装有限公司集体出口骗税案案件涉及相关企业多达374家。随着贸易方式的不断创新，出现了许多新情况、新问题，长期来看，应不断细化信用证诈骗罪、骗取出口退税罪等打击虚假出口的法律法规。同时，增大对虚假出口危害和构成犯罪的宣传力度，鼓励企业守法经营。

（三）宗教文化安全

21世纪海上丝绸之路的倡议宏伟，必然涉及宗教文化安全问题。所谓宗教文化安全，是指文化建设中宗教文化健全自身功能、机制的能力和防范风险、化解风险的能力。而21世纪海上丝绸之路的宗教文化安全，就是在21世纪海上丝绸之路倡议推进的背景下，有中国特色社会主义宗教文化如何健康发展的问题。

应对宗教文化安全挑战，一是基于根基深厚的历史渊源和暗潮汹涌的现实态势，准确研判、评估与应对海丝沿线各国家地区的宗教形式。回顾海上丝绸之路的史实，在历史上就是佛教、伊斯兰教、基督教、印度教、摩尼教等宗教进入中国的重要渠道。21世纪海上丝绸之路建设将超越西太平洋海域，向南深入南太平洋、向西开辟进入印度洋通道。在航路上，路经亚洲、非洲和欧洲几大洲，沿线宗教派系众多，宗教文化安全风险不可小觑。具体来说，海丝沿线国家大都有着悠久的宗教文化传统和浓厚的宗教信仰氛围，宗教政治势力活跃。佛教和伊斯兰教是东南亚非各国的主要信仰，中亚各国基本上是伊斯兰教信仰传统，有些

---

① 张希颖、韩爱玲：《从4.5亿骗税大案探究出口退税监管缺陷》，《对外经贸实务》2015年第3期。

国家受西方文化的影响，也保持一定程度的基督信仰。从政教关系的角度来看，一些海丝沿线国家是政教合一或以某种宗教为国教，如沙特阿拉伯、约旦、卡塔尔、巴基斯坦、马来西亚、文莱、叙利亚、也门、伊朗等以伊斯兰教为国教，泰国、柬埔寨、不丹、斯里兰卡等以佛教为主要信仰，以色列以犹太教为国教，尼泊尔以印度教为国教等。一些国家绝大多数人共同信仰某一宗教，如印度尼西亚的伊斯兰教、印度的印度教、缅甸的佛教、菲律宾的天主教，以及中亚各国的伊斯兰教等。随着21 世纪海上丝绸之路建设的深入，还需要面对以基督教信仰为主的众多国家。

二是调动相关宗教文化的积极因素，科学地做好继承和创新、借鉴和吸纳工作，尽量避免异质宗教文化冲突。在海丝沿线国家，宗教信徒众多，宗教文化间的交流是民心相通，塑造海丝文化舆论的一部分。古代海上丝绸之路宗教文化的繁盛使得中国与沿线诸多国家有广泛的宗教联系。宗教文化"走出去"的民间外交交流，将有助于向沿线民众传递海丝文化信息和中国宗教的正面信息，拉近宗教界和社会各界对21 世纪海上丝绸之路的认知和情感上的信任，进而谋求在共识基础上的良好伙伴关系。海上丝绸之路上宗教双向流动，中国与斯里兰卡佛教间渊源深厚，两国佛教徒具有友好互鉴的传统。21 世纪海上丝绸之路倡议提出后，中国与斯里兰卡往来更为频繁。[①] 习近平主席在斯里兰卡发表署名文章，从"法显开启的千年佛缘"开篇，畅谈两国友谊和互利合作的愿景，阐述了从历史纽带到实现未来伟大梦想的期待。[②]

随着21 世纪海上丝绸之路倡议实施的深化，中国企业"走出去"拓展海丝沿线市场的规模、水平正日益提升。在21 世纪海上丝绸之路倡议下，强化各国联合应对恐怖主义的意愿，以东盟多边框架为依托，建立完善透明有效的合作机制加强安全合作，联合打击恐怖主义十分重要。

---

① 司聘：《佛教外交对重建海上丝绸之路政策的影响》，《丝绸之路》2015 年第16 期。
② 《做同舟共济的逐梦伙伴》，《人民日报》2014 年9 月17 日，第2 版。

（四）网络文化安全

在全球化时代下，信息互通技术正在以互联网为中心重构，人们的虚拟时空距离无限拉近，相互联系变得更为便捷易得。大规模数据泄露、对公共基础设施的网络攻击、新型网络犯罪、网络恐怖主义等网络文化安全问题随之而来。治理网络文化问题需要综合运用政治、经济、外交、法律、科技等综合手段。2016 年 4 月，习近平主席指出，维护网络安全"要树立正确的网络安全观"。具体到 21 世纪海上丝绸之路建设，必须以开放性和包容性为出发点，关注并处理好网络文化安全问题，在沿线各国确立一种为各方所共同接受的信息文化安全观。这既是中国建设应对网络时代的要求，也是海丝沿线国家地区的发展需要。21世纪海上丝绸之路沿线国家网络信息水平差别极大，网络的普及不尽相同。因此，共同应对网络文化安全问题，要做到循序渐进，统筹兼顾，有重点地突破关键领域。

一是坚持网络文化安全边界，坚决捍卫网络文化主权，积极倡导海丝沿线各国平等参与国际网络空间治理。习近平主席指出："《联合国宪章》确立的主权平等原则是当代国际关系的基本准则，覆盖国与国交往各个领域，其原则和精神也应该适用于网络空间。"① 联合国《关于各国内政不容干涉及其独立与主权之保护宣言》明文规定，各国有不受任何国家之任何干涉，自择其社会、政治、经济和文化制度的权力。网络文化主权是国家主权在网络中的延伸。和平与稳定是 21 世纪海上丝绸之路倡议向前推进的必要前提和保障，其中包括网络文化主权的安全。互联互通是 21 世纪海上丝绸之路倡议实施的要义，电子商务、物联网、大数据、移动通信等应用日益广泛，互联网成为沿线国家重要的信息集聚平台和信息舆论通道。据统计，全球互联网用户从 2015 年的32 亿人提升至 2016 年的 35 亿人，互联网普及率达到 47.1%。② 当今社会，网络空间日益与经济社会的实际运行相互融合，网络文化安全是综

---

① 习近平：《在第二届世界互联网大会开幕式上的讲话》，《人民日报》2015 年 12 月 17日，第 2 版。

② 《第三届世界互联网大会闭幕发表〈乌镇报告〉》，《北京日报》2016 年 11 月 19 日，第 4 版。

合安全、共同安全、合作安全。必须明确，网络空间是建立在各国主权基础上的有效管理空间，是相对开放的主权信息领域。各主权国防止本国互联网受到外部入侵和攻击的权力应该受到尊重。

在实践层面，中国网络空间管理能力近年来发展取得显著进步。保护网络文化安全既要重视资金支持和人员培训，夯实网络基础建设的技术基础，也要通过协议，统筹建立和完善信息共享平台、人文交流平台。在网络金融、共享经济、工业 4.0 等大行其道的今天，互联网降低了文化传播流通的成本，促进了文化创新要素加大流动，这对 21 世纪海上丝绸之路倡议推进激发创新活力，培育新型的文化业态，发展文化众创空间大有益处。但是，伴随着 21 世纪海上丝绸之路倡议对信息化的依赖程度越来越高，来自信息安全的威胁也越来越大。互联网技术发展可能实现的网络安全新秩序为 21 世纪海上丝绸之路倡议的跨文化传播带来了更多安全保障。维护 21 世纪海上丝绸之路建设的文化安全，应以开放的态度参与网络文化的建设，加大沿线各国在网络舆论敏感领域合作，以更多的国家参与方式争取网络空间的主动权。

二是设置海丝网络价值边界，利用网络重构国际话语空间。沿线国家网络文化中对"一带一路"倡议、亚投行、丝路基金的评价是具有集聚力的话题。同时，在网络上渗透西方政治文化，以各种议题否定 21 世纪海上丝绸之路倡议价值观和制度模式，干扰合作社会基础的声音也不少。全媒体时代，西方国家在意识形态话语权的绝对优势地位得到进一步加强与固化，这给海丝文化传播带来重大的障碍。防止西方资本主义强国利用先进的技术手段，使用互联网渠道对中国进行渗透分化，预防恐怖主义在网络空间滋生和蔓延的任务繁重。

三是提升自媒体利用能力和防御力。自媒体时代信息的发送分散随意，民众的话语权和表达权得以提升。海丝网络文化空间的拓展已不再是一个单向度的问题，而是与数字网络技术、文化产业体系信息传输能力、文化贸易体系分工结构都息息相关的综合问题。从这个意义来看，21 世纪海上丝绸之路倡议带来的基础设施建设和经济社会发展也是发展中国家重构话语平台的机遇。具体到海丝文化话语，在沿线国家社会舆论瞬息变化的形势下，必须注重增强话语权的时效性，做到及时确立认同导向、澄清文化误会、引领价值倾向。

（五）海洋文化安全

中国以 21 世纪海上丝绸之路为路径之一经略海洋，建设海洋强国，实现中华民族的海洋梦，海洋文化安全是 21 世纪海上丝绸之路建设中面临的重大现实问题。在 21 世纪海上丝绸之路沿线，相关国家仍存在一些领海、岛屿和海洋权益争议，海盗、走私等各类海上犯罪活动也不同程度存在。此外，还需妥善处理与美国、俄罗斯、印度等大国之间的关系，特别是在南海和东海海洋权益争端凸显的背景下，一些国家对中国的戒心增强，这些复杂因素都影响到文化交流的实施。

1. 海洋生态文化安全

海洋生态文化安全是从认识上、理念上、文化观念上重视海洋生态。2015 年 3 月发布的《愿景与行动》明确提出，要"突出生态文明理念，加强生态环境、生物多样性和应对气候变化合作，共建绿色丝绸之路"。① 2017 年 5 月，"一带一路"国际合作高峰论坛的《圆桌峰会联合公报》与《成果清单》中，关于气候变化、生物多样性、自然资源保护、生态保护等绿色发展的内容很多。

海岸经济带的快速发展带来了海洋生态的一系列问题，威胁到了滨海地区的持续发展和沿海居民的生活。海洋空间容量和资源储藏量远超陆地，全球人口日益增加，陆地资源不堪重负，海洋成为世界各国为了生存与发展深度开发的热点。世界各国海洋权益与海洋资源的争夺也使得海洋生态环境质量日益恶化。保护海洋生态文化安全，实现海洋资源持续利用，走可持续发展之路成为海洋科学发展的大势所趋。对海洋生态文化的不同理解、对海洋利用的历史传统等，都可能引发文化隔膜、文化障碍，在一些民族主义情绪强烈，族群关系密切的沿线国家，甚至引发文化冲突，这也是 21 世纪海上丝绸之路建设面临的重大安全问题之一。在投资贸易中突出生态文明理念，亲和当地政府和民众，共同应对海洋生态安全挑战，是海上丝绸之路发展的重要一环。2015 年，斯里兰卡叫停科伦坡港口城项目的理由之一就是"重审环境评估"。21 世

---

① 《推动共建丝绸之路经济带和 21 世纪海上丝绸之路的愿景与行动》，《人民日报》2015 年 3 月 29 日，第 4 版。

纪海上丝绸之路倡议提出后发展迅速的邮轮旅游，在进入公海后的噪声污染、油污污染等问题的解决亟待投资企业与海上丝路沿线国家按属地化原则寻找合作点，严格保护海洋生物多样性和生态环境。

在治理模式设计上，海洋生态文化安全属于低政治敏感领域的合作，沿线各国基本都持有共同理念。通过深化海水养殖、远洋渔业加工、海洋生物制药、海洋工程和海上旅游等海洋产业合作，促进海上资源共同开发等方案设计，达到人与海洋和谐发展，逐渐成为沿线各国的共识。因此，需要提出海洋生态文化建设构想的顶层设计方案，提供国际安全公共产品，例如，联合海洋治污、海洋科技、水文、气候信息共享等较易达成协议。目前，在21世纪海上丝绸之路倡议框架下，中国已与印度尼西亚共同建立了海洋与气候联合研究中心，与泰国签署了《中国国家海洋局与泰国自然资源环境部关于建立中泰气候与海洋生态系统联合实验室的安排》等。在操作层面上，在21世纪海上丝绸之路建设推进的生产、生活过程中，需要进一步重视自然规律，协调海洋生态文化保护。以共商、共建、共享的原则保持畅通对话渠道，积极推动"中国—东盟海洋合作中心"、"东亚海洋合作平台"以及与非洲国家的海洋经济合作等双边甚至多边的海洋生态政策协调。面对近岸局部海域污染严重的问题，海丝沿线各国在追求自身经济利益的同时，必须考虑其他国家和国际社会的整体海洋安全，改善典型海洋生态系统健康状况。针对海洋生态环境面临的严峻形势，优化海洋经济产业结构，并完善各类基础设施。明确治理重点，培养现代海洋生态环境保护和滨海地区持续繁荣的意识。在21世纪海上丝绸之路倡议的推进中，突出协调发展模式，结合机制开展各类生态活动。海洋污染得到控制，海洋生态质量得到提升，使沿线国家滨海民众的文化精神需求得到满足，有利于民心相通，对倡议形成归属感、自豪感，以及发展的方向感。

2. 海上航道安全

海上丝绸之路是海道交通的大动脉，21世纪海上丝绸之路的基础是通过沿线港口及合作机制建立起来的交通网络。保证21世纪海上丝绸之路建设稳步进行，构建航道安全十分重要。国际海域占据地球49%的面积，90%的国际贸易通过海洋进行，海上航道不仅是货物的物流通道，而且是文化交流的重要通道。海盗、走私、军火贩卖、跨国犯罪、航运管理等海上犯罪活动是必须面对的非传统安全问题。有关国家近年来着力于维护航道安全的多边合作，如印度创始建立"反海盗联络集团"，与马尔代夫、斯里兰卡海军密切合作，保障海域安全，21 世纪海上丝绸之路通过中国南海，穿过马六甲海峡，进入印度洋，到达非洲、中东和欧洲，穿越多个宏观环境复杂，安全要素集中的海域，包括马六甲—南海海域、索马里—亚丁湾海域、霍尔木兹海峡、红海海域等。其中南海航道连接中国与大洋洲、南美洲和非洲西部国家，也是中国原材料、能源等大宗商品进口的重要通道，如大洋洲是中国铁矿石、煤炭、液化天然气等大宗商品的进口来源地，非洲西部和南非洲在中国原油进口中的比重也不断上升。① 近年来，南中国海的海上航道也存在安全问题。尽管中国南海②各方为航道安全做出了努力，但至今尚未建立起固定的对话机制或合作平台。新加坡、印度尼西亚、马来西亚虽然建立了三国沟通协调机制，但受到主权、海权的掣肘而无法有效施行联合执法。松散的海上航道安全体制不足以抵御风险。南中国海拥有 1 万多个大小岛屿、8.1 万千米海岸线，地理条件复杂，岛屿众多，国际航道繁忙。马六甲海峡现由新加坡、马来西亚和印度尼西亚三国共管，是连接印度洋和太平洋的水道，西岸是印度尼西亚的苏门答腊岛，东岸是西马来西亚和泰国南部，是大量船只需要穿过"海上十字路口"。

21 世纪海上丝绸之路的建设是航道安全维护的破局契机，特别是在存有主权争议，实际属于无政府管辖状态下的海域，突出倡议的"亲、诚、惠、容"的理念，以逐步形成的海丝沿线国家人类命运共同体精神分工协作，有所作为。中国作为 21 世纪海上丝绸之路倡议发起国，可以争取建立创设深化沿线国家区域协调沟通平台和法律机制，加强反海盗行动分区划块的紧密合作，完善海盗情报共享机制，联合应对海上航道上的各类非传统安全挑战。

海上犯罪问题的最佳解决则要靠当地经济均衡发展和民生改善。海

---

① 朱时雨、王玉：《21 世纪海上丝绸之路航道安全探析》，《交通运输研究》2015 年第 2 期。

② 南中国海是 south China sea，是地理概念，中国南海是 the south sea of China，是主权概念。

丝沿线国家中有的社会矛盾深刻，贫困现象众多，青年失业严重，通货膨胀加剧，社会公平正义严重缺失。南中国海区域的海盗多数是贫穷的无业游民，海上犯罪缘起多为民生问题。在 21 世纪海上丝绸之路框架下达成多边或双边协议，提升沿线国家产业升级和工业化水平、促进当地就业、提升当地员工收入、培训当地人才，最终促进民生改善才是问题的解决之道。中国作为 21 世纪海上丝绸之路的首倡国，十分注重所在国社会改善，招商局集团投资吉布提的港口后，码头工人工资近几年每年提升 8%。

三 "一带一路"倡议实施中边疆民族文化安全的应对

习近平总书记在中央民族工作会议上指出，建设"一带一路"对民族地区特别是边疆地区是个大利好，要加快边疆开放开发步伐，拓展支撑国家发展的新空间。复杂的地缘政治给亚欧大陆带来诸多的文化安全问题。海上丝绸之路和陆上丝绸之路相互配合共同构成"一带一路"倡议。许多边疆民族地区地处"一带一路"的交汇处，在文化安全问题上更需要带路联动通盘考虑，不能割裂研究。这样才能达到内外相兼，海陆相结，推进亚欧大陆和世界文化的繁荣发展。

（一）根据"一带一路"开放环境的阶段性变化，有重点地建立安全工作的预警和长效管理机制

边疆民族地区是"一带一路"倡议中的重要节点和关键枢纽。中国 2.2 万千米陆地边界线中近 1.9 万千米在民族地区，138 个边境县（区、市）中 109 个在民族地区。具体到 21 世纪海上丝绸之路的重要枢纽东南亚地区，整体上民族多样，宗教多元，安全情况不一。沿线交通线路的贯通很可能对边疆民族地区的文化安全带来直接影响。这些都是维护"一带一路"倡议文化安全所必须面对的形势。同时，在"一带一路"倡议规划重点圈定的 18 个省份中，涉及民族边疆地区众多。从维护经济，保持文化安全通道的角度来看，中国和巴基斯坦、孟加拉国、缅甸、老挝、柬埔寨、蒙古国、塔吉克斯坦等邻国的铁路、公路互联互通项目，基本都从民族地区跨出国门。

"一带一路"的中国沿线有地区重要能源资源战略基地，有西部地

区经济增长的重要支点，许多都肩负中国边疆战略屏障的重要作用，在丝绸之路的历史上，也一直处于连接中外的重要枢纽位置，有着特殊的人文历史地位。如云南因其地理区位独特，被定位为"面向南亚、东南亚的辐射中心"。边疆地区民族宗教问题或多或少地长期存在，有的还存在负面溢出效应，涉及边疆安全。在文化安全的视角下，新疆、西藏等地区民族文化安全态势异常复杂，对"一带一路"倡议构成潜在威胁。甘肃、宁夏等地区虽然比较稳定，但也须防范倡议推进过程中出现新焦点、新问题。在"一带一路"倡议实施的民族工作中，稳定始终是基础性的任务。注重民族安全，保持边疆稳定，关系到"一带一路"倡议的长期发展，也关系到中国国家综合安全。

随着倡议步骤的深入实施，在对外、对内双向全面开放的新形势下，这些边疆民族地区逐步成为"一带一路"中省份联动的重要节点，深刻改变民族地区发展定位，工业化、信息化、城镇化、市场化快速发展。因此，须对一些地方和领域基层组织涣散、社会阶层碎片化、人口流动频度加快、文化传播多样的危险性加以防范，警惕抵制境内外敌对势力的渗透勾结。

"一带一路"倡议的实施，对边疆民族地区的发展转型而言是一个契机。在边疆民族地区安全预警和长效管理机制工作中，基础性的是增强对中华民族的认同。对中华民族的认同，是对中国多元一体民族关系的认同，是对中华民族是由 56 个民族组成的民族共同体的认同。要防止有人利用民族地区地理、历史的特殊性，以民族问题为切入口，扰乱"一带一路"倡议的实施。同时，必须注重以下几点：高度重视信息生产、积累、共享、传播的现代化，跟踪关注新媒体、自媒体等信息新军的动态。面对内外人员流动频繁等新情况，吸收专业人员建立专门的预警机制；重点关注新疆、西藏等传统重点敏感地区的同时，对其他民族地区的安全工作也应引起重视，根据调查研究，按照民族地区的不同特点进行差别化预备管理；随着铁路、公路、口岸和边贸市场等基础设施的建成和完善，城镇流动人口大量增加，应依法建立规范管理机制；创新民族地区乡村、寺庙长效治理体系，将反分裂、反渗透、反破坏抓到实处，落到实处。

（二）培育文化开放促进文化安全的意识

"一带一路"倡议在推动中国对外开放水平提升中，具有文化开放的先导功能。古代丝绸之路搭建了沟通东西方文化的桥梁，为中国当前推进共建"一带一路"提供了历史参照和路径启示，那就是要突出文化先行，以文化开放彰显中华文化的自信。以此为前提，明确文化安全的重点任务。进一步深化中国与沿线国家的文化交流与合作，取得在互联互通基础上的价值共识，实现经济社会民生的互利互惠，推动沿线各国文化软实力的提高。

"一带一路"是一个陆海交汇的外向对接型倡议，在整体开放背景下，边疆民族地区的开放成为必然。如"中国—中南半岛国际经济合作走廊"的建设，既是中国至东南亚、南亚、印度洋方向丝绸之路经济带的桥梁，也是南下连接21世纪海上丝绸之路的纽带。中南半岛的缅甸、老挝、越南三国与中国接壤，边境线漫长，跨界民族众多。首先，扩大文化旅游规模和加强全线合作成为先行领域，方式上已明确"21世纪海上丝绸之路邮轮旅游合作""西藏与尼泊尔等国家边境贸易和旅游文化合作""海南国际旅游岛开发开放"等。① 其次，"一带一路"建设将加快沿边开放步伐，允许沿边重点口岸、边境城市、经济合作区在人员往来、加工物流、旅游等方面实行特殊方式和政策。最后，开发性金融机构也将建立，加快同周边国家和区域基础设施互联互通，形成全方位开放新格局。多年来，经济基础薄弱，劳动生产率低，区位劣势等经济原因，使得民族地区外贸发展较为缓慢。云南瑞丽、广西北海港等沿边开放口岸可能成为海上丝绸之路港口建设中的对接港口。

"一带一路"倡议的上述三大建设的文化开放，必然吸引国际人流、消费流、资金流等。边疆文化安全的治理要在文化开放中逐步进行。要保证文化安全，防止极端思想和势力在不同文明之间制造断层

---

① 《推动共建丝绸之路经济带和21世纪海上丝绸之路的愿景与行动》，《人民日报》2015年3月29日，第4版。

线，需要与沿线国家共同打击走私贩毒、海上恐怖主义，应对特大海洋
自然灾害和环境灾害等非传统安全威胁。营造良好的国际和周边环境，
也需要有安全保障的国际合作交流。因此，在政策顶层设计和支持上，
应加大文化安全机制的力度和范围。

在文化开放中，最有效的安全防范不是闭关锁国，而是关注国际文
化的新动态，适时调整提炼出具有普遍意义的价值理念。充分挖掘"一
带一路"文化资源，形成富有针对性的集中话语，创造出能够联通民心
的文化产品。以民族文化优势补充经济优势，以民族文化的认同发展特
色产品为有效路径。总而言之，文化开放是有原则的，应紧绷国家安全
的弦，扎扎实实拓宽对外开放路径，在文化开放中确保 21 世纪海上丝
绸之路意识形态和文化领域绝对安全。"一带一路"倡议的深入，必将
改变边疆民族地区全球化、城镇化、信息化、新型工业化的大背景，在
对接"一带一路"倡议西藏南亚大通道的逐步建设中，民族流动人口
势必增大，多渠道、多层次、多形式的文化交流势必日益增多。对文化
开放与文化安全的关系的复杂性和互动性必须要有前瞻意识。确保文化
安全绝非封闭，边疆民族地区的文化建设如果不主动走向开放，将会形
成"倒逼"形势，反而影响文化安全，给"疆独"、"藏独"等以可乘
之机。因此，必须以"和而不同"的文化开放胸襟优化"一带一路"
文化，使其更有活力、有魅力。通过开放的文化，提升"一带一路"
建设的文化核心竞争力，增强文化软实力，更好地促进国家安全。在各
方面的努力和支持下，处理好文化开放与国家安全的关系，以发展和繁
荣促进文化在沿线地区工业化、信息化、城镇化、市场化发展中的影响
力，推动"一带一路"建设。

（三）进一步坚持和完善民族区域自治，推进民族事务治理体系和治理能力现代化

边疆民族地区的安全防范要有健全的制度基础，坚持依法治国，
进一步学习贯彻习近平总书记中央民族工作会议精神。随着《愿景与
行动》的发布，"一带一路"建设已经步入实质性推进阶段。根据
"一带一路"倡议的需要，细化、深化民族事务治理体系和治理能力
现代化成为当务之急。中华人民共和国成立以来，民族工作积累了丰

富的历史经验。当前，亟须总结当代中国民族工作的成就与经验。对于这些成就和经验的总结，并不止于政策操作层面，更应是民族问题和民族工作方向、道路、制度、体制机制和法律的把握与反思。推动民族地区抓住"一带一路"倡议机遇，加快发展和开放步伐，最重要的顶层设计之一是对民族区域自治制度中行之有效的制度、理论、措施坚持并进一步完善，对经过实践检验有所不足或不适应的部分及早、尽快调整和改革。

在"一带一路"倡议推进的新形势下，民族区域自治制度稳定和发展面临一系列新情况、新焦点。坚持民族区域自治制度要反对两种观点：一种观点认为，中国的民族问题是因为没有落实民族区域自治制度，没有赋予地方更大的权力；另一种观点则认为，民族区域自治在单一民族地区容易强化民族认同、淡化国家认同。坚持和完善民族区域自治制度，是持续开展反分裂斗争并最终取得胜利的重要政治前提和制度基础。[①] 中国现有的民族区域制度是一个一体化的制度，更好地实施"一带一路"倡议，存在突破一体化制度障碍的问题。在"一带一路"倡议实施中，应以市场调节和资源配置的现实要求为契机，综合考虑民族权利、民族感情，在各少数民族自治地方进一步细化、落实《中华人民共和国民族区域自治法》，坚持统一和自治相结合、民族因素和区域因素相结合，发展和创新适合中国国情与民族地区实际的民族事务治理体系的具体实现形式，必要时进行创新试点。如在民族自治地方建置方面，"自治市"普遍设置问题引发长期的讨论。在"一带一路"实施城镇化发展的背景下，可在条件成熟的地区进行试点，为地方政府寻找发展契机提供新的路径和可能。再如，人口的流动导致人口常住地和户口所在地不一致，一些社会服务管理措施难以实施到位，传统的单纯依靠公安机关进行治安管理的工作模式已经不符合"一带一路"倡议实施的需要。基层社会治安、劳动、就业等管理工作都需要进行体制机制的创新。

---

① 宋月红、王蕾：《各界专家研讨当代中国民族工作》，《中国民族报》2015年2月6日，第6版。

（四） 加强党的基层组织建设

做好"一带一路"倡议的推进工作，取得边疆少数民族地区群众的政治认同，走有中国特色解决民族问题的正确道路，归根结底是要坚持中国共产党的领导。在边疆民族地区加强党的自身建设，尤其是党的基层组织建设具有特殊重要的意义，要下大力气予以解决和加强。党的基层组织是党在社会基层组织中反对分裂、维护稳定的战斗堡垒，是巩固党的执政地位的凝聚力源泉。"一带一路"倡议开创的是对外开放的新局面，民族地区发展开放型经济迎来新机遇。这是一个关系到稳定和发展的复杂系统工程，只有党团、群众团体的有效性和干部队伍建设抓好了，党的组织建设才能上下贯通，各项任务才能落到实处、收到实效。民族群众生活安定，有了实实在在看得见的生活改善，齐心协力奔小康，主动抵制"三非"活动和宗教极端思想的蔓延，无疑是边疆安全和"一带一路"倡议实施，预防和抵制"三股势力"渗入的固本之基。目前，社会上包括边疆民族地区都存在价值思想观念多元化的思潮，一些基层党员干部理想信念动摇。对此，要进行系统的坚定社会主义核心价值观、四项基本原则、区域自治制度等的教育。在推进"一带一路"倡议中，基层党组织的政治标准不能降低，党的建设不能弱化，同样应该落实全面从严治党的要求。

"一带一路"倡议构想宏大，涵盖经贸、投资、人文和战略互信等各个方面，表明了中国扩大对外开放，构建合作共赢新秩序的胸怀。倡议的开放性给了企业"走出去"的重要机遇。2015 年 7 月，国资委发布《"一带一路"中国企业路线图》，公布了中央企业参与的一系列大项目，涵盖了电力、轨道交通、建材、通信等多个领域。它的实施正在改变亚欧和东非地区的经济格局，给包括中国在内的众多国家和众多产业提供了巨大的发展空间和崭新的机遇。现阶段国有企业的规模、技术水平、竞争力、管理水平普遍较优。根据相关统计，"一带一路"倡议下大部分对外投资企业都是国有企业。2015—2016 年上半年，能源、交通运输和矿产等前十大项目投资额度占到总额的近 43%。① 国有企业

① 《对外投资与风险蓝皮书》（2017 年 4 月 10 日），中国社会科学院世经政所、中债资信联合发布。

在21世纪海上丝绸之路倡议建设中具有较强竞争优势，投资契合当地经济发展需要，在推动沿线经济发展、优化产业结构中具有不可替代的地位，发挥着越来越重要的作用。如招商局集团截至2016年底，总资产达6.81万亿元，2016年实现营业收入4954亿元，同比增长78%；实现利润总额1112亿元，同比增长34%。①

民营企业也在贸易、投资、文化与人员交流方面扮演更加重要的角色。2015年，西藏加快建设南亚大通道，对接"一带一路"和孟中印缅经济走廊，推动环喜马拉雅经济合作带建设，这让企业有可能通过"走出去"获取更大的成长空间。内蒙古满洲里和二连浩特、云南勐腊（磨憨）、广西东兴和凭祥等国家重点开发开放试验区，新疆喀什、霍尔果斯经济开发区等，都将从"一带一路"倡议实施中获得发展机遇。"一带一路"倡议中的企业普遍项目点多、线长、面宽，员工越来越多地接触到西方政治文化，容易激发出少数人的宗教自由主义和无政府主义的错误想法，政治归属感的塑造成为"一带一路"倡议推进中的现实问题。一方面，在边疆民族地区增大党的组织建设工作覆盖面，结合边疆民族地区自身特点创新基层组织设置；另一方面，理直气壮地鼓励民营企业进行党的基层组织建设，在企业发展中发挥保驾护航的核心作用，积极引导员工参与政治的理性和取向也十分重要。

（五）夯实思想政治认识和"一带一路"知识的普及，打牢中华民族共同体的思想基础

打牢中华民族共同体的思想基础，重在发展边疆民族地区经济，提高各民族人民群众的物质文化水平。以边疆民族地区的经济社会发展推动文化安全，减少经济落后对文化安全的负面影响。经济发展所带来的个体获得感和族群尊严感对以意识形态为核心的主流文化地位的巩固与提升具有重要意义。改革开放40年来，中国经济安全发生了深刻变革，但边疆民族地区大多位于西部，对外开放程度较低。"一带一路"倡议的提出和实施，开辟了中国全方位对外开放新格局，加快了向西开放、

---

① 招商局集团官网，http://www.cmhk.com/main/a/2015/k07/a199_201.shtml。

沿边开放步伐，为民族地区打开了空间。中国超越传统胡焕庸线①的经济地理短板，实现国内平衡、协调发展前景可望。在此过程中，坚持以民族平等、团结、互助和共同发展为指导思想的思想政治工作需要进一步加强。对"一带一路"倡议的普及能够唤起各族群众对丝绸之路的情感认同。"一带一路"倡议的落实，需要明确的参与意愿、积极的参与动力和良好的参与能力。沿线的民族地区与丝绸之路有着很深的历史渊源，要调动和凝聚各民族的智慧和力量，服务当代实践。

一是对汉族干部不断进行民族平等团结教育，特别是实施"一带一路"倡议后新进入边疆民族地区工作的外事干部、专业干部，使其尊重民族风俗习惯，尊重并学习民族语言文字，与民族群众从感情上、思想上贴近。在交流中积累共识，在合作中实现建设。二是对民族干部群众加强民族理论与民族政策、国情区情的宣传教育，对"一带一路"倡议进行深入浅出、群众喜闻乐见的宣传，增强群众的政治敏感性、政治鉴别力、政治定力。三是建立和完善各类培训与教育体系，在各类就业职业教育中也应注重思想教育。通过思想政治工作，构建和谐的民族关系，为"一带一路"倡议的顺利实施提供强大的思想基础、组织基础和社会基础。在此过程中，有两点需要注意，充分发挥宗教、民族文化在促进社会和谐和经济社会发展中的积极作用，如注重图文、视频传播的作用，高效利用现有条件，尽量做到雅俗共赏，受众广泛。

（六）打破国际、区际、省际壁垒，对分属不同国家、省、区的同语言、同民族地区加强配合

"一带一路"是宏观综合的国家倡议，应顺应文化开放的形势，加

---

① 胡焕庸线是中国地理学家胡焕庸在1935年提出的划分我国人口密度的对比线，最初称"瑷珲—腾冲一线"，后因地名变迁，先后改称"爱辉—腾冲一线""黑河—腾冲一线"。胡焕庸线是适宜人类生存地区的界线，其两侧还是农牧交错带和众多江河的水源地，是玉米种植带的西北边界。同时，中国的贫困县主要分布在胡焕庸线两侧。胡焕庸线与400毫米等降水量线重合，线东南方以平原、水网、丘陵、喀斯特和丹霞地貌为主，自古以农耕为经济基础；线西北方人口密度极低，是草原、沙漠和雪域高原的世界，自古是游牧民族的天下。中国科学院国情小组根据2000年资料统计分析，胡焕庸线东南侧以占全国43.18%的国土面积，集聚了全国93.77%的人口和95.70%的GDP，压倒性地显示出高密度的经济、社会功能。胡焕庸线西北侧地广人稀，受生态胁迫，其发展经济、集聚人口的功能较弱，总体以生态恢复和保护为主体功能。

强维护文化安全的制度设计。最主要的是出台相关措施，建立防止分离主义、恐怖主义跨境传播的组织机构。打破区际、省际的政策壁垒，对分属不同省、区的同语言、同民族地区加强安全工作。随着"一带一路"倡议所带来的民族地区市场化、城镇化的发展，文化安全的形势日趋复杂多样。沿线地区的民族人口流动、就业结构、思想方式都将产生巨大的结构性变化，海上丝绸之路与陆上丝绸之路，丝绸之路沿线各核心区域之间的经贸文化联系将更为密切。国际、区际交流的日益增多，沿线地区互联互通的紧密化，网络信息技术的逐渐普及应用，也将带来"东突"、疆独、藏独负面信息传播更快，范围也更广。这给抵制敌对势力的民族宗教渗透增加了难度。因此，关涉民族安全问题的事务，更需要跨边界配合，共同抵御境外民族分裂势力，防止内外部敌对势力相勾结。特别是沿线国家和地区同语言、同宗教的民族聚居地区，更需要各国间的统一筹划，密切配合。

小　结

　　建设好 21 世纪海上丝绸之路是对中国文化安全的保障之一。21 世纪海上丝绸之路建设中的文化安全，是各种传统安全挑战和非传统挑战的交错叠加。在全球化的时代中，文化实力是文化安全的基石和最终决定因素。经济不仅是物品的交换活动，而且包括文化价值的传播和交融。21 世纪海上丝绸之路建设中，文化被置于经济和政治的环境之中，处处同政治和经济交织，倡议建设面临信息日益全息化的环境、人口流动加快的频度、文化多样性丰富的类型，保护 21 世纪海上丝绸之路的文化安全，应进一步深化中国与沿线国家的文化交流与合作，取得在互联互通基础上的价值共识，实现经济社会民生的互利互惠，推动沿线各国文化软实力的共同提高。

第 七 章

打造 21 世纪海上丝绸之路文化话语体系

21 世纪海上丝绸之路的建设是一个长期的系统工程，推进民心相通是基础性的重要组成部分。在此过程中，多元多样的思想文化异常活跃，我们需要向世界和沿线各国人民说明 21 世纪海上丝绸之路是一条什么样的路，海上丝绸之路文明是一种什么样的文明，中国提出的 21 世纪海上丝绸之路理念和思路是什么。中国作为 21 世纪海上丝绸之路倡议的首倡者，有着特殊的责任来强化概念、诠释内涵、凸显意义。2016 年 5 月 17 日，习近平总书记在全国哲学社会科学座谈会的讲话中明确指出："发挥我国哲学社会科学作用，要注意加强话语体系建设。"随着"两个一百年"奋斗目标的全面推进，习近平总书记就"弘扬中华民族优秀文化传统""对外文化交流""意识形态工作""提升文化软实力"等问题发表了系列重要讲话，习近平总书记的这一系列重要讲话，为 21 世纪海上丝绸之路文化话语体系建设指明了前进方向，提供了基本遵循。国际话语权与国家政治、经济、军事、文化、科技实力密切相关，是一个长期建设的过程。在 21 世纪海上丝绸之路建设的进程中，对中国理念、中国立场做出深刻而系统、浅显而通俗的权威表述，在海丝文化的推广中坚守舆论阵地刻不容缓，而且只能由中国自己来做。

一　话语体系建设：互联互通的双向推动力

无论是要增强沿线国家民众对 21 世纪海上丝绸之路的认知度，还是要体现海上丝绸之路的国际影响力，或者要发掘海上丝绸之路内在的文化价值魅力，都需要提高中国的国际话语权。打造 21 世纪海上丝绸之路文化话语体系，淡化争端，缩小分歧，使海丝沿线国家更加关注交流与合作，有助于树立中国良好的国家形象。在海丝事务中以顺应世界发展潮流的理念构建核心话语体系、广泛设置丰富的正面舆论议题、培养影响舆论发展内容和方向的能力，这是中国作为 21 世纪海上丝绸之路首倡国的必要之责，也是海丝建设的题中应有之义。

（一）以顺应世界发展潮流的理念构建核心话语

话语是对客观世界的一种诠释和建构，具体体现了一国的文化软实力。一国提出的、能为其他国家接受的核心话语越多，那么这个国家的国际话语权也就越强。当今世界，国际核心话语如"文明冲突论""民主和平论""软实力"等，甚至关涉中国的流行话语如"北京共识""龙象之争"①"淡色中国"②等都来自西方。今天的中国以世界第二大

---

① 戴维·史密斯认为，到 2050 年，世界上最有影响力的三大强国将依次是中国、印度和美国。世界重心向东方转移，新的联盟将不断形成，新的规则也会不断涌现，人们应该认识和把握这些变化。见戴维·史密斯《龙象之争：中国、印度与世界新秩序》，当代中国出版社，2007。

② 美国学者雷默把"中国形象"界定为"淡色中国"。他认为，中国正在急速变化，其最终结果将是现实与不确定未来的混合。淡色类似于白色，在汉语中，"淡"将不相融的水火结合在一起，使对立的东西成为一种和谐，而和谐既是中国传统的价值，也是中国眼前追求的目标。见乔舒亚·库珀·雷默等《中国形象：外国学者眼里的中国》，社会科学文献出版社，2008。

经济体的姿态逐步回到世界舞台中心，但文化话语体系成为中国国际形象中的一块短板。21 世纪海上丝绸之路作为人文交流的纽带，首先要取得的是沿线各国在文化价值观上的认同感。因此，中国需要拥有自己的话语权，以自己的话语来表达自己的理念和观点，赢得世界的共识，取得民众的认同。21 世纪海上丝绸之路的核心价值理念是一个国际性的概念，不仅要让中国人接受，而且要让沿线各国逐渐接受，形成共识，不能自说自话。

2013 年 10 月 3 日，习近平主席首次提出共同建设 21 世纪海上丝绸之路的倡议，5 年来，在海丝沿线国家，最受关注的核心话语就是习近平在国内外各种场合发表的具有战略性的概念和论述，集中展现了中国的话语创新能力，为争取在海丝沿线国家的话语权、赢得舆论战的主动权做出了贡献。"一带一路"倡议、"海上丝绸之路"、"人类命运共同体"、"亲诚惠容"、"互联互通"、"构建以合作共赢为核心的新型国际关系"等理念以及"亚投行""丝路基金"等核心建设框架都成为沿线国家热议的话题。

——2013 年 10 月 3 日，习近平主席在印度尼西亚国会发表题为《携手建设中国—东盟命运共同体》的演讲。演讲提出，东南亚地区自古以来就是"海上丝绸之路"的重要枢纽，中国愿同东盟国家加强海上合作，使用好中国政府设立的中国—东盟海上合作基金，发展好海洋合作伙伴关系，共同建设 21 世纪"海上丝绸之路"。①

——2014 年 5 月 21 日，习近平主席在亚洲相互协作与信任措施会议第四次峰会上发表题为《积极树立亚洲安全观　共创安全合作新局面》的主旨发言。发言强调，中国坚持与邻为善、与邻为伴，坚持睦邻、安邻、富邻，践行亲、诚、惠、容理念，努力使自身发展更好惠及亚洲国家。中国将同各国一道，加快推进丝绸之路经济带和 21 世纪海上丝绸之路建设。②

——2014 年 6 月 5 日，习近平主席在中阿合作论坛第六届部长级会

① 习近平：《携手建设中国—东盟命运共同体》，《人民日报》2013 年 10 月 4 日，第 2 版。

② 习近平：《积极树立亚洲安全观　共创安全合作新局面》，《人民日报》2014 年 5 月 22 日，第 2 版。

议开幕式上发表题为《弘扬丝路精神　深化中阿合作》的演讲。演讲强调，"一带一路"是互利共赢之路。中国同阿拉伯国家因为丝绸之路相知相交，是共建"一带一路"的天然合作伙伴。中阿双方应该坚持共商、共建、共享原则，打造中阿利益共同体和命运共同体。①

——2014 年 11 月 8 日，习近平主席在加强互联互通伙伴关系对话会上发表题为《联通引领发展　伙伴聚焦合作》的讲话。讲话就加强亚洲互联互通提出五点建议，宣布中国将出资 400 亿美元成立丝路基金。②

——2015 年 3 月 28 日，习近平主席出席博鳌亚洲论坛 2015 年年会开幕式发表主旨演讲时表示，"一带一路"建设秉持的是共商、共建、共享原则，不是封闭的，而是开放包容的；不是中国一家的独奏，而是沿线国家的合唱。"一带一路"建设不是要替代现有地区合作机制和倡议，而是要在已有基础上，推动沿线国家实现发展战略相互对接、优势互补。③

——2015 年 4 月 21 日，习近平主席在巴基斯坦议会发表题为《构建中巴命运共同体　开辟合作共赢新征程》的演讲。演讲提出，我们希望同"一带一路"沿线国家加强合作，实现道路联通、贸易畅通、资金融通、政策沟通、民心相通，共同打造开放合作平台，为地区可持续发展提供新动力。④

——2015 年 11 月 7 日，习近平主席在新加坡国立大学发表题为《深化合作伙伴关系　共建亚洲美好家园》的演讲。演讲强调："'一带一路'倡议的首要合作伙伴是周边国家，首要受益对象也是周边国家。我们欢迎周边国家参与到合作中来，共同推进'一带一路'建设，携手实现和平、发展、合作的愿景。"⑤

---

① 习近平：《弘扬丝路精神　深化中阿合作》，《人民日报》2014 年 6 月 6 日，第 2 版。
② 习近平：《联通引领发展　伙伴聚焦合作》，《人民日报》2014 年 11 月 9 日，第 2 版。
③ 习近平：《迈向命运共同体　开创亚洲新未来》，《人民日报》2015 年 3 月 29 日，第 2 版。
④ 习近平：《构建中巴命运共同体　开辟合作共赢新征程》，《人民日报》2015 年 4 月 22 日，第 2 版。
⑤ 习近平：《深化合作伙伴关系　共建亚洲美好家园》，《人民日报》2015 年 11 月 8 日，第 2 版。

——2016 年 1 月 19 日，习近平主席在埃及《金字塔报》发表题为《让中埃友谊如尼罗河水奔涌向前》的署名文章。文章中说，"一带一路"追求的是百花齐放的大利，不是一枝独秀的小利。①

——2016 年 9 月 3 日，习近平主席在二十国集团工商峰会上特别指出，中国倡导的新机制新倡议，不是为了另起炉灶，更不是为了针对谁，而是对现有国际机制的有益补充和完善，目标是实现合作共赢、共同发展。②

——2017 年 5 月 14 日，习近平主席在"一带一路"国际合作高峰论坛上指出，"一带一路"建设植根于丝绸之路的历史土壤，重点面向亚欧非大陆，同时向所有朋友开放。③

——2017 年 9 月 3 日，习近平主席在金砖国家工商论坛上阐释了"一带一路"倡议不是地缘政治工具，而是务实合作平台；不是对外援助计划，而是共商共建共享的联动发展倡议。④

习近平主席的这些演讲和文章具有国际视野，符合国际话语规范，广受国际媒体重视传播，充分说明中国在创造海丝话语、提升话语吸引力、把握话语权方面走向理念自觉。核心话语是国家综合实力达到一定程度后的自我表达，也是对原有国际话语体系的调整。这些中国海丝文化的核心话语以顺应世界发展潮流的理念，构建了海丝文化话语体系的总布局和总路线，破除了"零和博弈"的观念，引起了国际媒体极大的反响和各国政府的关注。从这个意义上来说，作为新的国家开放倡议，21 世纪海上丝绸之路对当前的中国来说实际上是一种文化构建提升。通过核心理念推动与相关国家的人文交流，实现国际话语权的突围，进而提升中国在国际事务处理中的地位，也成为更深层次的文化构建问题。

---

① 《习近平在埃及媒体发表署名文章》，《人民日报》2016 年 1 月 20 日，第 1 版。
② 习近平：《中国发展新起点　全球增长新蓝图》，《人民日报》2016 年 9 月 4 日，第 3 版。
③ 《习近平在"一带一路"国际合作高峰论坛开幕式上的演讲》，《人民日报》2017 年 5 月 15 日，第 3 版。
④ 习近平：《共同开创金砖合作第二个"金色十年"》，《人民日报》2017 年 9 月 4 日，第 2 版。

（二）广泛设置正面舆论议题

议题设置理论是美国传播学者麦克姆斯、唐纳德·肖最早提出的。他们认为，虽然大众传播媒介不能直接决定人们怎样思考，但是它可以为人们确定哪些问题是最重要的。大众媒介只要对某些问题予以重视，为公众安排议事日程，那么就能影响公众舆论。因此，当大众传播媒介大量、集中报道某个问题或事件，受众也就会关注、谈论这些问题或事件。21 世纪海上丝绸之路核心话语表达的成功，最关键的原因是顺应了地区和全球合作潮流，契合沿线国家和地区发展需要。

"一带一路"倡议的提出是中国构建国际话语权难得的契机。5 年来，21 世纪海上丝绸之路建设取得了有目共睹的成就，因此引起沿线国家的广泛共鸣。但是，海丝定位于共商、共建、共享的和平发展、共同发展，要沿线国家真正参与进来，形成与各自国家发展政策的积极对接，尚有诸多的议题。

一方面，要多换位思考，加强海丝沿线各国的舆情研判，寻找共鸣点。可以预见，在当前以西方为主的国际话语权制约下，必然会产生形形色色的负面议题和偏见表达，中国面临一定的国际话语困境制约。对此，要增强政治敏锐性、政治鉴别力和政治定力。对于一些争论较大的问题，需要通过舆论说明的，需要让沿线民众知情的，一定要主动设置相关议题。在深入分析研究的基础上切实搞清源头本质，对别有用心的负面议题找出破绽和软肋。在话题设置和内容选择上，站在维护海丝文化核心话语的高度，积极回应沿线各国民众的关切，开展有准备的正面交锋，讲清楚历史和事实的真相。同时，努力发掘沿线国家和地区民众的共鸣点，激发对方的兴趣，通过心理上的认同带动行动上的协同。

另一方面，作为 21 世纪海上丝绸之路的首倡国，中国要精心设计，广泛设置质量高、具有普适性的正面议题，扮演海丝文化核心话语始终如一的倡导者和规则制定的主导者，才能逐渐扩大海丝文化话语的影响，赢得舆论空间。21 世纪海上丝绸之路倡议文化话语的建设是一个从量变到质变的过程，其中可能遇到的风险和问题许多是全球框架下的，只有在沿线各国规制合作的基础上，提出令多方信服的制度和方案才能落实。主要的途径是利用好现有的国际通行话语规则。建设 21 世纪海上丝绸之路的目的，不仅要将中国的东海岸与马六甲海峡、印度洋以及地中海边缘等地的港口连接起来，通过交通运输设施、通信网络建设实现互联互通，促进金融服务与贸易的便利化，而且要力图促进沿线各国人民之间的民间往来与文化交流，搭建 21 世纪海上丝绸之路上的人文桥梁。从国际法律和规范层面，深入细致地提出更多带有中国自身核心理念的合理改革方案，这也体现出一国的话语构建能力。

建设开放平台设立规则，做好合作理念的倡导者和相关规则制定的主导参与者十分重要。海丝文化的核心国际话语要在 21 世纪海上丝绸之路的建设中逐渐转化为长期的、有效的话语，需要开放的平台来推广，为沿线各国所熟知，扩大中国国际话语影响。在亚洲基础设施投资银行（AIIB）、丝路基金有限责任公司等中国倡议建立的多边国际金融机构集体实践过程中，秉承"亲、诚、惠、容"原则创设规则、执行规则，积聚更多力量渐进地影响海丝沿线国家行为体的认知。如亚投行创始会员达 57 个，中国作为首倡国话语地位无疑是重要的。

（三）培养影响舆论发展内容和方向的能力

21 世纪海上丝绸之路倡议提出以来，大多数国家对实现倡议提出的核心目标表现出积极的响应态度和参与意识。随着建设的推进，许多报社、电台、网络加强这方面的报道力度，但也不可否认，海丝沿线地缘政治复杂，大部分国家都是前欧洲殖民地，各国各地区文化各异，民族宗教复杂，经济发展水平差异显著，贫富差距和国情差异导致民众利益诉求不一。由于多种原因，印度、东南亚的一些国家对中国崛起充满担忧，在政治与外交上的信任还不是很充分。在此背景下，媒体极容易进行舆论操作，发布危言耸听的言论。一些国家的防务专家观察中国的一举一动，也有可能进行过度解读，不断制造出形形色色的"海上丝绸之路威胁论"的论调。总的来说，比较主要的大致有以下几类。

1. 中国版马歇尔计划、新马歇尔计划

马歇尔计划（The Marshall Plan）即欧洲复兴计划（European Recovery Program），是第二次世界大战结束后，美国对被战争破坏的西欧国家给予经济援助和协助重建的计划，对欧洲国家的发展和世界政治格

局产生了深远的影响。该计划于第二次世界大战后不久的 1948 年 4 月正式启动，1951 年宣告结束。濒临破产的西欧各国在 4 个财政年度里，通过参加经济合作发展组织（OECD）接受了美国包括金融、技术、设备等各种形式的援助合计 131.5 亿美元。美国利用马歇尔计划实现其地缘政治目标，西欧国家全部加入了以美国为首的反苏反共阵营，大大加剧了刚刚开始的东西方冷战。有的西方媒体抓住中国基础设施投资，特别是亚洲基础设施投资银行项目实施，以马歇尔计划套用"一带一路"倡议。认为中国具有霸权思维，运用本国的财力和资源去带动区域经济发展，影射"一带一路"是中国从事霸权主义或新殖民主义的工具，让沿线各国误认为中国提出 21 世纪海上丝绸之路倡议别有用心。2014 年 10 月，在李克强总理访问欧洲期间，英国媒体《金融时报》刊登文章《新"马歇尔计划"》，称中国利用欧洲衰落这百年一遇的机会，大肆进入欧洲。

2. 朝贡体系变相继承论

朝贡体系是公元前 3 世纪到 19 世纪末期，东亚、东南亚和中亚地区以中国为主要核心的政治秩序体系，呈现等级制、网格化的特征。有的西方媒体强行将中国一直所提的中华民族伟大复兴与朝贡体系相联系。2014 年 11 月，在中国提出计划出资 400 亿美元成立丝路基金后，朝贡体系变相继承论更是屡屡见诸西方媒体。这一论调认为中国提出的丝路基金是变相的传统朝贡恩赐体系，是精心策划的计谋的一部分，旨在把美国赶出东亚并将该地区恢复至古老秩序。这种论调无疑是以"西方中心论"的思维对古代海上丝绸之路交流互通特性的解构。

3. 海上丝绸之路"黄祸论"

"黄祸论"（Yellow peril）由来已久，[①] 这种极端民族主义理论宣扬黄种人对于世界是威胁，应当进行战略联合，对付黄种人。在 21 世纪海上丝绸之路倡议提出之后，有人提到海上丝绸之路也有"黄祸"，直

---

① 一般认为，"黄祸论"的始作俑者是无政府主义创始人之一俄国人巴枯宁，他在 1873 年出版的《国家制度和无政府状态》一书中开鼓噪"黄祸论"之先河。英国殖民主义者皮尔逊在他的《民族生活与民族性》一书中进一步完善，使得这一理论基本形成。后来，德国的海因茨更是以《黄祸论》为名出书，鼓噪"中国威胁论"。

指中国是潜在威胁。其核心是认为随着中国经济持续的高速增长，中国的大国崛起构成对世界自由产生威胁。"黄祸论"比较集中地体现在中国高铁项目的建设上，日本、法国、德国等国高铁与中国高铁在国际市场上进行竞争，不排除利用国际文化话语对中国经济层面的有意打压。

4. 丝路文明冲突论

美国哈佛大学政治学者亨廷顿提出了"文明冲突论"。按照亨廷顿的说法，文明之间最重要的区别不是种族或民族，而是宗教，未来的冲突将在把这些文明分隔开的文明断裂带爆发。一种处于强盛时期的文明必然殖民、扩张、称霸，输出自己的文化，用自己的文化来消灭、代替异己的文化。亨廷顿认为："文化几乎总是追随着权力。历史上，一个文明权力的扩张通常是同时伴随着其文化的繁荣，而这一文明几乎总是运用它的这种权力向其他社会推行其价值观、实践和体制。"① 中国提出 21 世纪海上丝绸之路倡议后，"文明冲突论"频频出现在国际媒体中。中泰高铁建设的波折、21 世纪海上丝绸之路沿线国家多为文明板块交接处的事实都曾被利用，作为 21 世纪海上丝绸之路存在"丝路文明冲突"，具有极大安全风险和隐患的证据。

5. 新殖民主义、后殖民主义

这种论调认为历经第二次世界大战以后的民族解放浪潮，绝大多数民族国家已取得政治独立。在全球化的背景下，强国实施政治、经济、文化渗透，控制手段较强权手段更为隐蔽、间接。新殖民主义、后殖民主义的实质是文化殖民主义、文化霸权主义，尤其善于利用经济优势配合文化渗透，使落后国家充当强国的商品市场、原料产地和投资场所，最大限度地榨取当地财富。

6. 软实力扩张论

这一论调以约瑟夫·奈的软实力为理论支撑。从这一理论出发，认为中国的"一带一路"倡议实质上是以自身政治经济硬实力为基础获得他国认同，柔性实现扩张和价值观输出的新路径，可能扰乱国际

---

① 〔美〕塞缪尔·亨廷顿：《文明的冲突与世界秩序的重建》，周琪等译，新华出版社，2002，第 88 页。

秩序。

　　总的来说，这些论调是以往"国强必霸""中国威胁论"的翻版和衍生，认为中国的崛起必然意味着西方国家的利益和安全受到潜在威胁，本质上是担心中国挑战美国在第二次世界大战以后建立的国际秩序。这些论调抛出后，经过精心的策划渲染，在沿线民众中引起了不小的反响，不可低估其对海丝共有文化基础的破坏作用。

二 21世纪海上丝绸之路文化话语体系的动力机制与建构特征

（一）在倡议实施中不断加深文化价值观的内涵和理论创新

21世纪海上丝绸之路建设沿线国家族群繁多，文化差异性较大，文化价值观的一致不能一蹴而就，必须根据新的条件不断丰富深化内容，进行内涵和理论的创新和探索。在倡议实施的动态过程中，文化话语体系的建设是一个综合、长期、系统的过程。以全方位的文化合作和交流为基础，建设富有创造力、感召力、公信力的话语体系，全面清晰地阐释人类命运共同体意识、中国梦的深刻含义，增强综合国力中的软实力因子十分必要。

首先，建立社会主义的基本理念、价值体系和基本制度的高度文化自觉和文化自信，抓好自身核心价值观体系的建设，传播好中国声音，是夯实海外话语权建设的基础。中国是一个社会主义国家，西方媒体长期对社会主义国家的妖魔化报道，使沿线各国的民众极易产生排斥心理。因此，作为21世纪海上丝绸之路倡议的首倡者，面对不同政治制度、不同宗教信仰、不同社会状况的沿线各国，在坚持社会主义的基本理念、价值体系和基本制度的基础上，在倡议实施中取得话语权，阐释好海丝文化的特色，是一项艰巨任务。中国的社会主义国家性质是客观存在的，坚持社会主义国家的立场和身份，参与国际事务也是必然的，道路自信、理论自信、制度自信应该源自中国对中国特色社会主义道路的自信、对马克思主义旗帜的自信、对社会主义制度的自信。

21世纪海上丝绸之路倡议提出后，"新马歇尔计划""中国版马歇尔计划"的说法甚嚣尘上，曾经进行了一场关于"一带一路"倡议是不是"马歇尔计划"的大辩论。中国商务部和外交部借各个场合对中国的官方观点加以澄清。国内学术机构和主要媒体撰文正面回应 21 世纪海上丝绸之路倡议是"新马歇尔计划"的议题。① 2015 年 3 月，外交部部长王毅在十二届全国人大三次会议记者会上明确提出，"一带一路"倡议不是美国第二次世界大战后用资金援助欧洲复兴的"马歇尔计划"。因为"'一带一路'诞生于全球化时代，是开放合作的产物，不是地缘政治的工具，更不能用过时的冷战思维去看待"。②

其次，密切关注沿线国家所共同面临的各种重大理论和现实问题，关注国际话语结构新动态，克服话语僵化，适时调整提炼出具有普遍意义的话语，形成富有针对性的集中宣传回应。对沿线国家所共同面临的各种重大理论和现实问题加以关注，这是塑造丝路共同体身份的题中之义。"一带一路"倡议的提出和建设，不是大国崛起，是文明的共同复兴。海丝话语体系只有适应发展需要，遵循共商、共建、共享原则，符合有关各方共同利益，才能扎实推进民心相通，也

---

① 这组澄清中国"一带一路"倡议并非"新马歇尔计划"的文章，比较有代表性的有《人民日报》刊发的系列文章：《"一带一路"与马歇尔计划存在根本差别》，《人民日报》2015 年 2 月 13 日；《用"新马歇尔计划"诋毁中国无聊之极》；《人民日报》（海外版）2015 年 10 月 18 日；杨子岩《别用"新马歇尔计划"来诋毁中国》，《人民日报》（海外版）2015 年 10 月 18 日；张鑫《"一带一路"根本不同于马歇尔计划》，《人民日报》2015 年 3 月 18 日；蔡淳《"一带一路"绝非中国版"马歇尔计划"》，《经济日报》2015 年 6 月 17 日；等等。学界的文章有：王义桅《"一带一路"绝非中国版"马歇尔计划"》，《求是》2015 年第 12 期；金铃《"一带一路"：中国的马歇尔计划?》，《国际问题研究》2015 年第 1 期；张鑫、杨海泉《"一带一路"不是中国版"马歇尔计划"》，《中国社会科学报》2015 年 2 月 13 日；等等。主要观点包括以下三点。一是"马歇尔计划"是在冷战大背景下，美国对付以苏联为首的东方阵营的举措，有着浓厚的意识形态色彩。"马歇尔计划"助推欧洲有关国家实现了战后复兴，也推动建立了北约组织，巩固美国主导的布雷顿森林体系。二是当今世界正由单极向多极化发展，中国提出的"一带一路"倡议与"马歇尔计划"有本质区别，不挑战现有的国际政治经济秩序。三是在具体操作上，马歇尔计划是美国独资援助，中国提出的"一带一路"是通过亚投行等众筹的方式获得资金，并不排斥任何国家加入，更没有意识形态和全球战略竞争的政治诉求。就亚投行来说，是一种合作共建模式，需要其他沿线国家一道努力来共同携手建设。旨在满足亚洲对基础设施建设的资金需求，与亚洲开发银行、世界银行是互补合作关系而非竞争关系。

② 《就中国外交政策和对外关系答中外记者问》，《人民日报》2015 年 3 月 9 日，第 5 版。

在无形中提升中国的国际话语存在。在此过程中，可以借鉴西方文明的一套话语体系和规则。中国官方多次使用"公共产品"这一话语阐释"一带一路"构想的利益共同体意识，亚投行、丝路基金的开放是要实现与沿线 60 多个国家的合作共赢，在共同发展中寻求各方利益的最大公约数。

最后，清醒认识有中国特色的国际话语权建设不足、未成格局的现状。以 21 世纪海上丝绸之路倡议的实施为契机和平台，积极争取突破西方发达国家拥有的强势国际话语权，尤其是吸引沿线国家对海丝文化价值观的认同。应当理解，由于社会制度的差异，各国有不同意见和声音是正常的。当前一些沿线国家与中国缺乏战略互信的基础，民间交往并不广泛，甚至还存在一定的历史包袱。中国媒体应当理解并主动回应沿线国家对 21 世纪丝绸之路倡议实施过程中的关切与担忧，以有共同理解基础的话语化解双边互疑的风险。21 世纪海上丝绸之路的理念传播建立在文化认同上，对话语接受了，对海丝的价值认同才能巩固，才能取得沿线各国民众的理解和支持。国际话语流行的经验证明，话语体系内涵和创造机制许多都来自学术界，中国学界必须提倡全方位的理论创新，积极鼓励占据视野高度、具有宏观主导力与影响力的研究项目，开创有中国特色的海丝文化话语体系。

（二）尊重沿线国家和地区的宗教文化和本土文化，发掘、创造沿线国家和国家新的共通文化要素

1. 尊重沿线国家和地区的宗教文化和本土文化

21 世纪海上丝绸之路沿线国家宗教信仰多样，民心相通是 21 世纪海上丝绸之路建设的重要内容，也是关键基础。海丝文化构建的重要土壤，就是充满文化活力的民间交往和交流。在进行全方位交流时，各国各地区宗教文化的差异不可回避，要做到民心互通，必须尊重伊斯兰教、基督教以及各国各地区本土信仰等宗教文化，特别是要对相关人员进行培训，了解文化差异和宗教禁忌。海丝沿线各国的文明古老、渊源深厚，既散布着佛教、天主教、基督教（指基督新教）、伊斯兰教、印度教等宗教文化，也散布着崇拜众多的道教文化、妈祖文化以及区域性

的民间共同信仰。这些宗教文化在海丝文化区域中政治、经济、文化和国际关系诸方面有着不可替代的深刻影响力。21 世纪海上丝绸之路倡议的推进无法回避和沿线的宗教、宗教徒打交道。海丝文化话语权建设中宗教内容较难把握，也是被西方媒体大做文章、视为海丝存在重大风险的领域。总的来说，在充分了解宗教社会、加强宗教文化沟通的基础上，本着尊重、交融、合作的原则，多着眼文化交融点，海丝文化是可以和谐共生的。印度尼西亚是 21 海上丝绸之路沿线重要支点国家，有 2 亿多名穆斯林，伊斯兰教文化氛围浓厚。印度尼西亚总统佐科积极响应其"全球海洋支点"发展规划同 21 世纪海上丝绸之路全面对接。目前，中国伊斯兰教协会与全世界 40 多个国家和组织建立了联系，该协会开展的赴国外文化展演、共同出版书籍、派遣穆斯林留学生等方式在消除误解的同时丰富了海丝文化的内涵。

2. 发掘、创造 21 世纪海上丝绸之路沿线国家新的共通文化要素

文化随时代而常新，薪火因添续而长传。发掘、创造 21 世纪海上丝绸之路沿线国家新的共通文化要素十分重要。海上丝绸之路相关的文物考察、资料梳理、理论研究等基础工作需要进一步深入。在沿线国家中，已经存在歪曲郑和航海之旅等历史事件，坚持"郑和侵略说"，认为郑和是军事远征，代表了明王朝的扩张主义。这是解构海丝文化共同精神符号、消解 21 世纪海上丝绸之路倡议文化基础的声音。因此，还原海上丝绸之路真实历史的创造性成果，有利于填补知识断层，强有力地驳斥此类声音，提升中国的海外话语权和影响力。

此外，丝绸之路的核心是贸易之路，贸易投资往来有利于双方经济发展，为当地提供就业机会，是 21 世纪海上丝绸之路倡议中成效显著、民众疑虑、政府顾虑较少的部分。通过对倡议实施后经贸文化新要素的整理创造，有助于密切沿线国家人民和平友好的感情，夯实合作的民意基础和社会基础，进而求同存异，在互惠互利的基础上真正建立人类命运共同体意识，在新的时代背景下推动人类文明互动，促进沿线各国各地区繁荣发展。潮州广济桥是中国四大古桥之一，有着"世界上最早的启闭式桥梁"美称，是见证潮州经由海上丝绸之路与西方各国交汇的古迹。潮州"丝路茶语　潮州问茶"在古老中发掘创造新的文化要素，

在具有 800 多年历史的广济桥上，来自中国、泰国、马来西亚、哈萨克斯坦等地的茶艺师为来访者沏上具有潮州元素的中国茶。品茗中潮州音乐、潮剧等潮文化穿插其间，可谓古风新韵。

3. 关注语言的鲜明适用，注重影视、展览、网络资源等的应用

目前不少沿线国家对中国发展道路抱有疑虑，担心中国倡导 21 世纪海上丝绸之路另有企图，影响到他们切身相关的就业等个人利益。特别是一些普通民众在不明真相的情况下，对 21 世纪海上丝绸之路倡议的推进有很多担忧。这些担忧有的十分具体，如对中国高铁技术成熟度的担忧，认为中国高铁起步较晚、运行时间较短，还没有得到世界公认。破除这些疑虑需要多途径地扩大宣传。海丝沿线国家发展状况不一，许多国家的人群受教育程度不高，普遍缺乏国际语言交流能力，生活圈较为封闭，应采取较为直观的话语和影视等话语解释方式。2014年 3 月，习近平主席出席在巴黎举行的中法建交 50 周年纪念大会时指出："拿破仑说过，中国是一头沉睡的狮子，当这头睡狮醒来时，世界都会为之发抖。中国这头狮子已经醒了，但这是一只和平的、可亲的、文明的狮子。"[1] 这就是鲜明、直观的话语典范。60 集大型系列报道《海丝纪行》等纪录片，以镜头语言描述了海丝沿线城市的独特个性和文化特质，全景展示海丝的历史和现状，促进民心互通。厦门广播电视集团先后在印度尼西亚泗水、马来西亚槟城和新加坡，举办"丝路绵延 美丽厦门"图片展，通过近百幅图片展示厦门优美的城市形象、良好的国际营商环境，以及与东南亚各国的友好交往和合作，效果良好。同时，厦门广播电视集团在吉隆坡、雪兰莪、马六甲等地采访拍摄，播出《马六甲记忆》《大马华商》等十多个小专题，其中，在巴生港外吉胆岛上拍摄的小专题《海外"最纯"同安村马来西亚五条港》，在当地华人圈产生较大影响。

语言沟通是话语权建设中的首要问题。建议对海丝沿线国家印度、泰国、马来西亚、印尼、巴基斯坦、越南、缅甸、伊朗、韩国、日本各语种的外宣项目给予积极的专门资助。海丝沿线国家的侨胞众多，侨团

---

① 习近平：《在中法建交五十周年纪念大会上的讲话》，《人民日报》2014 年 3 月 29 日，第 2 版。

多样，具有侨务资源优势，潮汕语、闽南语、粤语等通行地方语言也应支持。向尽可能多样的沿线国家民众介绍多元文化相互影响、多种宗教同生共存、不同族群和平相处的海丝文化。以多种形式突破西方国家利用话语表述和制度约束而施加的软遏制。此外，沿线各国的中国文化中心建设树立了中国广泛合作交流的国际形象，中国目前在海外建设的规模最大的文化中心新加坡中国文化中心、越南河内大学孔子学院等运营良好。彰显尊重海丝文明，积极建设海丝文化话语体系的文化自信与勇气。

（三）寻找亮点，讲好海上丝绸之路的新故事

海丝文化话语体系的建设是一个系统工程，既要有抽象表达的核心理念，也要符合各国民众的习惯进行具体表述，以达到良好的话语传播效果。我们传播和表达的对象是世界各国人民，要善于用世界各国人民听得懂、能够理解并乐于接受的方式，全面、及时、准确、客观地向国际社会传播中国海丝文化，讲好中国故事。古代海上丝绸之路是中外关系和海外贸易史上空前伟大的时期，历代相继，虽有曲折，但经久不衰。唤醒沿线国家关于海丝的共同记忆，塑造共同的精神，就要讲好海丝的故事，将海丝精神融入历史故事的叙述中。海上丝绸之路是古代中国与南海、印度洋沿岸国家及非洲、欧洲诸国物质和精神文明双向交流的通道。海丝的形成，是地处东方的中国人、马来人、印度人创造的，也是地处西方的埃及人、希腊人、波斯人、罗马人、阿拉伯人和欧洲人创造的。沿线亚、非、欧各国通过海丝走出封闭，交流往来，取长补短，促进了各自的发展。在这个过程中，人文荟萃，亮点纷呈，发生了许多真实的，至今仍有实物承载的历史故事。正是这些故事印证了 21 世纪海上丝绸之路建设并不是一个宏大的理论概念，而是具有可行性和可操作性的现实路径。如何以贴近沿线各国民众情感的方式来讲述这些故事，首先是要了解海丝文化的价值所在，进而读懂这些故事背后文化互融的含义。

1. 讲好古代海上丝绸之路的故事

情感相通基于人性共通，无分古今。古代海上丝绸之路留下许多象

征融合、友谊与对话的故事。国家文物局确定的江苏南京市海上丝绸之路遗产点明代渤泥国王墓环境幽静、林木苍翠，是南京唯一一座外国国王墓。渤泥国地处今日文莱达鲁萨兰苏丹国，渤泥的含义是"生活在和平之邦的海上贸易者"。郑和下西洋时得到了渤泥国王麻那惹加那乃的友谊和信任。1408 年，麻那惹加那乃偕王后他系邪、王子、随从大臣一行 150 多人，以及大量特产，泛海来访中国，受到明成祖的盛情款待。渤泥国王在南京游览月余，染疾病逝于南京，年仅 28 岁，遗嘱希望托葬中华。明成祖为此专门辍朝 3 天以示悼念，并派专人为其举办葬礼。在安葬时，太子和其他亲王均派遣了代表参加祭礼，按明代藩王规制礼葬这位异邦君主。葬礼结束后，麻那惹加那乃的其他家属由中官张谦护送回国。渤泥国王麻那惹加那乃的故事成为明永乐年间中国与南海、印度洋各国友好关系的例证。

2. 讲好海上丝绸之路历史与现实相互联系的民间故事，传播 21 世纪海上丝绸之路倡议的形象

扎实推进民心相通，要通过新闻媒体积极报道沿线国家历史与现实联系的普通人、普通事，促进具有不同宗教、不同文化的民众之间寻找共同身份、共同记忆。情感共鸣的激发有利于拉近沿线国家民众之间的心理距离，以期共同实现发展的辉煌。在福建泉州有一个"锡兰公主"的丝路故事。1996 年，泉州市郊世家坑古墓群被发现，专家推测，这极有可能就是 500 多年前锡兰王子世利巴交喇惹的墓地。史载，公元 1459 年，锡兰（今斯里兰卡）王子出使中国，后因国内发生政变，留居泉州的锡兰王子世利巴交喇惹无法归国，只好定居泉州，取其名的第一个字"世"为中国姓，并娶当地的一名蒲姓阿拉伯女子为妻，从此"世家"就在泉州及闽南繁衍生息。1985 年，斯里兰卡政府曾经致函中国文化部外联局亚洲处，请求中国代为在泉州寻找锡兰王子后裔。当地政府将"世家坑"定为重点文物保护单位，将发现的 20 多块墓碑迁走保护。泉州市民许世吟娥来到泉州海外交通史博物馆，公开了严守了 500 多年的家族秘密：世家一族已在泉州繁衍生息了 500 多年，许世吟娥就是锡兰王子的后裔。"锡兰王室后裔"的发现，惊动了斯里兰卡政府。2002 年，斯里兰卡政府官员及考古学家数次来到泉州，拜访许世吟娥和锡兰王子古墓群。经过反复求证，确定了许世吟娥正是锡兰王子的后裔。① 2002 年 6 月 6 日，应斯里兰卡政府邀请，许世吟娥踏上了飞往斯里兰卡的寻根之旅。斯里兰卡政府和人民以最高的礼节欢迎"锡兰公主"回家。许世吟娥与斯里兰卡驻华大使等经常联系，参加斯里兰卡旅游推介会，增进了中斯人民之间的情谊。

3. 讲好海上丝绸之路上华人华侨的故事

中国海丝沿海地区历来多有民众因政治经济原因移民海外。19 世纪中叶，伴随着清廷的对外开放，中国东南沿海民众更是出现了"下南洋"的移民潮。中国海丝移民是跨越文化、跨越国界的文化传播行为，更是海丝文化记忆的重要组成部分。海外华人普遍对 21 世纪海上丝绸之路倡议感到振奋。华人华侨群体具有连接中国与沿线各国的文化桥梁和纽带作用，21 世纪海上丝绸之路建设使他们与中国经济上的往来更为频繁，文化上的联系更为紧密，感情上的交流更为亲近。海上丝绸之路是一条华人华侨向外开拓之路，牵动着华人华侨的回忆和情感。在海丝沿线国家，华人华侨渡海打拼，经过多辈经营，人数众多，组织健全。特别是在东南亚地区，全球华人华侨最为集中。华人华侨不屈不挠的奋斗精神，也是海丝文化的重要体现，他们向海外传播中华文化，与当地融合发展，出现了许多立业扬名的人物。这些人物故事是凝聚当代力量、传递海丝话语，并增进沿线人民相互了解、推动沿线文化领域合作的重要媒介。甲必丹（kakita'an）为荷语译音，是侨领制度中地方领袖的称号。祖籍为福建同安的苏鸣岗开发巴达维亚，在商界名声卓著。1619 年，苏鸣岗被荷兰殖民者当局任命为首任华人甲必丹，享有造币等特权。苏鸣岗任华人甲必丹不久，就被任命为地方推事，后被选为执行官之一。他悉心解决华侨内部矛盾，任甲必丹长达 16 年。王友海也是福建同安人，1847 年赴沙捞越（今马来西亚砂拉越州），他依托海上丝绸之路贸易起家，经营土产、杂货、布匹，对新加坡与沙捞越的早期贸易多有贡献。王友海热心社会福利工作，也是一名甲必丹。至今，当地还有一条以他名字命名的"友海街"。这些甲必丹的故事展示了海上丝绸之路的创业者对当地社会的贡献。

---

① 《丝路故事：平民女子变身"锡兰公主"》，《人民日报》2014 年 10 月 21 日，第 13版。

4. 讲好沿线地区在 21 世纪海上丝绸之路倡议推进中获得新发展的故事

随着 21 世纪海上丝绸之路倡议的展开，中国在世界上产生的影响和发挥的作用越来越大，外界对丝路的关注程度也与日俱增。要用外界容易接受的语言，把 21 世纪海上丝绸之路倡议推进中获得新发展的故事讲好。在古代海上丝绸之路历史中，揭阳最晚从唐宋开始，便是海上丝绸之路的一个重要口岸，留存着很多海丝文化遗迹，为周边区域与东南亚的发展发挥了重要作用。2013 年 21 世纪海上丝绸之路倡议提出以来，揭阳市全力打造 21 世纪海上丝绸之路电商港。揭阳市的军埔村是著名的电商村，490 户家庭已有 350 户近 2000 人投入网上销售活动，开设各类网店近 4000 家、实体网批店 350 多家。军埔村销售的主要产品是服装、塑料家居用品、皮具、电器、五金、玩具等，最高峰月成交金额 2 亿多元，2015 年交易额突破 20 亿元，村内公园绿地配套完备，带动新亨、锡场等周边镇村开设网店近 2 万家，初步形成大军埔电商圈，许多电子商务企业，物流、仓储服务公司入驻其中。几年前，军埔村还只有零星的几家低端制造企业，是一个经济落后、社会矛盾突出的问题村。自 2013 年起，揭阳市委、市政府推出了一揽子扶持措施，集中优势资源打造电商人才、电商服务、电商产业、电商文化、电商制度"五大高地"，致力于打造"电商第一村"。从此，村民变成了"店主"，小村变成了"小城"。在进入互联网时代的今天，揭阳市军埔村的海丝新故事增添了海丝文化的时代内涵。

要讲好中国海丝沿线城镇新发展的故事，更要讲好沿线国家在新丝路倡议建设中共同建设、合作发展的故事。自中国发布《愿景与行动》的纲领性文件以来，60 多个国家和国际组织表达积极参与的态度。中国同很多国家达成了合作协议，亚洲基础设施投资银行协定已经签署，丝路基金有限责任公司开始实施具体项目，一批多边或双边大项目合作正稳步推进，给当地带来变化。截至 2014 年底，中埃苏伊士经贸合作区，面积达 1.34 平方千米的起步区已全部建成，12 栋标准厂房全部投入使用，共吸引 62 家企业入驻，为当地创造 2000 多个就业岗位。中泰铁路合作项目启动，民众在启动仪式上与中国高速铁路动车"和谐号"

模型合影。中泰铁路合作项目全长约 845 千米，是泰国首条标准轨复线铁路。2016 年 1 月，印度尼西亚首条高速铁路雅加达至万隆高速铁路开工，全长约 150 千米，连接印尼首都雅加达和第四大城市万隆，标志着中印尼铁路合作取得重大成果。

南亚地处"一带一路"海陆交汇之处，对于中国和巴基斯坦两国来说，"中巴经济走廊"都是 21 世纪海上丝绸之路倡议深化互联互通的成果。2015 年 4 月 8 日，"中巴经济走廊委员会"在伊斯兰堡正式成立。中巴经济走廊内涵丰富，包括公路、铁路、管道、港口、园区等。瓜达尔港位于巴基斯坦西南部俾路支省，是中巴经济走廊的南端起点。港口濒临阿拉伯海，靠近霍尔木兹海峡，是印度洋沿岸的一座难得的天然深水良港。在习近平主席的亲自推动下，瓜达尔港 2014 年被列为促进中巴"一带一路"合作的旗舰项目。5 年来，中国企业克服困难，修复和完善了瓜达尔港港口生产作业能力，积极推进配套设施建设。2015 年，瓜达尔港的基础设施建设初具雏形，正式开始商业运营，商业吸引力与日俱增。巴基斯坦想把瓜达尔港发展成世界一流的自由贸易区，成为巴基斯坦国家振兴的希望。经济协调委员会将批准瓜达尔港 23 年免税期，以此来吸引国内外投资者，从而使这个港口成为商业中心。

被称为丝路基金首单的卡洛特水电项目投资采取股权加债权的方式运作。卡洛特水电站位于巴基斯坦吉拉姆河，计划采用"建设—经营—转让"模式，2020 年投入运营，运营期 30 年，到期后无偿转让给巴基斯坦政府。规划装机容量 720 兆瓦，年发电 32.13 亿千瓦时，总投资额约 16.5 亿美元。[①] 2016 年 1 月，卡洛特水电站项目主体工程开工建设。

瓜达尔建设作为"一带一路"的早期收获成果，卡洛特水电站作为 21 世纪海上丝绸之路建设全力推进阶段的成果，二者的经验与理念受到全球媒体的持续关注，21 世纪海上丝绸之路的建设为沿线各国提供的发展机遇，深化南亚区域合作提供新的强大动力获得认可。

---

① 《"一带一路"示范项目 中国电企来到巴基斯坦》，《经济观察报》2015 年 4 月 27 日，第 7 版。

（四）以扎实的学术研究为基础，讲出中华人民共和国发展的线索

在重视沿线各国各地区传承古丝路文化文明、再现共同历史记忆的同时，更要介绍中华人民共和国的历史和在各方面取得的成就，用中国实践升华中国理论。讲好古代海上丝绸之路故事，也讲好中华人民共和国成立后的海上丝绸之路故事，特别是今日中国与沿线各国经贸投资、文化交流和人文往来盛况，在历史和现实的时空交错中，展现21世纪海上丝绸之路倡议背景下中国改革开放的活力和希望。向沿线国家传播和推介中华人民共和国的建设成就和治理理念，传播好当代的中国声音，需要以扎实的学术研究为基础，加强"一带一路"倡议的支撑理论研究。

应以深入的研究创新表达方式，避免以往千篇一律的宏大叙事，并以鲜活的历史个体讲述中国人融入当地、造福居民的故事。尤其是当前情况下，有一部分国家的民众由于地缘政治上的疑虑，对社会主义新中国的发展不了解，甚至存在偏见，有所误解。因此，必须以真实的例子、翔实的数据，呈现中国的稳定繁荣、民生幸福，解释中国崛起对世界和平稳定的贡献。以系统的中国智慧、鲜明的中国思想、响亮的中国主张说明21世纪海上丝绸之路是交通的连接与拓展，是中国改革开放的契机，也是沿线国家发展的新机遇，形成沿线国家的民心相通，夯实了解互信的基础。

在"一带一路"成为当今世界流行话语的过程中，加强倡议实施过程中的话语权十分必要。对社会主义中国的形象和中国共产党的形象、中国和平发展的道路进行有效的海外舆论引导和建设，不应淡化处理，更不应认为遇到敏感问题不易说清楚而采取回避态度。国际敌对势力阻挠21世纪海上丝绸之路建设的图谋客观存在，其重要的手段之一就是利用强势话语权进行历史虚无主义的宣传，发出诸如"朝贡体系复活""海上丝绸之路红色浪潮"等噪声，传播关于中国的负面新闻。必须及时廓清事实，针锋相对地进行海上丝绸之路和平本质的正面宣传。事实上，中华人民共和国成立以来，中国经济社会发展取得巨大成就，从一个积贫积弱、满目疮痍的半殖民地半封建社会发展成为政治清明、

社会和谐、经济总量世界第二的新兴大国，这在一定程度上改变了原有的国际秩序和西方发展观念，为当代世界的发展提供了新的契机。中国共产党领导中国人民在伟大实践中确立了中国特色社会主义道路、理论和制度，创造了举世瞩目的成就，引起世界聚焦中国方案。我们有底气遵循历史主线，在事实的基础上介绍党史国史军史的成就。新中国的前30 年是被国际话语丑化、攻击的重点对象，对此，我们应拿出理论研究成果，深入浅出地做出理直气壮的回应。在前后 30 年的关系问题上，阐释前 30 年是中国谋求民族独立、军工和完整产业链基础的原始积累时期。后 30 年是民族独立、军工和完整产业链基础原始积累已经完成，成为世界重要的一极融入世界市场追求高速发展的时期。两个时期任务不一样，路线也不一样。

（五）注重 21 世纪海上丝绸之路建设信息的国际化，积极参与国际组织和沿线各国的文化活动

根据有关统计，2013 年 9 月到 2015 年 2 月，国际媒体中有关"一带一路"的英文报道共 2500 多篇。中国的英文媒体对"一带一路"倡议进行了广泛报道与解读。截至 2015 年 7 月底，中国的英文主流媒体发表"一带一路"报道将近 1 万篇。然而，国际受众主要借助西方媒体来了解中国，信息获取率高达 68%，仅有 22% 的受众是从中国媒体了解中国。[①] 海量的媒体报道增加了海丝话语的受众面，提高质量成为重要课题。联合国、世贸组织等政府间国际组织是各成员国展示形象、阐释政策、扩大国际影响力的重要舞台。应增加在联合国教科文组织官网、世界遗产组织官网等的信息推送，如联合国教科文组织发布关于在海上丝绸之路及其重要地位的新闻稿，以及丝绸之路项目平台上泉州网页的设立都取得良好效果，应进一步协调增加。2015 年，泉州成为美国印第安纳波里斯儿童博物馆"带我去体验中国"体验展的代表城市，展馆设计以泉州为原型布展，这项展览时间长达三年半，较好地展示了泉州的海丝文化形象。

---

① 王秋彬、崔庭赫：《关于加强"一带一路"国际话语权构建的思考》，《公共外交季刊》2015 年第 4 期。

另外，注重海丝话语体系的"在地化"策略。传播真实的中国及海丝文化的核心理念与价值观，对抗西方背景媒体有目的的舆论操纵。在信息化、媒体化的时代。信息到处传播，被媒体时刻关注。要让公众了解、认知海丝文化，离不开信息，离不开媒体。应尽量以海丝文化为载体，形象地、深入浅出地讲述中华人民共和国发展历程和现实故事，客观真实并深入浅出地表明中国立场，易于使沿线国家的读者读懂中国。海丝沿线各国文化差异大、存在第三国的干预、民族主义和宗教矛盾复杂、各国内部的利益集团和非政府组织的政治参与度集中，这些都是客观存在、不可避免的现实。海丝文化合作构想从大众文化交流开始，帮助普通民众相互了解彼此国家的文化，成为传播海丝文化话语体系易于入手的选择。沿线各国各地区媒体对 21 世纪海上丝绸之路倡议表现出了极大的兴趣和关注，陆续重磅推出专题报道。共享、合作和话语交换的平台也在不断建构。澳大利亚新闻频道一直加强与中国国务院新闻办以及中国的各大媒体机构的交流。2014 年，在悉尼举办的中澳媒体论坛对海丝文化等方面的话题进行了探讨。

（六）分层次、分目标地进行文化合作和文化交流

如前所述，在 21 世纪海上丝绸之路倡议实施中，文化话语体系的合理有效建设有助于提升中国的核心竞争力和影响力，是增强中国文化软实力的重要组成部分。针对海丝沿线复杂的国家间关系、千差万别的文化宗教情况、关于 21 世纪海上丝绸之路倡议五花八门的论调，需要"破"，更需要"立"，深入细致地做好文化话语体系内涵的建设工作必不可少。

21 世纪海上丝绸之路沿线国家数量众多，地缘政治情况复杂，发展阶段各不相同。通过对传播对象的了解，才能增强普及海丝文化的针对性和实效性。许多国家的舆论在能成为新丝路的一部分和重要倡议参与者的喜悦以及对中国的疑虑中徘徊。深化与沿线国家的文化交流与合作，不能单纯地追求速度，需要切切实实地根据不同国家的发展阶段和对 21 世纪海上丝绸之路倡议的接受程度，分层次、分目标地合作和交流。在海丝文化话语权建设上，更应进行符合实际情况的目标细化，既要抓住时机，也要考虑接受能力。

一是加强信息实体全方位合作。海丝文化话语权建设的难点之一在于改变传统的宣传思维，变单向的信息传输为双向的互动，尽量实现话语传播内容和形式的在地化。"2015 海丝沿岸国家主流媒体看广东"活动于 2015 年 4 月 26 日在广州启动。来自欧洲、南美洲、东南亚、非洲等海上丝绸之路沿岸国家的 20 家主流媒体的记者，和中央、港澳以及省内媒体一起，对广东进行为期 5 天的参观采访。参与媒体为了解广州市、东莞市、佛山市的发展变化，实地参观采访黄埔古港、南海神庙、广州南沙港、广汽集团、佛山中德工业服务区、松山湖国际机器人产业基地等与海上丝绸之路息息相关的历史古迹和现代企业。①

值得注意的是，在媒体传播合作平台上，沿线国家的媒体与国内主流媒体如人民日报社、新华社等有深度合作，阵容强大，投入巨大。但这显然不足以应对海丝文化话语权建设的需求，也很容易被沿线国家受众误认为是官方的政治宣传。推动沿线国家媒体与中国地方媒体之间的交往合作，使关于海丝的报道更为多元、更为深入全面，自然也就更吸引受众。2015 年，为庆祝中泰建交 40 周年，"走访东方海上丝绸之路"活动在泰国东部举行，活动行程从泰国和柬埔寨边境的沙缴府开始，主要依次访问沙缴、尖竹汶、罗勇和北柳等地。活动由中国驻泰国大使馆与泰中文化促进委员会共同举办，目的在于重温中泰友好源远流长的历史，在海上丝绸之路背景下把握并发展好两国现有的务实合作，引起了当地媒体的关注，效果良好。②

二是加大力度支持沿线国家孔子学院和华文教育事业的发展，采用汉语语言教学等方式传播海丝话语。21 世纪海上丝绸之路倡议提出后受到了国际社会的广泛关注，已经成为沿线国家的最流行的话语。21世纪海上丝绸之路概念带动了沿线国家民众对中国机遇的向往，出现了"汉语热"和中国文化热。海丝文化的传播需要既熟悉当地文化又会讲中文的双语人才，应支持在有条件的沿线国家开展汉语教学，因地制宜地编制汉语教学课本音频、网络资源，增加海丝文化内容，宣传海丝话

---

① 《20 家外媒深度走访穗莞佛》，《南方日报》2015 年 4 月 27 日，第 A02 版。
② 《中泰启动"走访东方海上丝绸之路"活动》，中国网，http://news. china. com. cn/live/2015 - 05/25/content_32844635. htm，2015 年 5 月 25 日。

语体系。尤其不能忽视对新生代华人华侨的汉语教学。欧洲福建发展联盟在各地侨社推广华文教育，深受当地华人华侨的欢迎。展会从文化交流的视角，展示海丝文明轨迹及沿线各国的风土民情，表现各国往来交流的和谐关系，也是传播海丝话语的较好手段。2015 年 12 月，"蔚蓝丝路——中国海上丝绸之路特展"开幕式在马尔代夫国家博物馆举行，展览在发掘中国与马尔代夫友好交流的历史、增进人民友谊方面成效显著。

三是拓宽领域，细化企业的文化管理机制。世界文化要"引进来"，中华文化要"走出去"，企业是新丝路倡议的具体执行主体，也是海丝文化话语的传播者。近年来，中国与非洲、东南亚等许多海丝沿线国家在东盟等框架下已有一系列较为成熟的文化合作机制，21 世纪海上丝绸之路的文化建设也在推进中。随着 21 世纪海上丝绸之路建设的深入，中国企业特别是国有企业在沿线国家的国际直接投资在领域、范围和规模上还将不断扩大。由于经济利益、价值观、文化理念、生活方式、宗教观念等的差异，企业应对海丝沿线国家的有效文化管理提到了日程上。目前来看，有些企业在当地不断加强彼此的合作和友谊，取得了很好成效，也有一些合作项目由于沟通工作不足，缺乏文化的充分交流，没有获得足够的理解与支持。因此，必须细化机制，利用行业组织有效教育引导企业和员工树立良好企业和公民形象。合理发挥政府和企业的作用，形成海丝文化话语体系建设的合力。

（1）鼓励有条件的企业建立和完善当地新闻发言人制度。企业发言人是企业形象的"包装师"和与外界沟通的有效途径。不仅在出现对企业不利的负面新闻时站出来维护企业形象，该公开的公开，该透明的透明；而且更重要的是了解各国话语传播的风格与做法，在平时就注重树立企业的跨文化交际形象，有效预防和控制可能出现的各种文化障碍和风险。

（2）对企业雇员进行跨文化的培训。企业雇员的跨文化交际能力，已成为中国企业在国际化过程中必须面对的重要课题，海丝沿线国家复杂的宗教、政治形势更需要对雇员进行专门培训。企业与当地民众的接触较多，人与人之间风俗与文化的差异一旦在某些方面产生摩擦，就有可能由于文化缓冲的处理不当而放大政治、外交上的误解。

（3）鼓励企业适当参加当地的公益活动，在企业形象传播中直观体现海丝话语。加强海丝文化话语权的建设，长远和根本的目标是增强文化认同，建设海丝沿线各国民众共有的精神家园。适当参加当地公益活动是众多企业推行的一种基本的当地化话语融合方式，这种方式体现的人文关怀和文化参与，对促进企业由相对自我封闭的文化向当地开放的文化转变，对加强企业社会形象建设具有重要意义。观念是很难动用强制力量迫使对方接受的，海丝文化话语也是如此，企业参加当地公益活动可以加强和规范海丝话语的建设性传播，改善公共关系，树立良好形象。只有营造出经营发展的和谐外部环境，才能把握企业在当地社会中的生存发展契机。自由展开的本土公共舆论也能够更加公允和理性。

（4）重视借力海外侨务资源与华文媒体。海丝沿线国家的华人华侨人数众多，他们既懂中华文化，又了解当地的文化、风土人情。海外华文媒体有条件根据其所在国的国情与文化渊源各有侧重地宣传 21 世纪海上丝绸之路倡议，5 年来倡议推进的实践证明，移民海外多年的华侨十分珍惜祖国情感，对支援海丝建设、推广海丝文化非常积极，在与当地民众的互联互通方面给予了很多帮助和支持。海外侨务资源对发挥海外资金、技术和社会影响优势，形成话语沟通大有裨益。但是也有很多华裔对 21 世纪海上丝绸之路倡议的核心理念、整体愿景并不清楚，大多数人只停留在概念层面。让沿线国家华人华侨对海丝文化有更直观、更全面的了解，吸引他们参与到共建 21 世纪海上丝绸之路中来，需要加大海丝沿线涉侨工作的支持力度。利用传统文化纽带多做、善做华人华侨工作，建构一条将沿线各国与中国连接起来的民间话语通道。2015 年，海外华文媒体"一带一路"访问团考察了北京、广西和云南，刊发了大量报道。

同时，以民间人文交流方式发挥海外华文媒体的作用，通过海外华文媒体正确解读和传播海丝文化，增强世界各国民众对海丝文化的准确理解。传统媒体不断与新媒体融合发展，这为海外华文媒体特别是新媒体创新性的讲好海丝故事带来了机遇。目前，有 2 万多所华文学校、2 万多个华人社团及 1000 多家华文媒体遍布全球，他们有望成为传播海丝文化的重要媒介，共同为 21 世纪海上丝绸之路建设搭建话语平台。华人华侨信息传播的力量将提高海丝文化话语的效率和质量。莆田湄洲岛妈祖"春秋两祭""海峡论坛·妈祖文化周""中国·湄洲妈祖文化旅游节",开闽王崇拜形成的开闽文化活动等,沿线国家的华人新闻媒体都会集中宣传展示。有的海外华人媒体还自筹资金以适宜当地的方式出版有关 21 世纪海上丝绸之路倡议的书籍、画册,拍摄宣传片等,如柬埔寨由于交通不便,纸质媒体很难送达偏远地区,随着智能手机的普及,人们越来越多地用手机通过网络获取信息。柬埔寨华人华侨创办了柬首份纯电子版中文报纸《吴哥时报》,依托微信公众平台,致力于用新媒体方式讲述丝路故事。①

(七)为民间文化交流创造便利化的条件,增强国有文化企业实力,调动积极性

中国国有文化企业与世界一流水平有着较大差距,21 世纪海上丝绸之路倡议的建设给国有文化企业做强做优、增强国际竞争力带来了前所未有的契机。

一是 21 世纪海上丝绸之路倡议从结构调整和产业布局上,创造出了建立健全现代企业产权制度,合理资源配置的更广阔范围。

二是 21 世纪海上丝绸之路倡议对国企制度改革的实践价值。大批在功能分类基础上兼并重组后的国有企业形成合力,在制度建设、投资、文化交流等方面与沿线国家合作范围、合作力度和合作效果不断拓展。在国有企业产权制度改革中,马克思主义产权理论在为国企产权改革提供理论基础的同时,也因国企产权改革的不断实践而获得了理论新发展的基础和实践平台。21 世纪海上丝绸之路倡议的实践从法人治理结构、产权多元化以及借鉴西方产权思想等不同的方面深化马克思主义产权理论。

三是 21 世纪海上丝绸之路倡议的实施作为涉及面广泛的崭新实践,必然为国企文化改革和发展带来新的探索和理论总结。如国企产权改革是中国企业改革的重要组成部分,是国企产权改革股份制或混合所有制的路径创新;是协同政府、企业和其他各类资源的途径和方式;海外投

---

① 《柬埔寨首份纯电子版中文报纸创刊》,新华网,http://news.xinhuanet.com/world/ 2015 – 03/30/c_127636310.htm,2015 年 3 月 30 日。

资面对沿线国家投资环境和经济形势风险的经验，国际汇率波动风险、工程承包或建设中可能遇到的各种文化风险和本土化问题的识别防控；如何带动在科技、服务等领域拥有比较优势的民营企业和社会资本"国民共进"，共同参与 21 世纪海上丝绸之路倡议等。

　　21 世纪海上丝绸之路倡议的实施，为民间文化交流搭建了新的国际交流平台。中国已经与沿线大部分国家签署了政府间文化交流合作协定及执行计划。高层交往密切，民间交流频繁，合作内容丰富，与很多沿线国家互办过文化年、艺术节、电影周和旅游推介活动等，在不同国家多次举办了以"丝绸之路"为主题的文化交流与合作项目。利用沿线诸多的话语形成要素，文化企业"走出去"效应日益凸显。5 年来，国家各个部委对文化产业高度重视，在扶持文化企业"走出去"的路径与模式，整合打造上、中、下游产业链，增强创意能力和国际营销能力上，已经积累了相当的经验。这些都值得在 21 世纪海上丝绸之路的建设实践中总结和推广，尽量为文化企业实现"走出去"和"请进来"提供便利化。上海自贸区对文化装备企业、演艺娱乐企业"先行先试"的改革经验值得借鉴，宏观方面包括"负面清单"管理等，在文化产品交易、仓储运输、提供服务等具体的操作上，则有产品展览交易手续简化、海关优化艺术品及相关设备的通关流程、拓展文化产品保税展示功能、文化产品自由分拨中转等经验值得复制。

小　结

　　"文明冲突论""民主和平论""软实力"等国际流行的核心话语都来自西方，文化话语体系是中国国际形象中的一块短板。21世纪海上丝绸之路作为人文交流的纽带，首先要取得沿线各国在文化价值观的认同感，讲好中国故事、传播中国声音。国际敌对势力阻挠21世纪海上丝绸之路建设的图谋客观存在，其重要手段之一就是利用强势的话语权进行历史虚无主义的宣传，发出诸如"朝贡体系复活""海上丝绸之路红色浪潮"等噪声，传播关于中国的负面新闻，必须及时廓清事实，针锋相对地进行海上丝绸之路和平本质的正面宣传。倡议提出5年来，"一带一路"成为当今世界的流行话语，中国围绕命运共同体、互联互通等"一带一路"倡议的核心价值理念，逐渐拥有了自己的话语权，构建了具有国际视野的海丝文化话语体系总布局，中国在创造海丝核心话语、提升话语吸引力、把握话语权方面逐渐走向理念自觉。

第 八 章

21 世纪海上丝绸之路文化传承与创新的多元实践

福建省

广东省

江苏省

海南省

广西壮族自治区

山东省

浙江省

海上丝绸之路文化建设多元实践中存在的问题和建议

小　结

2013 年 10 月，习近平总书记提出建设 21 世纪海上丝绸之路的构想，为中国海丝沿线省份的文化发展提供了新的机遇。21 世纪海上丝绸之路建设在文化上的突出特征是多元化。多元化特征一方面源于沿线国家发展的多元性，另一方面，落实到具体区域，体现为微观文化基础的夯实。5 年来，海丝沿线城市本着各自的区位优势和文化底蕴，在海丝文化传承、海丝文化品牌塑造、海丝文化产业发展、凸显公共文化体系海丝要素等方面进行了多元创新实践。在打造重要文化枢纽地位，推动所在地区作为重要节点融入 21 世纪海上丝绸之路建设方面各具特点和亮色，呈现多元创新的文化气象。

福建省

福建省在古代海上丝绸之路上有着重要地位，是海丝文化的支点之一。独具特色的海洋历史传承造就富有福建特色的海丝文化。福建的海丝文化与闽南文化、客家文化、妈祖文化结合，地域特征明显。福建列入海上丝绸之路申遗的首批遗产点有 17 个，占了全国总数的一半以上，这是福建融入 21 世纪海上丝绸之路倡议的优势。在《愿景与行动》中，对福建省的定位是 21 世纪海上丝绸之路核心区。福建省的福州、厦门、泉州同时作为重要城市被纳入发展规划之中。福建推动建立与东盟政府机构、闽籍社团间常态化沟通协调机制；打造妈祖文化和船政文化品牌，支持联合申报"海上丝绸之路"世界文化遗产；推进中国—东盟海上合作基金项目建设，力争中国—东盟海洋合作中心落户福建；与东盟开展海洋渔业养殖合作。2016 年上半年，福建对海丝沿线国家和地区出口贸易额达 1398 亿元人民币，同比增长 8.1%；投资 14.9 亿美元，同比增长 4.2%。

（一）泉州市

泉州市位于福建省东南沿海，辖鲤城、丰泽、洛江、泉港四区，石狮、晋江、南安三市，惠安、安溪、永春、德化、金门五县，通行闽南方言，海丝文化区域特征明显。早在唐代，泉州刺桐港已名列中国四大外贸港口，宋元时期，泉州与埃及亚历山大港齐名，被誉为"东方第一大港"，是海上丝绸之路的著名港口城市和起点城市之一。泉州是联合国教科文组织唯一认可的海上丝绸之路起点城市，也是联合国设立的首个世界多元文化展示中心。泉州较早在城市文化建设中关注海丝文化，进行了持续发掘和宣传。21 世纪海上丝绸之路倡议提出以来，泉州市定位于海丝经贸文化合作先行区，依靠区域文化的积淀和侨乡的特殊优势，对海丝文化传承与创新实践着力尤多，比较突出的亮点有对海丝文化遗存的保护、海丝文化基础设施的完善和推进等。

一是在有效保护的前提下，恰当适度地合理利用丰富的海丝文化资源，促进海丝文化可持续发展。泉州被称为"世界宗教博物馆""多元文化展示中心""东亚文化之都"，保护海上丝绸之路文化遗产是泉州保持地区文化传承、连接市民情感纽带的重要文化基础。近年来，泉州相继投入上亿元，修缮文兴码头、天后宫等重点文物单位，保护海丝文化遗产，反映古代海洋文化在泉州不同历史阶段的状态及其发展水平。2013 年，泉州启动古城文化复兴计划，重点改造文化遗存密集的西街片区，并实施"古城—古港—新区—全域联动"系列项目建设。在城市海丝文化形象传播上，泉州注重形成品牌标志，如"东亚文化之都"等特色鲜明。泉州重视在大众推广中传承保护海丝非物质文化遗产。泉州市木偶剧团被定为省级文化产业示范基地，提线木偶戏活跃于海内外文化交流舞台。南音也是海丝的重要非物质文化遗产，泉州曾多次举办南音大会唱等活动。

二是搭建平台形成沿线各国各地区的沟通协调机制，履行海上丝绸之路申遗牵头城市的职责，提升海上丝绸之路申遗的凝聚力和可操作性。泉州历史上东西方文化"华洋共处、主客同和"，海上丝绸之路遗迹极为丰富，是中国海上丝绸之路文化遗产资源保存最为完好的地区之一。早在 1989 年 1 月，泉州被正式列入海上丝绸之路的考察点。1991年，联合国教科文组织"海上丝绸之路"考察队在泉州进行综合考察活动。目前，泉州与海丝相关的代表性遗产点有 18 个。列入海丝申遗点数量占全国总数的近一半。2012 年 11 月，泉州与宁波、广州、扬州等城市，组成海上丝绸之路申遗城市联盟。泉州作为海上丝绸之路申遗的牵头城市，在申遗协调机制、学术研究、国际协作和保护管理等方面，特别是探索海上丝绸之路文化遗产保护与开发深度结合的联合互动机制发挥了领军作用。泉州联合申遗办公室多次召开会议，统一安排加强遗产展示，协商各申遗城市的比较优势，互学互鉴。如在海丝遗迹专门立法保护方式的探索上，福建省于 2003 年和 2016 年两次为海上丝绸之路泉州史迹发布保护管理办法。2016 年，泉州市政府把《泉州海上丝绸之路史迹保护条例》确定为泉州获得地方立法权的首部实体法。

三是海丝文化要素的产业化，鼓励文化产业发展。泉州通过海丝文化的创新实践让海丝印记在受到保护的同时真正鲜活起来，服务于文化产业的实践。在第一届海上丝绸之路国际艺术节期间，海丝沿线国家和地区代表通过《泉州倡议书》，同意建立 21 世纪海上丝绸之路商务合作机制，并达成经贸、文化等方面的双边、多边交流共识。这些活动扩大了泉州海丝文化旅游的影响力，营造全社会支持海丝文化事业和文化产业发展的浓厚氛围。泉州现代文化旅游产业善于科学整合海丝文化要素，一直走在同类产品的前列。在海丝遗迹保护的基础上，先后推出蓝色滨海游、历史文化游、古城自助游等丰富的旅游产品。

泉州文化产业示范基地建设也是海丝文化实践的特色之一，从文化内涵、生活方式、经济背景等多个角度拓展了文化市场。泉州市场经济比较活跃，特别是民营经济实力雄厚，拥有文化产业转型升级的良好条件。到 2015 年，泉州已形成 1 家国家级、16 家省级和 88 家市级文化产业示范基地，既有传统工艺文化企业，也有新兴创意企业。泉州出口的陶瓷、茶叶、丝绸等品种众多、分布密集、内涵丰富，已发展成为县域经济的主产业，据调研数据，2015 年，泉州市文化产业增加值达 273 亿元，同比增长 11% 。

四是注重海丝文化基础设施建设的完善和推进。文化基础设施是加快文化事业和文化产业发展，助推经济社会全面进步的桥梁。文化设施建设水平反映着城市精神风貌和文化品位。泉州海丝文化设施建设的基础较好，1959 年就创建了泉州海外交通史博物馆，开启了对海上丝绸之路可移动文物的收藏、保护和研究。泉州海交馆综合展、磁灶窑址泉州外销陶瓷展、泉州博物馆 "世界多元文化展示中心" 等重点精品展览以点带线、以线带面，形成海丝文化风貌的系统展示。近年来，泉州市十分重视海丝文化基础设施建设，使海丝文化贴近民生，成为人人都可参与的文化体验活动。

首先是加强对海丝文化基础设施建设的政策引导和扶持力度。通过建设海上丝绸之路艺术公园·亚洲园、古港转型升级等体现泉州海丝文化底蕴。海上丝绸之路艺术公园·亚洲园占地千亩，园内主雕塑群有东亚叙事组雕、东南亚组雕、福船雕塑等，通过不同场景展现了海丝文化。古港转型升级是泉州对海丝遗址遗迹适应时代要求改造的尝试。该计划将已不具备现代港口发展条件的古码头、古渡头，转换为海丝文化展示交流场所，配套交通、旅游、休闲服务。通过古今交融进入现代城市生活以焕发古代海丝文化的生命力。

　　其次是以数字化处理整合海丝文化资源，使泉州海丝形象传播突破时间限制和地域限制。经过 5 年来的实践，这成为泉州海丝文化保护创新实践的一大特色。数字海交馆等公共数字文化建设一直受到重视，2015 年，泉州海外交通史博物馆数字博物馆 37 件文物正式上线。分为"泉州外来宗教石刻""宋代古船及随船出土物""泉州外销瓷" 3 个馆，分别拥有展品 19 件、11 件和 7 件，具有文字、图片、语音 3 项介绍功能。展品包括元基督教尖拱四翼天使石刻、明德化窑何朝宗瓷塑观音立像等海丝文化特色鲜明的国家级珍贵文物。在基层海丝公共文化数字化资源传播方面，泉州推广建设数字农家书屋，启动实施全市公共图书馆、文化馆总分馆体系建设，通过政府购买服务推动试点建立一批公益性社区书吧，实施广播电视节目无线数字化覆盖工程，在全市建立 8 个发射台站，为民众免费提供 16 套数字电视节目。在 2015 年第十四届亚洲艺术节上，泉州市有效利用网络资源，设立"网络亚艺节"板块，以"互联网 + 亚洲艺术节"模式拓展活动空间，与新华网、人民网、中国文化网英文版等同步对接。

　　五是精心打造一系列海丝沿线文化交流的新品牌，多渠道进行海丝文化国际合作，这也是泉州海丝文化实践的主要亮点。5 年来，泉州通过举办多种展览、艺术节、学术研讨等活动打造世界了解泉州海丝文化的窗口，形成了"海上丝绸之路国际艺术节""21 世纪海上丝绸之路国际研讨会"等一系列品牌。同时，承办第十四届亚洲艺术节等国际活动，既体现了中国海丝文化对世界的影响力，也增进了海丝文化对世界文明的吸引力。这些新的文化品牌突出海丝文化主题，融合艺术与海上丝绸之路、学术与海上丝绸之路，具有很高的辨识度。社会的普遍关注也提高了沿线国家民众对海丝文化的共同认识，直接丰富了 21 世纪海上丝绸之路倡议的文化内涵。2014 年的"海上丝绸之路国际艺术节"活动吸引了印度、泰国、新加坡、缅甸等 30 多个国家参加，共举行

"海上丝绸之路国际艺术节"（东亚文化之都·2014 泉州丝海扬帆嘉年华）开幕式、大型舞剧《丝海梦寻》演出、建设 21 世纪海上丝绸之路学术研讨会暨 9 城市文物精品联展、海上丝绸之路与世界文化遗产申报学术研讨会、驻华外交官"中国文化之旅——东亚文化之都泉州行"等 23 项系列活动。

在论坛类文化品牌和智库建设方面，泉州探索组织系列交流的常态化机制，有中国阿拉伯城市论坛、海上丝绸之路论坛等。专家定期举行学术活动，为共同建设 21 世纪海上丝绸之路建言发声。2014 年，首届中阿城市论坛举行，与会各方倡议建立 21 世纪海上丝绸之路城市联盟，在泉州建设会址。这一倡议得到了与会阿拉伯国家城市和国内城市代表的积极响应。这些海丝文化活动和会议、论坛品牌中，有多个已成为系列品牌并为经贸活动搭台，在中阿城市论坛上，泉州就推出重点招商项目 162 个，总投资 2650 亿元。

（二）福州市

福州市位于东海之滨、闽江之口，地理位置独特。福州因海而兴，是古代海上丝绸之路的重要节点和枢纽，被誉为"海丝门户"。根据《愿景与行动》，福州市是 21 世纪海上丝绸之路海上合作支点城市。福建省的海丝文化创新实践，一是以海丝文化为背景，大力挖掘、研究海丝文化遗存。福建省在历史上就有着强烈的海洋文化特色，近年来，福州市积极深挖海丝文化遗产，形成个性鲜明、内涵深刻的本土文化线索。海丝文化遗迹如闽安巡检司、迥龙桥、邢港码头、登文道码头、圣寿宝塔、怀安窑址等得到了较好的修缮和保护，成为福州海丝文化遗存的代表。平潭海坛海峡水下遗存是福州海丝文化中较有特色的部分。平潭海坛海峡水下遗存分布海域是古代海上丝绸之路的必经之地。遗址分布区分布密集、内涵丰富，名列第七批全国重点文物保护单位。平潭海坛海峡水下遗址已确认的水下文化遗存共有 8 处。这些水下文化遗存的时代序列完整，从五代一直延续到清代。平潭海坛海峡目前已采集的遗物以陶瓷器为主，此外还有部分铜钱、漆器等。陶瓷器有青白瓷、青瓷、黑釉瓷、青花瓷、五彩瓷以及陶器等，以日常生活用品为主，种类有碗、盘、盆、盏、碟、瓶、罐等。大部分产品为福建窑址生产，此外还有浙江龙泉窑、越窑，江西景德镇窑以及江苏宜兴等地窑址的产品。

二是完善交通设施，打造精品线路，发展以海峡旅游为特色的海丝文化旅游。交通是制约海丝旅游发展的"短板"。21世纪海上丝绸之路倡议提出以来，福州已形成联系市内外的航空、铁路、航运和公路立体式的交通体系。福州海丝旅游景点已有三坊七巷历史文化街区、马尾船政学堂遗址群、中法马江海战纪念馆（马尾昭忠祠）、怀安窑址、长乐显应宫、郑和下西洋遗址等。在项目建设方面，中国船政文化城、闽安古镇及周边文化保护创意产业生态旅游、淮安半岛会议中心、福清东壁岛滨海旅游、琅岐海峡旅游集散中心、猴屿洞天岩风景区、定海湾游艇旅游综合体等项目正在建设中。平潭海坛海峡水下遗存是古代海上丝绸之路的真实见证，也是沿线国家民众直观了解古代海上丝绸之路繁荣的物证，为平潭建设具有海丝文化内涵的国际旅游岛增色。福州围绕海丝文化打造精品线路，2015年，福州市旅游局推出海港遗迹和文化史迹两条"海上丝绸之路"主题旅游线路。

"海峡旅游"是福州海丝文化旅游的一大特色。《愿景与行动》提出，要充分发挥福建平潭等开放合作区作用，深化与港澳台合作。2012年8月福州市启动个人赴台游以来，福州对台旅游进入快速增长期。2015年，国家旅游局发布的《关于支持中国（福建）自由贸易试验区旅游业开放意见的函》专门提出，支持平潭建设国际旅游岛。推行国际通行的旅游服务标准，加快旅游要素转型升级，开发特殊旅游产品，拓展文化体育竞技功能，建设休闲度假旅游目的地。平潭有壳丘头文化、南岛语族文化和古沉船文化等海丝文化。在地理位置上，平潭与台湾隔台湾海峡相望，是中国大陆距离台湾最近的地方，与台湾有着深厚的历史渊源，经贸往来久远。"海峡号""丽娜轮"航线开通后，在澳前客运码头，平潭至台北、平潭至台中两条航线单程2.5小时至3小时，大大促进两岸商贸和文化交流。两地民众关系更加密切，文化相互交融，在开展两岸交流合作"先行先试"中具有独特的优势。21世纪海上丝绸之路倡议提出以来，平潭引导本地旅游企业加强与台湾大型旅游企业对接合作，引进台湾主题酒店、特色民宿等新兴旅游业态项目，打造以平潭为两岸旅游集散地的闽台双向旅游精品线路；举办"台湾平潭周"

文旅交流会，不断提升平潭海丝文化旅游胜地的形象。

三是通过国际贸易促进海丝文化交流。福州自汉代开港，一直是东方对外贸易的重要港口。21世纪海上丝绸之路倡议提出以来，借助自贸区和21世纪海上丝绸之路核心区政策优势，福州迅速拓宽市场，占据有利商机。福州"双区叠加"背景下的国际贸易合作网络建构，不仅带动了21世纪海上丝绸之路开放型经济，而且促进了文化交流和民心相通，有助于解决沿线国家文化关系发展进程中的一些深层次问题。中国—东盟海产品交易所注册在福建自贸试验区福州片区，2015年正式挂牌运行。该交易所是福建加快推进21世纪海上丝绸之路建设的重要项目和首批中国—东盟海上合作基金的18个项目之一，年交易量约200万吨，全年交易金额超300亿元。

四是以富有海丝文化内涵的海洋文化产业开发带动现代海丝文化兴起。海洋文化产业与海洋经济高度融合，是21世纪海上丝绸之路的优势产业形态，近年来越来越受到海丝沿线各国政府的重视。福州有海洋文化产业的核心资源优势，平潭作为全国唯一的"实验区 + 自贸区"，是福州海洋文化产业开发的重点。海丝文化产业项目为平潭自贸区加快形成增长点和竞争优势带来发展机遇。2014年，在文化部与福建省签订省部合作框架协议指导下，平潭引入中国文化传媒集团投资30亿元的中国海洋文化中心项目。这是国内唯一的以海洋文化为主体的特大型、综合性、多功能、国家级文化产业文化综合体，被列入福建省重点文化产业项目。项目建设包括海洋文化演艺会展中心、国际艺术品交流交易中心、两岸文创与设计中心、海上丝绸之路·艺术品保险金融中心、文化与科技研发中心和传统技艺恢复制作中心六大板块。演艺板块建成后将与中国东方演艺集团合作推出以海洋文化为主题的演出；中国海丝书院将以传播、交流中国文化为宗旨，搭建两岸学者交流的平台。

（三）莆田市

莆田海洋地理区位优势突出，内接内河，外接海道，是历史上海上丝绸之路的重要枢纽。莆田湄洲岛是海上女神妈祖的故乡，妈祖民俗信仰在海上丝绸之路上有重要影响。海丝沿线国家的妈祖信众分布广泛，留有大量妈祖的文化史迹。21世纪海上丝绸之路倡议提出以来，莆田找准自身优势，将妈祖文化发祥地和工艺美术基地作为莆田海丝文化的最大特色做细做实，加深与海丝沿线国家地区的文化联系，带动文化产业全面发展。

一是盘活妈祖文化在经济活动中的作用，推动莆田海丝文化整体发展。21 世纪海上丝绸之路提出以来，莆田对妈祖文化与海丝有关文物进行发掘整理和保护。如贤良港的天后祖祠、宋代古码头遗址、古航标塔、授符井、港里古民居等，弘扬妈祖文化"立德、行善、大爱"的精神核心。莆田重视妈祖节庆、民俗活动的品牌效应。妈祖文化旅游节、妈祖回娘家等妈祖文化庆典在推动民心交融、增进信任和文化认同方面发挥了价值认同作用。妈祖文化旅游节内容丰富多样，持续时间长。21 世纪海上丝绸之路倡议提出后，妈祖文化旅游节加入了越来越多的海丝文化要素。2015 年，第十七届中国·湄洲妈祖文化旅游节以"妈祖光辉、海丝风顺"为主题，吸引海丝沿线国家及两岸的上万信众参加。旅游节推出"妈祖情·海丝路"旅游推介大会、海上丝绸之路书画（邮票）展、"妈祖文化与海上丝绸之路"国际学术论坛、湄洲岛"平安祈福"风铃季等活动。其中海上丝绸之路邮票展展出海内外"海上丝绸之路"题材的邮票 1 万余枚，为参会的海丝沿线国家地区的民众带来了解各自风土人情的机会。妈祖信俗是海丝沿线国家的共同文化记忆，是民心相通的纽带和媒介。从民心相通到共同建设，莆田积极推进 21 世纪海上丝绸之路经贸合作与人文交流，推动设立"中国—东盟海洋合作中心"加强海洋科技创新，推进渔业、经贸等领域合作；重点推进港口运输、临海工业、海洋经济、旅游度假、能源资源、现代农业等；加强国际产业合作；不断提高口岸服务水平，打造贸易合作基地。莆田是著名侨乡，全市侨胞及港澳台同胞普遍信仰妈祖，达 150 多万人，分布在 85 个国家和地区。80% 以上的莆田籍华人华侨居住在海丝沿线国家，21 世纪海上丝绸之路倡议吸引了众多莆田籍企业家和经销商回乡创业，成为对接东南亚与东盟，发展双向投资、海洋合作、文化旅游的重要力量。

二是发挥海丝工艺文化优势，实现产业转型升级。莆田工艺美术产业种类众多、品种齐全，包括木雕、古典工艺家居、玉雕、宗教雕塑、金银首饰、石雕、油画框业、工艺编织、铜雕、漆器十大门类 1000 多个品种。21世纪海上丝绸之路倡议的推进为工艺美术文化创意产业发展提供了新的市场机遇。2015年，莆田规模以上工艺美术企业289家，完成规模工业总产值378.7亿元，占全市规模工业总产值的14.63%，约占福建省工艺美术产值的1/3。2016年上半年，全市规模以上企业326家，完成规模工业总产值227.7亿元，同比增长8.2%，占莆田市规模工业总产值的15.7%。莆田是全国三大油画基地之一，油画产量占全球的30%，油画从业人数超过2万人。产品面向美国、欧洲、东南亚、非洲等50多个海丝沿线国家和地区。21世纪海上丝绸之路倡议实施5年来，莆田在通过妈祖文化助推文化产业转型升级，打造文化名岛方面举措众多。如设立湄洲岛文化旅游创意产业发展引导基金1000万元，主要用于扶持文创业态、文化旅游产业发展、企业营销及人才培训等。莆田国际油画城、莆田工艺美术城等大型文化产业聚合体集中了多家全国文化示范基地、省文化示范基地等文化艺术公司，形成品牌的集聚，成为莆田文化产业的重要阵地。在21世纪海上丝绸之路倡议的背景下，莆田工艺美术产业从业人员转变营销观念，抓住"互联网＋"促进供给侧结构性改革，逐渐深化从坐商、行商到电商的转型升级。2016年，仙游县"仙作购"地方电商平台成为中国供销e家红木商城频道的全国运营商。

（四）厦门市

厦门在21世纪海上丝绸之路建设中居于战略支点的地位。2015年，厦门与海丝沿线国家贸易额达207.38亿美元，增长4.4%，其中出口140.04亿美元，增长10.1%；沿线国家对厦门投资项目54个，增长80.0%，合同利用外资9879万美元，增长16.5%；厦门对沿线国家投资项目25个，投资额4.56亿美元，同比增长8.5倍。厦门与海丝文化的渊源绵延，有了新的发展。

第一，注重海丝文化与乡土历史传承结合，21世纪海上丝绸之路倡议成为海丝文化发掘、整理和发展的助推器。清初，政府实行迁界禁海，漳州的月港衰败，厦门港成为海丝历史上重要的对外港口。清政府在厦门设立闽海关正口，厦门成为通洋正口。厦门具有陶瓷文化、船舶文化等多元海丝文化历史遗存。2016年，厦门首个海上丝绸之路古船模科技文化交流中心以船模为载体，传播中国源远流长的造船工艺。厦门同安窑有着长达 1700 多年的深厚历史底蕴，汀溪镇褒美村古厝群、珠光青瓷古窑遗址和武举人叶高升府等遗迹近年来都得到了较好的保护和利用。

第二，依托 21 世纪海上丝绸之路倡议，促进以邮轮业为核心的海丝文化旅游业态发展。5 年来，厦门积极开辟邮轮线路，打造国际邮轮母港中心，借交通区位优势做大做强海峡邮轮经济圈、东北亚邮轮经济圈和东南亚邮轮经济圈。邮轮旅游成为厦门旅游经济最重要增长点。据 2015 年统计，厦门港游客吞吐量达 17.4 万人次，同比增加 200%，厦门母港游客吞吐量达 9.75 万人次，同比增长 390%。2016 年，厦门建发集团国际旅行社独家包销全球第二大邮轮运营商皇家加勒比公司"海洋神话"号邮轮，分别开辟厦门至日本冲绳、鹿儿岛和厦门至台湾花莲、台北、台中两条航线。厦门与东盟的关系密切，在邮轮旅游业的发展中，东盟地区成为厦门邮轮旅游业态合作的重点区域。2015 年中国—东盟邮轮产业经济城市合作论坛举办，2016 年厦门至菲律宾马尼拉、长滩岛为期 6 天 5 夜的"海丝友好之船"航线推出，同时开辟组合多个东盟国家的"海丝友好之船"航线。这些邮轮旅游开展包括中外青年联欢、市容参观、经贸交流在内的多种海丝文化交流活动，与沿线国家的海洋文化合作进一步深化。厦门港注重品牌建设与宣传，发展绿色港口文化，积极举办港口节庆与论坛活动，通过加快厦门海事博物馆建设等措施促进厦门海丝文化与经济社会的和谐发展。

第三，利用自贸区文化保税优势形成文化产业聚集区。福建自贸试验区厦门片区借助海关特殊监管区域的政策优势，开展保税展示交易、文化创意、服务外包等新兴业态发展，打造文化产业平台。2015 年，海丝艺术品中心启动，形成了体量大、格局新的两大特色：一是在规模上形成 25 万平方米的"一库三中心，一店一广场"，计划包括文化保税库、古今艺术品中心（羲缘楼）、古今艺术品中心（瀚斓楼）、艺术品交易中心、当代艺术品创意中心、文化艺术酒店和海丝文化广场；二是雅昌文化集团、新加坡自由港管理私人有限公司、法国安盛艺术品保险、法国科麦思国际控股有限公司、英国邦瀚斯拍卖行、中国收藏家协会、福建艺术品行业协会、台湾工艺之家协会、建设银行、工商银行、人民保险等诸多国内外艺术品商家以及金融机构，成为海丝艺术品中心首批合作伙伴。厦门文化产业的产业链较全，机场、酒店、供应链与物流、传媒等多产业联动，形成一个环节完善、功能齐全、主题突出、具有集群效应的线上线下一体化文化产业链条。

（五）漳州市

漳州是海上丝绸之路古老的港口城市。漳州的月港是明朝中后期唯一合法的海上丝绸之路始发港，也是当时中国最大的国际贸易港口。从月港出发的海上航线，东达日本，南通菲律宾，西至马六甲，然后与新航路相连接，构成一条完整的国际航线。21世纪海上丝绸之路倡议提出后，漳州抓住以月港为代表的海丝遗址遗迹和漳州陶瓷产业两大本土海丝特色文化，扩大海丝文化影响力。

一是保护以月港为代表的海丝遗址遗迹，开发海丝文化旅游。漳州拥有丰富的海丝遗迹，包括龙海月港、华安东溪窑、平和南胜窑、郑和庙以及一些华侨农场、名人旧居等。在申遗之前，这些文化遗迹大多数需要整治环境、划定保护范围和竖立标识说明。月港遗址及周边月溪入江口两岸、豆巷家庙群等更面临利用存世的历史图片、文字记载、实物遗存、年代考纪等抢救性原貌修复的繁重任务。

漳州市以"规划、立法、保护整治、研究"四位一体为手段，整合海丝文化遗址遗迹资源，提出"海峡西岸最具世遗品质和原乡情怀的国际旅游目的地"的规划定位。21世纪海上丝绸之路倡议提出以来，漳州更为积极参与海丝申遗工作，编制相关申遗点的保护规划，征集海丝文化相关文物。平和县采取属地管理原则，由当地镇、村组织文化协管员日常巡查、检查，对南胜窑窑址加以保护。2015年，《福建省"海上丝绸之路·漳州史迹"文化遗产保护管理办法》发布施行，规定属于个人或者组织所有或者使用的海丝遗产资源出现损毁危险的，由政府补贴修缮。同时，以海丝遗址遗迹为基础，结合本地旅游资源，以点带面地精心设计海丝遗迹游、海丝文化游、海丝土楼游、海丝古堡游4条"海丝寻幽"主题精品旅游线路。海丝遗迹游包含龙海月港、华安东溪窑、平和南胜窑；海丝文化游包含龙海月港、林氏义庄、镇海卫、郑和庙、天一总局、白礁慈济宫、潘氏古民居群、鸿渐村；海丝土楼游包含华安东溪窑，大地土楼群，包括齐云楼、升平楼、日新楼的土楼圆明园；海丝古堡游包含平和南胜窑、绳武楼、霞寨钟藤村榜眼府等。根据漳州市旅游局的数据，2015 年，漳州市累计接待旅游总量 2232.64 万人次，同比增长 15.0%，增速排名全省前列，实现旅游总收入 239.58 亿元，同比增长 17.7%。

二是积极开发海上丝绸之路产业资源。漳州海丝产业发展资源丰富，漳绒、漳缎、漳绣、八宝印泥、木版年画、牙雕、竹刻、木偶、彩塑（泥塑）、皮鼓等都是海丝工艺文化的代表。21 世纪海上丝绸之路倡议的提出有力推动了漳州文化产业的发展。众多企业兴办漳州文化旅游业、文化艺术品业等文化产业项目。漳州有着古老的海丝陶瓷文化，随着月港的兴起，漳州窑产品不断被运往日本、东南亚、欧洲和美洲等国家和地区。南胜窑遗址、东溪窑遗址列入中国世界文化遗产预备名单。古代海丝文化为陶瓷产业增添了新的品牌效应，陶瓷文化产业成为漳州海丝文化产业的核心，5 年来，平和县对平和窑址和核心区、缓冲区、拓展区进行了保护，在建设文化旅游商贸项目、鼓励民间懂得瓷艺的收藏家爱好者研究瓷器的烧造工艺等方面开展工作。企业也抓住商机，采取创新产品、引进国外先进设备和技术、通过出口经销商提前到沿线国家布网点等方式布局开发海丝沿线市场。

广东省

　　广东省拥有灿烂悠久的海丝历史，是中国古代海上丝绸之路的重要发祥地和通商贸易口岸，留下了丰厚的海丝人文资源。21世纪海上丝绸之路倡议提出后，广东推进建设以高铁为载体的广州—新加坡经济走廊，打造海上黄金通道，参与东盟国家地铁建设，以自身较为成熟的外向型经济体系为基础申报设立广东自由贸易园区，将形成全方位开放新格局的桥头堡作为下一步对外开放的重点。

　　一是不断挖掘海丝文化元素，打造出海丝千年商都的品牌形象。通过整合海丝重点文物保护单位和"非遗"文化保护，打造一批海丝旅游示范基地。广东海上丝绸之路历史长、港口多、航线广、遗迹众多。1991年，联合国教科文组织海上丝绸之路考察团乘"和平之舟"号抵达广州，将首站选在了南海神庙。近年来，广东注重以海丝文化为主题进行遗迹发掘和保护，并在此基础上发展海丝文化旅游业。目前，南越王墓、南越国宫署遗址、光孝寺、南海神庙及明清古码头遗址等6处史迹，是广州申报海丝遗产的重要组成部分，数量仅次于泉州。"南澳I号"成为潮汕海丝申遗的文物史迹点。清朝"十三行"时期，广州成为中国海上丝绸之路唯一对外开放的贸易大港，留下了独特的海丝文化资源，近年来也有所保护。广州市旅游局专门做出海丝旅游手册，提供各种有关海丝的主题线路供游客选择。2016年，来自全球45个国家和地区的956家旅游及相关企业参加广州国际旅游展览会，以南海神庙、黄埔古港、北京路步行街遗存为标志点的海丝旅游业向国际化方向发展。

　　在海丝文化遗址发掘方面，潮州庵埠海关地界碑见证了庵埠设立海关机构的历史，石碑被迁移到庵埠缅先亭的古碑廊保存下来，成为景点。柘林湾、九村窑、笔架山宋窑遗址等均在发掘中，笔架山已发掘瓷窑 10 条，其中窑室残长 79.5 米，规模国内罕见。广济桥、韩文公祠、笔架山宋窑遗址、饶宗颐学术馆、汕头侨批文物馆、南澳岛等地形成海丝文化旅游线路。茂名市"滨海新区海丝遗迹"包括博贺渔港码头、冼太夫人故里景区、电城镇钟鼓楼、博贺新港区东西防波堤和民间航海祈福信俗等，是近年来开发成线的海丝文化遗迹。2015 年，台山市大力发展全域旅游，川岛镇先后规划建设了潮人径下川段和上川段。其中，上川岛潮人径串联的十余个景点中，方济各·沙勿略墓园及关联的新地村古教堂遗址、圣井等，都被作为重要的海丝文化观光点。出台专门法规是近年来广东省保护海丝文化遗迹并合理利用的举措之一。2015 年，广州发布《广州市海上丝绸之路史迹保护规定》，规定现有 6 个史迹点原则上全部向公众开放，通过编制史迹保护名录，明确具体的海上丝绸之路史迹点，给予重点保护；同时考虑到史迹点存在增加的情况，规定了保护名录调整的程序。

二是以"海丝文化＋"打造海洋文化产业新业态，推出全新的国际化商贸中心形象。海洋文化产业是广东省海丝文化创新实践的主力之一，广交会平台上的国家"海上丝路国际论坛"注重凸显广州南沙、深圳前海、珠海横琴等开放合作区的政策效应。湛江市以海洋文化为城市内涵，加快建设对接东盟的门户城市。2016 年 11 月，湛江市举办中国海洋经济博览会，设计了产业馆、游艇体验区、海洋创客区、旅游文化区等，重点展示海洋能源、海洋科技、港口物流、海洋文化旅游等新技术和新产品，创新展示海洋＋科技、海洋＋创意、海洋＋旅游等跨界融合的海洋产业新业态。目前，湛江被列为"21 世纪海上丝绸之路战略支点城市"。徐闻县也抓住 21 世纪海上丝绸之路的机遇，提出建构热带海洋产业带、建构热带农业带、建构中国大陆最南端滨海旅游城市架构三个发展方向，建设世界性的文化景区。

广东海丝文化产业的地方特色鲜明，拥有扎实的产业基础，产业集聚效应明显。潮州已形成陶瓷、服装、食品、电子、不锈钢等八大支柱产业。同时，跨境电商发展较快，传统商贸转型升级。广东推进建设以高铁为载体的广州—新加坡经济走廊，参与东盟国家地铁建设。以国际市场的需求为导向，以开放促进改革，以销售带动产业发展，壮大实体经济。广州南沙是粤港澳全面合作示范区，深圳前海是金融改革创新综合实验区，珠海横琴是深港现代服务业合作区。广东动漫内容的创作、制作主要集中在广州、深圳，动漫衍生品的生产、加工主要集中在制造业较为发达的珠三角及粤东潮汕地区。这些开放合作区利用文化创意产业的集聚效应，发挥了文化产业规模效应。

三是以情感为纽带，充分发挥海外华侨沟通民心和经贸往来的桥梁作用，全面提升城市知名度、美誉度和综合竞争力。广东是华侨大省，与沿线国家的交流合作源远流长，经贸和人员往来十分密切。侨乡文化是广东参与建设海丝文化实践的基础之一。广东凭借得天独厚的地缘和区位优势，与东盟、南亚、中东和北非许多广东籍侨民聚集的国家缔结了众多友好城市。华人华侨关心祖国富强发展，是21世纪海上丝绸之路建设中联系海外、塑造新海丝文化的一支重要力量。潮籍华侨占全国华侨的1/3，广东在海丝文化弘扬中注重海洋文化、本土传统文化、侨乡文化三者的融合。在与海上丝绸之路沿岸国家的文化交流中，尤为突出文化交流与人员交流。2016年，应泰国潮安同乡会的邀请，潮州潮剧团赴泰国义演《宝莲灯》《莫愁女》《韩愈治潮》等10场潮剧大戏，弘扬潮文化。

四是注重海丝文化城市形象打造和媒体的传播。广东国际旅游产业博览会、21世纪海上丝绸之路国际博览会及广东国际旅游文化节品牌形象良好。2015年，潮州市把"海丝文化重镇、潮人精神家园"作为城市形象，使之成为新的城市名片。媒体传播方面，2015年，深圳卫视《共赢海上丝路》大型演讲纪录片节目组跟随中国企业前往海上丝绸之路20余个国家采访。《海丝沿岸国家主流媒体看广东》等活动吸引了来自沿线多个国家的媒体参与。广东注重利用新媒体和电视片、展览传播海丝文化，增强民众对海丝文化的了解。2015年，广东省第一个宣传海丝文化的城市官网"潮州·海丝"建立。广州地铁连续举办海上丝绸之路文化展览。电视专题片《千年古港续辉煌》展现博贺、电城的海上航运与贸易在海丝文化中的贡献和历史贡献。2016年，深圳市策划制作了大型新闻纪录片《共赢海上丝路》，以深圳企业"走出去"为样本，生动讲述这些企业在海丝沿线20多个国家拓展打拼的故事。

江苏省

江苏省在海上丝绸之路的发展历程中占有重要位置。江苏的海丝文化创新实践以南京市为中心。南京虽然不是沿海城市，但拥有"通江达海"的优越地理位置，是 21 世纪海上丝绸之路重要节点城市。2012年，南京被列入海上丝绸之路史迹申遗预备名单。2016 年，南京龙江船厂遗址、渤泥国王墓 2 处遗产点以及郑和墓、洪保墓 2 处关联点，被国家文物局确定为"海上丝绸之路·中国史迹"首批申遗点。近年来，南京挖掘与海丝文化相关的历史，围绕"郑和文化"和"造船文化"，形成独特的海丝文化特色。南京作为海上丝绸之路发展的一个重要起点，是郑和下西洋的策源地、起终点和物资人员会集地，也是郑和最后的归宿地。郑和文化以渤泥国王墓、洪保墓、郑和墓等历史遗存为基础，挖掘郑和七下西洋策源地和起航地的文化，造船文化则以龙江船厂遗址为中心，体现中国古代造船技术成就与价值。

5 年来，南京市政府搭建了诸多平台，助推 21 世纪海上丝绸之路文化建设。南京重视海上丝绸之路申遗工作，建立了较为完备的申遗工作机制，进行程序化管理。2015 年 12 月，南京市文广新局（南京市文化遗产管理局）增设世界文化遗产管理处，具体协调各遗产点管理单位做好遗产保护管理工作。出台关于海上丝绸之路文化遗产保护的专项规章。2016 年，南京市出台《南京市海上丝绸之路史迹保护办法》，从制定保护规划、规范规划衔接、划定保护范围和建设控制地带、建立史迹保护监测预警系统和突发事件应对工作机制、加强史迹知识产权保护等五个方面，全面构建海上丝绸之路史迹保护体系。

扬州处于陆上丝绸之路和海上丝绸之路的交会点，是古代海上丝绸之路的著名港口之一。唐代中叶，随着海上丝绸之路的开辟，各类商品在扬州汇聚中转。古运河扬州段是整个运河中最古老的一段，海丝文化遗存最为集中。扬州从长江入口处开始，沿岸有瓜洲古渡、全国四大名刹之一的高旻寺、盛唐海上丝绸之路的渡口扬子津、鉴真东渡码头宝塔湾、伊斯兰宗教名胜普哈丁墓和长生寺、琼花观和基督教圣三一堂等。2014 年 6 月，在卡塔尔首都多哈召开的第 38 届世界遗产大会上，中国大运河项目成功入选世界文化遗产名录，成为中国第 46 个世界遗产项目。作为大运河申遗牵头城市，扬州国际知名度和影响力显著提升。

2012 年，扬州列入中国世界文化遗产预备清单，不断调研、整理和发现新的申报对象。在 2012 年的基础上，2015 年，扬州重新调整和增补，提交普哈丁墓园、仙鹤寺、大明寺及鉴真纪念堂等 7 处遗产点作为"海上丝绸之路遗产"申报对象。其中，仙鹤寺与广州狮子寺、泉州麒麟寺、杭州凤凰寺并称中国东南沿海伊斯兰教"四大名寺"。

扬州海丝文化创新实践的一大特色是挖掘普哈丁园、仙鹤寺等海上丝绸之路伊斯兰教地方文化符号，发挥海丝遗产资源在经济、历史、文化、宗教等多方面的作用。中国在古代海上丝绸之路发展沿线经济贸易的同时，与阿拉伯语地区国家经贸关系的发展也取得很大的进步，形成了一个比较大的规模，留下了诸多遗迹。扬州经济发达，文化繁荣，伊斯兰文化随着大批海外商贾的到来传入扬州。由于唐宋政府的优惠政策，有些穆斯林在扬州落户，建立"蕃坊"，创办"蕃学"，保留了一定的生活习俗和生活方式，充分体现了与汉族文化的相互融通和相互认同。扬州普哈丁园始建于宋德佑元年（1275 年），明、清扩建重修，是一组典型的阿拉伯式风格与扬州地区传统风格相结合的建筑群。普哈丁于南宋咸淳年间通过海上丝绸之路来到扬州及其周边地区，传播伊斯兰教近 10 年。墓园内《先贤历史记略碑》记载："普哈丁者，天方之贤士，负有德望者也，相传为穆罕默德圣人十六世裔孙。"说明墓园是海上丝绸之路多元文化的重要遗迹。2016 年，扬州以普哈丁园为中心建设的伊斯兰文化展示馆主体建筑基本建成，并在园区增加景观喷泉、楼台亭阁，呈现普哈丁园以海丝文化中西美学要素互融的形象，成为 21 世纪海上丝绸之路与地方文化良性互动的地标建筑。

海南省

　　海南作为海洋大省、著名侨乡，是 21 世纪海上丝绸之路的重要节点，中国面向东盟地区的"桥头堡"，也是"环南海经济圈"的核心地区。海南文化创新实践的主要特色是在 21 世纪海上丝绸之路建设的框架内加大打造国际旅游岛的力度，形成以旅游业为龙头、现代服务业为主导的产业体系。5 年来，海南不断壮大海洋经济规模，推进海洋强省建设。推动国际旅游岛建设的具体措施有：以推动国际旅游岛建设为总抓手，全面深化与国家重点产业的务实合作；连续以"丝绸之路旅游年"为年度旅游宣传主题；以三亚门户机场建设为龙头推进基础设施互联互通；以三亚临空经济区建设为抓手，推进现代服务业创新发展；以三沙建设为契机推进南海资源综合开发；以博鳌亚洲论坛为基础，搭建综合公共外交平台，推进对外交流合作。

　　海南是中外商船往来东西方必经停的中继港、避风港，也是中国大陆、东南亚国家及本岛特产的重要中转集散地。唐宋时期，商船从广州启运，途经海南岛，经南海到波斯湾、红海，经航东南亚、南亚、西亚，远达东非、北非和地中海沿岸国家。具体到海丝文化旅游上，海南将海丝文化的港口文化、古埠文化等注入旅游业，以海丝文化为契机挖掘海南的文化岛内涵。为发展海丝文化旅游产业，海南修缮了海口中山路、博爱北路、水巷口等骑楼老街，整理三亚海棠湾的藤桥阿拉伯伊斯兰教古墓群，发掘琼海潭门渔民世代流传的《更路簿》等海丝文化要素。潭门千年渔港国家南海博物馆计划成为集收藏、展示、教育、保护、科研、交流于一体，展示宣传南海历史文化、促进海上丝绸之路各国文明交流与合作的重要基地。同时，举办多项活动丰富品牌内涵，提升海南海丝文化品牌影响力。在海丝旅游线路的创新开发上，海南在海丝沿线古镇琼海潭门举行"美丽中国——2015 丝绸之路旅游年"海南南海丝路主题旅游活动，首度推出海南南洋文化之旅、海南老商埠行踪之旅、三沙邮轮之旅、海南岛西海岸探秘之旅、海南美食品尝之旅、海南寻宝之旅、潭门丝路古镇体验之旅 7 条主题精品旅游线路。

会展业是海南海丝文化建设的亮点之一。小渔村博鳌已成为亚洲论坛永久会址，2015 年博鳌亚洲论坛年会上，海南围绕建设 21 世纪海上丝绸之路，推出多达 13 项主题活动，包括"共建 21 世纪海上丝绸之路"分论坛暨中国—东盟海洋合作年启动仪式、"南海：双轨思路与合作共赢"分论坛、中国—东盟省市长对话、海南—东盟友城形象展、2015 博鳌大健康论坛、海南骑楼实景街区展、海南风情美食园等。邮轮旅游和帆船、帆板、冲浪、垂钓等海上运动及相关海上娱乐产业是海南着力开发的海丝旅游内容。海南倡导与沿线地区和国家共同开发，促进形成与主要港口城市邮轮旅游经济带以实现共同受益。2015 年，三亚召开海南国际旅游岛邮轮游艇产业发展大会，三亚凤凰岛国际邮轮港、新加坡邮轮中心、马来西亚马六甲黄金港、韩国济州邮轮产业协会、广州南沙国际邮轮码头、深圳太子湾项目部、厦门国际邮轮港、舟山群岛国际邮轮港有限公司 8 家单位宣布成立 21 世纪海上丝绸之路邮轮旅游发展联盟，并发表了合作宣言。宣言表示，联盟将充分利用亚洲广阔的热带和亚热带海域丰富的海洋和海岸旅游资源，开展内涵丰富的邮轮旅游，为广大旅客创造健康幸福的旅游休闲方式体验，为海上丝绸之路沿岸国家和地区的经济发展开拓进取。

广西壮族自治区

　　《愿景与行动》指出："发挥广西与东盟国家陆海相邻的独特优势，加快广西北部湾经济区和珠江—西江经济带开放发展，构建面向东盟区域的国际通道，打造西南、中南地区开放发展新的战略支点，形成21世纪海上丝绸之路与丝绸之路经济带有机衔接的重要门户。"广西是中国唯一与东盟国家陆海相连的省份，作为西南地区面向东盟的国际大通道和海上丝绸之路主节点，在海丝文化建设上具有独特优势。

　　5年来，广西的海丝文化实践经验丰富：加大北部湾港口体系建设，打造区域性国际航运中心；构建客运穿梭巴士，形成海丝旅游圈；加强金融基础设施跨境共建，建立大宗商品交易与期货中心；推进南宁—新加坡经济走廊建设，形成海上合作的陆地支撑。

　　具体来说，一是重视海丝港口文化建设。"十三五"规划提出，积极推进21世纪海上丝绸之路战略支点建设，参与沿线重要港口建设与经营，推动共建临港产业集聚区，畅通海上贸易通道。推进公铁水及航空多式联运，构建国际物流大通道，加强重要通道、口岸基础设施建设。① 广西港口是西南地区走向海洋与世界各国交往、交流最便捷的通道之一，积淀了悠久的海丝文化，以交通贸易和文化交往推动了沿线国家海丝文化的认同和共同发展。北部湾港由防城港、钦州港、北海港三个部分组成，港口位于广西壮族自治区南部，是中国内陆腹地进入中南半岛东盟国家最便捷的出海主门户。仅北海市就有国家一类通商口岸3个。广西以做大做强港口作为海丝文化互联互通的重点，宣传、对接

---

　　① 《中华人民共和国国民经济和社会发展第十三个五年规划纲要》，《人民日报》2016年3月18日，第1版。

21 世纪海上丝绸之路。同时，推动中国—东盟港口群建设，探索建立北部湾自由贸易港。目前重在打造北部湾现代综合交通网络、发展临港产业、完善平台建设、实现边海联动区域性国际航运的中心。

二是重视丰富本土海丝文化历史。北海市辖内的合浦是汉代合浦郡郡治所在地，汉代海上丝绸之路以徐闻、合浦为中国大陆海岸线最西端的起点，在 2100 多年前就成了中外通商往来的重要门户。《汉书·地理志》有关于海上丝绸之路最早的文字记载：汉武帝刘彻曾派人从徐闻、合浦港出海，经过日南郡（今越南）沿海岸线西行，到达黄支国（今印度境内）、已不程国（今斯里兰卡），随船货物主要有丝绸、黄金等，再通过印度转销到中亚、西亚和地中海各国。广西通过对汉代海上丝绸之路历史的发掘和研究来丰富港口文化的底蕴。合浦有大量汉代墓葬和与海上丝绸之路相关的港口河道遗址，出土了陶器、青铜器、金银器、水晶玛瑙、琥珀松石等一系列海丝文化遗物。学者对沿海古水运体系的考证、辨识、挖掘、整理等方面也做了大量的工作，基本呈现了钦州、皇城坳、潭蓬三段古运河构成的广西北部湾古水运体系。

三是重视打造与海上丝绸之路沿线各国间的各类交流平台。2016 年，广西北海市召开汉代海上丝绸之路考古与汉文化国际学术研讨会，来自中国、德国、比利时、日本、韩国、越南等国家的 130 余名专家学者，围绕"汉代海上丝绸之路考古"等学术问题进行研讨，推动海上丝绸之路联合申报世界文化遗产。广西的海上丝绸之路文化遗存成为联合泛北部湾地区的越南、泰国、马来西亚、新加坡、印度尼西亚、文莱等国家和地区合作打造 21 世纪海上丝绸之路国际精品旅游线路的基础，推进形成广西与泛北部湾地区跨国旅游一体化发展格局。这条海上丝绸之路国际精品旅游线路以海上跨国邮轮度假旅游为主体，融合游览观光、商务会展、康体养生、文化体验、修学科考、休闲地产等功能。2017 年 8 月，国际豪华邮轮"中华泰山"号载着 900 多名游客，从广西防城港市驶往越南，船长 180.45 米，船宽 25.5 米，总吨位 2.45 万吨，拥有 980 个客位。这标志着与越南海陆相通的防城港市再次开通了至东盟的跨国海上旅游航线，这条航线连接了中国东兴金滩和越南下龙湾等著名景点，被誉为"最美海上东南亚之旅"。邮轮还将陆续开通三条线路：一是防城港—岘港—下龙湾—防城港 4 天 3 晚游，二是防城港—岘港—芽庄—防城港 5 天 4 晚游，三是防城港—芽庄—岘港—下龙湾—防城港 6 天 5 晚游。中远期航线将从防城港至越南下龙湾、岘港、芽庄等城市延伸到柬埔寨、泰国等东盟其他国家和地区的港口，最终形成"一线带八国"的环形东南亚旅游圈。

四是重视发挥与东盟的密切联系和经济基础优势，共同推进 21 世纪海上丝绸之路文化建设。东盟地处海上丝绸之路的十字路口和必经之地，是广西海丝文化推广的首要方向，21 世纪海上丝绸之路建设符合双方共同利益和共同要求。广西和东盟现有中国—东盟博览会、中国—东盟商务与投资峰会等重要的国际区域性合作平台，形成了中国—东盟合作的南宁渠道。广西与东盟国家缔结了 37 对友好城市，友城主题活动尤其是旅游合作与推介活动开展良好。广西积极推进海丝文化"走出去"，借助在东盟地区的友好城市渠道，架设与东盟文化交流的桥梁。北海歌舞团推出的大型历史舞剧《碧海丝路》多次前往马来西亚、斯里兰卡等海丝沿线国家出演。《碧海丝路》以 2000 多年前的北海合浦大浪港汉代海上丝绸之路历史为背景，以主人公大浦和阿斑的爱情故事为主线，展示了中国古代海上丝绸之路文化，展现了合浦渔家的文化元素和海丝沿线国家的民俗风情。《碧海丝路》贴合海丝沿线国家的文化需求，受到广泛好评。

山东省

山东自古以来就是海上贸易的重要货源地和重要通道，是古代海上丝绸之路东海航线的重要发源地之一。作为陆、海两条丝绸之路的交会点，山东是古代北方对外交往的重要门户，在丝绸之路的起源和发展过程中占有重要位置。山东的海丝文化创新实践在东夷文化的基础上发展，具有明显的海洋区位特色。

第一，以海上丝绸之路申遗为中心制定规划，扩大海上丝绸之路遗存保护规模。山东的海上丝绸之路沿线有着众多遗存文物，根据初步文物调查，山东沿海作为中国东北海域重要的港口群，有大量的古代港口、码头、航标、沉船、古建筑等文物点，与海丝文化密切相关的重要遗产点约50处，其中全国重点文物保护单位9处，省级重点文物保护单位27处。近年来，山东"海上丝绸之路"遗产保护申遗工作计划不断增容，涉及青岛、淄博、东营、烟台、潍坊、威海、日照、滨州8个地市，新增保护点包括刘公岛甲午战争纪念地、牟氏庄园、成山头遗址等。山东省文物局编制的"十三五"规划提出了建设"山东海疆历史文化廊道"的构想，该构想已经被纳入国家文物局文物事业发展"十三五"规划框架。山东海疆历史文化廊道规划区域范围主要是山东沿海和近海区域，从北向南分别是东营、滨州、潍坊、烟台、威海、青岛、日照7个地市的沿海地带，海域包括渤海及黄海的北部。其中的历史文化遗产主要包括：海上丝绸之路文化遗产、沿海海防设施、沿海近代现代建筑、近海水下文化遗产、黄河三角洲地区盐业遗产、日照沿海龙山文化（含大汶口晚期）遗址群等。

海丝文化水下考古也是山东省海丝文化创新实践的成果之一。山东省文物局、山东省海洋与渔业厅共同成立管辖海域内文化遗产保护联合执法办公室，启动联合执法专项行动，合作建立山东管辖海域内文化遗产保护联合工作机制。山东水域水下文化遗存的考察，培养出了12名水下考古专业技术人员，具备了较强的水下考古能力。包括东平湖水域调查在内的四项水下考古项目已经获得国家文物局批准立项。2015年，山东省成立水下考古研究中心，着手筹划"山东海疆历史文化廊道"规划建设，通过考古调查研究、保护规划编制、文物本体保护、环境整治、遗产监测等为海上丝绸之路申遗做了大量基础性准备工作。

第二，发挥滨海型城市特色，打造海丝旅游品牌。一是将海丝文化旅游与滨海休闲游相结合，形成海丝旅游品牌。发挥海岛生态等优势资源，重点发展旅游龙头产业。这既发挥了山东的优势，也形成了海丝文化实践的亮点。山东北临渤海，南接黄海，拥有3345千米的海岸线，占全国海岸线的1/6。登州港是目前中国北方保存最古老的港口，也是国内自唐朝以来唯一保存下来的古代名港，它在历史上对中国与东亚的朝鲜、日本进行政府间交流、民间贸易往来发挥巨大的作用。蓬莱以东方海上丝绸之路起点的登州古港为依托，围绕内涵丰厚的海丝历史开展了文化融入、品牌塑造，完善了海丝特点鲜明的滨海旅游线路。蓬莱地处山东半岛最北端，位于渤海黄海交界处，是进出渤海湾的必经之地。蓬莱是古登州（府）治所所在地，连接东方海上丝绸之路的重要枢纽。蓬莱有蓬莱水城、古船博物馆等多个海丝文化旅游点，丰富的海丝文化遗存深化了滨海旅游的内涵。其中古船博物馆收藏有蓬莱元朝古船。1984年和2005年，在古登州港中央泊船的地方先后发现了四艘元明时期的沉船，其中有两艘沉船经中韩两国专家鉴定是来自朝鲜半岛的高丽古船。除了古沉船，博物馆还陈列着自登州海道出土的高丽和日本的瓷器。2016年，蓬莱市成为全国唯一获得"全国海滨度假旅游产业知名品牌示范区"称号的地区。

第三，利用经贸、交通优势，与海丝沿线国家通过缔结友好港、友好城等方式开展深层次的文化互联互通。青岛是胶东半岛上的优质深水不冻良港，名列21世纪海上丝绸之路倡议的重要枢纽城市。青岛自古以来就是中国北方的重要港口和商贸重镇，目前保持着与日、韩等东亚地区和欧盟等的密切航线联系。随着21世纪海上丝绸之路倡议的进展，沿线国家的基础建设投入加快，市场容量扩大，青岛与海丝沿线国家的20个城市建立了"经济合作伙伴关系"，与沿线国家跨国公司、民间经贸合作组织建立了合作关系，通过经贸关系把民心互通做实、做牢。为进一步共享倡议红利，搭建交流合作的平台，青岛港与海丝沿线港口巴基斯坦瓜达尔港、柬埔寨西哈努克港建成友好港关系。未来青岛还将发挥友好港、友好城市渠道稳定、交往灵活的优势，计划推动青岛港与斯里兰卡科伦坡港、马来西亚关丹港、缅甸皎漂港等建立友好港，并与15个海上合作重点港口城市开展经济合作。根据《青岛市落实"一带一路"战略规划总体实施方案》，青岛将建设双向开放桥头堡和互联互通的综合贸易枢纽，通过青连铁路、胶东国际机场、董家口港、胶州多式联运海关监管中心等重点基础设施项目实现与沿线国家的合作，规划新开通国际航空航线20条以上、航海航线15条以上。

由于地缘位置和历史渊源，在数千年的中韩、中日交往活动中，山东与日韩的经贸文化交流频繁，始终发挥着重要的、不可替代的作用，为中韩、中日友好关系的发展和"东方海上丝绸之路"的繁荣做出了重要贡献，也是建设21世纪海上丝绸之路的重要支点。烟台与韩国隔海相望，庙岛群岛是中国与日韩文化最早的交流纽带。烟台制造业实力雄厚，善用日韩经贸往来、民间交流资源构筑海丝文化圈，辐射东南亚。烟台拥有两个国家级开发区，一个国家级高新区域和一个保税港区及东部海洋经济新区。2015年，按照"两国双园"模式规划建设的中韩烟台产业园，是中韩两国政府重点推进的产业园区，包括新兴产业区、临港经济区和现代服务业聚集区，形成"一园三区"空间布局。

浙江省

　　浙江是古代丝绸之路上重要的商品生产地和集散地，也是古代海上丝绸之路的重要起航地之一，杭州、温州、绍兴、舟山等城市都曾是海上丝绸之路的交会点。浙江省的海丝文化创新实践主要集中在宁波市、舟山市等沿海地区，海洋经济发展示范区和舟山群岛新区建设，宁波—舟山等海上合作战略支点建设等亮点纷呈。宁波古称"明州"，位于太平洋西岸的中国海岸线中段，是中国大运河最南端的出海口。宁波扼南北海运航线之终端要冲。作为海上丝绸之路的核心港口城市，宁波港和泉州港、广州港一道，被公认为海上丝绸之路的三大启运港和目的港。宁波是海上丝绸之路申遗的9座城市之一，海外交通始于东汉晚期，唐长庆元年（821年）兴建港口，置官办船场，成为中国港口与造船业最发达的地区之一，造船技术居世界领先地位。北宋淳化二年（991年）始设市舶司，成为中国通往日本、高丽的特定港，同时也通往东南亚诸国。清代设在宁波的浙海关是当时全国四大海关之一。宁波天童寺和保国寺、永丰库遗址、上林湖越窑遗址列入"海上丝绸之路：中国史迹"的首批名单。5年来，宁波组织了对海丝相关的可移动文物（馆藏文物）普查登录。

　　宁波开放程度高、经济实力强、辐射带动作用较大，在发挥政府的主导力量，建设海丝文化的参与性和公众性方面颇具特色。一是打造市民参与度高的海丝开放国际平台。宁波形成了"海上丝绸之路文化周""海丝港口国际合作论坛"等持续性的活动品牌。到2015年，宁波的"海上丝绸之路"文化周已经持续了十四届。21世纪海上丝绸之路倡议提出后，文化周所涵盖的内容更加丰富，公众参与的形式也更为多样，包含学术研讨、特展、讲座、公众评选、旅行体验、创意设计等20余项。2016年，宁波举办第二届"海丝港口国际合作论坛"，格但斯克港、威尼斯港、鹿特丹港等海丝沿线34个国家与地区的近百家港口单位及交通主管部门参加，论坛设置了港口创新成果展示版块，通过视频、展板等形式，集中展示近30家参会单位的建设、发展经验，彰显了海丝论坛的国际影响力。中日韩青少年运动会、中日韩佛教交流大会、古建文化考察访问等活动形成了21世纪海上丝绸之路人文交流新格局，中国航海日论坛永久落户宁波，宁波海丝文化的宣传展示有了新的舞台。

二是利用手绘地图、海丝文化专题列车、音乐节等创新手段，在公共文化体系中对海丝文化进行重点阐释，形成高效畅通的海丝文化宣传机制。如票选心目中宁波"海上丝绸之路"历史上的十大事件和十大人物、宁波博物馆"海上丝绸之路"文化遗产的创意参与、中国港口博物馆的模拟考古、保国寺传统古建模型展览等。宁波的海丝文化遗迹包括港口与贸易、城市建设、多元文化、海防设施等诸多方面。为了方便市民对海丝文化的理解认识和探寻遗址，宁波海曙区发布了海上丝绸之路遗产手绘文化地图，标注了20多处与海上丝绸之路相关的文化遗产点。文化遗产标注点包括高丽使馆、清真寺等宁波对外交往的场馆，来远亭等宁波船舶管理机构。每个点旁边都附有一张相关建筑物的素描图。将宁波城内最具海丝文化底蕴和风情的景点遗迹串联起来，方便市民和游客开启海丝之旅。市民和游客能够通过微信公众号"海曙发布"看地图，并根据地图进行"海丝一日游"。2015年，宁波轨道交通以海上丝绸之路文化为主要元素的"海丝文明"号推出，列车分为"海上丝绸之路""海丝驿站""老城新生""都市之光""霓虹下的青春""探索未来"6个主题车厢，是国内首列手绘卡通专列。"海丝文明"号平面化的卡通手法和鲜明的色彩对比向市民和游客展现了宁波历史上的海丝文明和宁波现代主城区商贸圈的繁荣景象，有助于公众深入了解海丝文化。

舟山群岛位于东北亚与东南亚中心的优越区位，海洋地理位置独特，是古代"海上丝绸之路"的必经之地，也是21世纪海上丝绸之路的重要枢纽之一。21世纪海上丝绸之路倡议提出以来，舟山开始重视并大力发展海丝文化。宁波舟山港经历一体化整合，成为全球最大综合港、第六大集装箱干线港，连接东西、辐射南北、贯穿丝路两翼，成为衔接中西部广大腹地与海丝沿线国家和地区的重要枢纽港。义甬舟开放大通道成为海上丝绸之路的联通平台，宁波—舟山港在东南亚、南亚、中东、北非等海上丝路沿线国家开辟有近百条航运专线。浙江企业已在海上丝路沿线国家设有系列生产基地、贸易基地，省内也活跃着大批沿线国家经销商，经贸联系密切，新型经贸文化格局已初步形成。

第一，开发、整合以东西方交流融合为特征的丰富海丝文化资源，加大申遗宣传。海丝文化遗产既能起到文化保护传承的作用，也能带来推广传播的效果。2014 年，"海上丝绸之路"（舟山段）保护与申报世界遗产工作领导小组成立。舟山开始整体梳理关联海丝文化的佛教遗存、妈祖遗迹、战争遗址、水下文物、导航设施等重点海丝文化遗址、遗存和非物质文化遗产，从道路改造、遗址保护、文化传承、文创产业等方面优化文物保护区的生态环境和人文环境，充分挖掘海丝文化价值。2015 年，舟山正式启动"海上丝绸之路"申遗工作，申报普陀山、双屿港和洛迦山灯塔等舟山海域内 8 座灯塔为世界文化遗产节点。

第二，凸显海岛旅游的海丝要素。舟山是中国第一大群岛，旅游产品多样。近年来，海丝文化成为舟山海岛旅游的新名片新亮点。2015 年，舟山市共接待游客 3876 万人次，实现旅游收入 552 亿元，同比分别增长 14.1% 和 15.7%，旅游产业增加值占地区 GDP 的比重达 7.32%。舟山的主要旅游目的地普陀山海洋风光优美，自唐宋起，一直是明州往高丽、日本方向航线的中转站，清朝初期更是"东亚海上丝绸之路"的枢纽港。岛上的短姑道头、不肯去观音院、潮音洞、普济寺、高丽道头等海丝文化遗存丰富。此外，舟山还有嵊泗大悲山的鉴真东渡遗迹、岱山的徐福东渡遗迹以及 16 世纪的自贸港六横双屿港等遗迹可供进一步开发。在海丝文化塑造上，舟山注重以海岛旅游互联海上丝路为纽带，加强与沿线海岛国家和海岛城市的全方位合作。2015 年、2016 年，舟山连续两次举办国际海岛旅游大会，打造海岛旅游集群效应。参加国际海岛旅游大会的有联合国世界旅游组织、亚太旅游协会等国际旅游组织，希腊、汤加、澳大利亚等海丝沿线的海岛国家和地区。大会提议联合打造具有海上丝路特色的跨国精品旅游线路，在市场互换、客源互送、政策互惠、游客便利等方面加强合作，提供海丝邮轮旅游等更丰富的海岛旅游产品。

海上丝绸之路文化建设多元实践中存在的问题和建议

　　经过 5 年来对沿线多个国家和地区的跟进调研，笔者认为，21 世纪海上丝绸之路倡议充分尊重沿线各国的意愿，在对倡议的认识和接受上会有一个过程，执行力度和执行能力更是千差万别。在把握海丝文化发展大方向的基础上做好中期和远景规划，完成近期措施落实是必要的。这些规划和措施应聚焦于海丝文化共享共商的内核，全面提升沿线国家、城市间文化保存、文化宣传、经济文化合作等方面的层次、渠道和范围。

　　在现阶段的海丝文化建设的具体实践中，最主要的问题，一是海丝文化有待广泛发动社会各界和沿线民众的关心、关注和支持。历史上海丝文明的吸引力既包括商品贸易的交流互补，也包括理念及文明内核。在宣传和打造上让"海上丝绸之路文化"不仅是一块金字招牌，而且要跟上配套产品和服务，使其成为一种能够带动相关产业领域文化的基石才更有意义。

　　二是由于地理和行政的阻隔，海丝文化建设各自为政，沿线城市的整体规划保护和交流还有待进一步密切合作。21 世纪海上丝绸之路具有鲜明的文化特质，使沿线各地景区的文化品位得到提升。由于地域人文性格的独特性，沿线国家和地区在海丝文化中的定位各有特色和亮点。目前，海上丝绸之路选择的是联合申遗的方式。联合国教科文组织在考察中倾向保持文化遗产的原真性，看重文化遗产和当地人生活的和谐共处。因此，挖掘多种样态的海上丝绸之路文化资源，将沿线社会经济的交往提升为对共同丝路文明价值的欣赏和认同，关联地理位置、海丝文化主题与历史，是形成海丝文化认同的主要途径。其中，航海与通商贸易、城市本身的历史、宗教与多元文化是最具有共识性的文化要素。

三是海上丝绸之路大文化观念尚未充分培育，文化优势、地位和影响力尚有待深入开发和科学统筹。海丝文化建设较为分散，尚未树立出精品的意识，整合形成强大的合力。应运用各种方式和媒介，包括公共网络化传播相互带动，通过集中的话语、优秀的作品常态化，持续地向沿线民众传播与弘扬海丝文化，这些尚在起步阶段。提高当地知名度，附着其他特色亮点，增多海丝文化线路游客量的工作需要长期坚持。此外，海丝公共文化设施服务体系不够完善、文化人才缺乏、公众参与互动的主动性和积极性不足等问题较为集中。

小　结

当前，围绕 21 世纪海上丝绸之路的文化建设有各种各样的讨论，具体文化实践上的成果也颇为丰厚。整体认识海丝沿线地区的文化实践，落到实处细处，了解不同国家和群体对海丝文化的具体期望和诉求，继续鼓励和引导各界力量参与海丝文化建设显得十分重要。由于21 世纪海上丝绸之路倡议提出的时间尚短，许多具有海丝文化属性的元素还未得到有效的开发利用。这种不均衡性既存在于地域之间，也存在于物质遗产与非物质遗产之间，还存在于对海丝文化产业价值使用上。因此，文化构建的推进也应当根据沿线地区的要素条件、民众不同时期对海丝文化的理解程度和参与意愿，富有针对性地先行先试，取长补短。随着 21 世纪海上丝绸之路倡议的逐步推进和人们对倡议的认识提高，海丝文化在沿线地区的发展实践将逐渐深入。

融合力、人类命运共同体与 21 世纪海上丝绸之路

史蒂文·瓦戈说过："变迁是我们这个时代的核心问题之一……无论在何处，变迁都已经成为人们的注意中心，而且人们相信变迁是不可逆转、不可抗拒、不可消除的。"① 文化，是社会变迁的纽带，也是促进社会变迁的实力所在。一种富有特征的文化，在其传播过程中必然不断融合力量，提升自身对外部世界的整体影响力。在过去漫长的岁月中，海上丝绸之路的文化史是沿线各国各地区创造财富的物质文明交流史，更是海丝文化层累、碰撞、融合，最终实现传承的文化变迁史。21世纪海上丝绸之路倡议借古丝路文明的积淀形成的文化符号，在当代历史的条件下加以重新诠释融合，赋予海丝文化以人类命运共同体为核心内涵的崭新意义。5年来，海丝沿线国家和地区发生着日新月异的变化，海丝文化以其融合力在当代的变迁开创了新的历史篇章。

---

① 〔美〕史蒂文·瓦戈：《社会变迁》，王晓黎等译，北京大学出版社，2007，第3页。

一 共享：21 世纪海上丝绸之路的经济与文化

人类命运体理念凸显的是以民众为主体的新观念和新路径，在具体措施上也更加注重体贴民意，努力取得看得见、摸得着的早期民生利益收获。倡议提供给沿线国家的，不是一个强加的正式国际秩序，而是一个基于人类普遍情感和未来展望的弹性空间。这打造了国际合作无涉意识形态、不以自身发展模式划界的文化基础。人类命运共同体的核心内涵在经济理念上的体现是共同投资、共担风险、共同开发、共同利用、共取利益的共享经济，在文化理念上的体现则是构筑跨越时空、超越国度，具有当代价值的共同认同感，享有这种认同感所带来的社会心理融合。

21 世纪海上丝绸之路倡议是沿线各国共享的体系，正在形成一整套与海丝文化现在和未来相适应的观念、标识、品牌。习近平总书记提出的中国梦秉承自中华人民共和国成立以来所奉行的永不称霸的外交政策原则，坚持奉行互利共赢的开放战略，中国梦与海丝梦、世界梦交融。在海丝文化基础上欢迎各国搭乘中国发展的"顺风车"，形成共享制度、机制，提高整体生产率。21 世纪海上丝绸之路倡议的提出正当其时，既符合中国实现自身发展的需求，也有利于在新的历史条件下沿线国家和地区的发展。目前，海丝沿线国家与地区基础设施和金融方面共享机制的形成、推进最见成效。经济上的共享机制本身就含有文化包容的意义，经济文化壁垒最终通过对话和交流来消除，防止贸易保护主义和民粹主义抬头，才能为发展中国家经济增长和民生改善贡献力量，促进以较低的成本获得宗教、习俗等本地化、个性化文化的相互理解。

以相互尊重为前提的文化共享既包含可延展的经济要素内容，也为经济全球化提供新的动力，这使得文化共享更富魅力。理论证明，现代国际贸易产品中融入更多的文化认同因素，充分利用丰富的共有文化资源，是扩大国际贸易和增强国际贸易总量的有效途径。海丝沿线各国民众的文化传统和文化消费具有不同特点，长期来看，21 世纪海上丝绸之路的互联互通建设伴随着文化沟通。双边、多边合作框架的推动，公路、铁路、港口、物流、通信等基础设施和基础产业的形成，贸易投资自由化和便利化的展开，都为沿线国家文化产业的合作共赢开启了新范式。

　　古代的海上丝绸之路中西方之间交易频繁，由频繁的交易起始传播思想文化，反映出贸易与文化的密切关系。从历史渊源来看，海丝沿线国家和地区有着海丝文化基因。古代海上贸易奠定了海上丝绸之路共享精神的物质基础。但是，对海丝文化的认识和理解处于原始随机的自发状态，并无相应的理论和论述，统一的制度规划、机制安排更是缺乏。正如马克思指出："历史不外是各个世代的依次交替。每一代都利用以前各代遗留下来的材料、资金和生产力；由于这个缘故，每一代一方面在完全改变了的条件下继续从事先辈的活动，另一方面又通过完全改变了的活动来改变旧的条件。"①

　　21 世纪海上丝绸之路倡议对于共享理念的提倡和有关制度、机制的对接和建立，是古代海上丝绸之路符号整合基础上与当代文化相适应的时代进步，能够以具有广泛参与性的方式更有效地发挥古代海丝文化资源优势。海上丝绸之路是人类文明的通道，21 世纪海上丝绸之路共享的意义指的是以海丝文明传承体为集体，共同承继和发展具有普遍性、通识性以及兼容性的海丝文化资源内核。

　　任何经济的发展都离不开文化的支持，文明交流是人类的共同需求，对话是不同文明之间架起的理解沟通的桥梁。海上丝绸之路蕴含着极其丰富的文化内涵。可以说，"海上丝绸之路"的共享文化独一无二，不可替代，将在 21 世纪海上丝绸之路的不断推进中实现其社会价值。海丝沿线各国的政治理念、经济制度、社会管理、宗教信仰等都可能有所差异，以共享文化为先导的人文交流，能够促使海上丝绸之路理

---

① 《马克思恩格斯全集》（第 3 卷），人民出版社，1960，第 51 页。

念深入人心。21 世纪海上丝绸之路倡议的共享机制建立不可能一蹴而就，必然是一个循序渐进的过程。中国作为"一带一路"倡议的首倡国，着眼倡议进展的大局，采取实际举措着力实现沿线国家公路、铁路、港口、能源、通信等基础设施的连接，为形成客观上的一体化，并在经贸、产业合作中增强深化文化交流合作的能力而努力。同时，中国为落实倡议积极推动资金融通，组建亚洲基础设施投资银行、丝路基金等"一带一路"建设中长期资本聚合平台。

21 世纪海上丝绸之路正在实现与沿线国家的战略对接，为倡议的落实增添稳定因素。基础设施的硬件联通带动了沿线经济贸易有效增长，中国与沿线国家的经济合作伙伴关系更为紧密。经济上的共享体制、机制所带来的文化交融与社会协调，有益于沿线国家和地区想借21 世纪海上丝绸之路赢得未来发展机会的企业。古代海上丝绸之路的一大特点就是以贸易经济融合创造文化融通的氛围，把经济的互补转化为看得见的互惠，进而在情感沟通中以获得感赢得文化认同。沿线国家和地区的获得感也有利于激发市场活力，培养消费力和新的消费增长点，创造海丝文化潜移默化深入民众的条件。在 2008 年全球金融危机贸易不振的背景下，21 世纪海上丝绸之路促进沿线经济发展的成绩单鲜亮耀目，陆上丝绸之路与海上丝绸之路紧密关联、协同配合。截至2016 年 6 月，中国同 11 个沿线国家签署自贸区协定，与 56 个沿线国家签署双边投资协定。以重点港口为节点，共同建设通畅、安全、高效的运输大通道。这些务实合作举措，有力地推动了经济全球化持续健康发展。可以说，经过 5 年的实践，21 世纪海上丝绸之路倡议的共同海丝文化理念构筑得越来越实在，促进了国家利益的合作拓展。

5 年来的实践证明，21 世纪海上丝绸之路倡议有利于促进沿线各国经济繁荣与区域经济合作。但是，也应该看到，到目前为止，海丝经济与文化的共享机制还有待进一步创新完善，与沿线各国的发展战略对接还在进行中，以贸易和投资便利化为目标，减少贸易壁垒，消除各种要素在沿线不同经济体之间自由流动的障碍，采取便利通关的措施，简化海关、卫生检验检疫也需要进一步沟通。沿线深入了解海丝文化的民众规模相对较小，参与倡议建设的人数不多，在阶层和年龄段上不够广泛。古老的海丝文明所蕴含的厚重资源还有待挖掘。就微观经济实体而言，21 世纪海上丝绸之路倡议的展开为企业提供了新的创业机会，企业走向其他国家遇到的挑战之一就是文化差异和文化隔阂。这种差异和隔阂可能表现为对当地政策法规不了解或者对当地政治经济不熟悉，这都需要较长的时间沟通情感，孵化合作，不断吸引更广泛的关注和投入。21 世纪海上丝绸之路倡议的共享理念、机制和实践有着广阔的未来成长空间。

二 老干新枝的文化价值观：人类命运共同体概念的逐步深化

文化随时代而常新，薪火因添续而长传。21世纪海上丝绸之路倡议从世界传统历史脉络中梳理出一套借以传播信息、形成共识、建构身份、塑造形象的文化要素，对倡议的文化观念进行解释，避免"跟着用""拿来用"的西方社会科学全球化和区域化规范概念所导致的表征偏颇。海上丝绸之路作为文化符号系统，其核心的文化价值观经过历史的积淀被人们普遍认同，形成连续的长时段文化价值链。

海上丝绸之路文化的传承与建设并非一句空泛的口号，更不是一时的权宜之计，体现了中国对于海洋文化的自我认识，是世界文明发展史整体脉络中的重要一环。中国古代海上丝绸之路具有历史连续的文化符号意义，具有历时性、参与性、时代性和义利观的代表性，中国海洋文化价值观扎根于古代海上丝绸之路传统。不同种族、宗教及文化曾在海上丝绸之路上互相交融，先进工艺与农耕技术沿线传播。古代海上丝绸之路作为曾经最重要的亚欧大陆商贸文化通道，最宝贵的遗产是其所孕育的精神动力和正能量，是沿线国家共同的文化记忆。这一文化记忆所蕴含的文化价值有助于经济贸易的交流发展。处于不同国家和地区的国际贸易交易双方，由于不同的社会经济文化背景、法律制度和交易规则等，交易存在很大的风险性和不确定性。共同的文化认知和价值观念有利于在不同国家和地区的交易者之间建立信任，沟通信息，拉近双方的关系，建立亲密感，最终有利于国际贸易的进行。海丝文化作为国际贸易的背景，其特点鲜明地表现为有出有入、兼收并蓄、和而不同。丝绸之路虽以丝绸贸易为开端，但其意义远远超过了贸易货物互换的范畴。

2000 多年间，中国传统文化在海丝沿线形成了具有强盛生命力的文化影响。文明共融的现实成就了中国走向世界各地的梦想。中国的铁器、茶叶、瓷器、丝绸、棉麻等特色商品漂洋过海，远销他乡，演化为海丝文化的图腾，而西方文化也通过海上丝绸之路进入中国，丰富了中国文化的多元面相。海丝文化历史展示的是沿线人民的勤劳智慧，也是中国睦邻和谐的大国形象，其价值核心是多元文化包容共生。

海丝沿线各国共同开拓海丝的历史，具有建构海丝文化认同的当代文化符号意义。自习近平主席提出 21 世纪海上丝绸之路倡议后，全方位推进政策沟通、设施联通、贸易畅通、资金融通、民心相通，既沟通经济贸易、金融投资、基础设施，也进行政策对接、文化旅游、文明对话等文化方面的沟通。沿线国家乃至国际社会高度关注，激烈讨论。这充分说明海上丝绸之路这一文化符号焕发的崭新时代性。古代海上丝绸之路文化空间的构筑、文化线路的形成、文化交流模式的创造为 21 世纪海上丝绸之路倡议提供了丰富的、可行的样本，向世界展现出中国对开放和交流基于历史实践的文化认知。因此，重视海上丝绸之路文化研究，传承海上丝绸之路文化，是 21 世纪海上丝绸之路建设的重要内容之一。

今天的 21 世纪海上丝绸之路倡议中的文化，继承的不只是丝绸、茶叶、陶瓷等古已有之的具体文化附着形态。每个时代都有每个时代发展的文化符号，经过千年历史的变迁，丝绸、茶叶等更多地演化成为海丝文化的符号象征，只有抽象了的文化价值观才是持久、深刻的。事物的深层意义往往要经过时间的推移才能逐渐显现，传统海丝文化价值观中开放共赢、合作融合的精神历经千年，是普遍恒久的。价值理念与文化符号的关系相辅相成，只有根基深厚的枝干才能孕发更多更为茁壮的新枝，也只有具有合理内核的价值理念才能获得更为丰富精彩的新时代海丝文化符号。

人类文明史反复证明，一国之盛，一国之荣，若无休戚与共的理念，一味掠夺争强，难以长久，更难以延续，在"全盛""极荣"中已呈衰败之征。2008 年世界经济危机以来，人们的焦虑和反思并不仅限于经济领域，而是思考探索人类社会相互依存、和谐发展的新型发展模式。人类命运共同体理念内含的平等协商精神顺应了人类社会对危机的共同担当，对未来的共同期许，对福祉的共同创造。利益共同体、责任共同体和命运共同体的设定符合世界和平稳定的普遍愿望。2013年3月，习近平主席第一次以"命运共同体"对全球文明的走向作出明确判断，蕴含着中国对国际规制基础的基本看法。此后，习近平主席在众多场合数十次阐释"命运共同体"理念，赋予了命运共同体以丰富的内涵。人类命运共同体理念的内在本质是全球文化价值观念变革的有效探索，是中国智慧对全球化观念超越性的纠偏修正。客观地说，人类命运共同体包括共同体成员在生产生活中共同接受的思想、观念、风俗等，其理念是全球化大趋势积累到今天，人类利益交会点不断扩大才能激发出的心灵共感。人类命运共同体成员对人类共有一个地球的客观事实和人类情感息息相关共生性的承认是其逻辑起点，体现的是对人类社会未来和世界走向的终极关怀。人类命运共同体理念提出的目的，是推动国际秩序朝着更加公正合理的方向发展，增进不同信仰、制度和民族国家的共同利益。

　　21世纪海上丝绸之路文化价值观基于的是对人类共同发展的关注，人类命运共同体是海丝文化性质和方向的指向，海上丝绸之路的文化价值体认、价值追求和价值实践是人类命运共同体概念的具体深化。人类命运共同体概念的核心是人类命运，因此人类共有的价值观是海丝文化建设的主体，这将是一个需要较长时期才能显现成效的过程。21世纪海上丝绸之路的核心价值理念是一个国际性的概念，也是一个长期的形成过程，不仅要让中国人接受，而且要让沿线各国逐渐接受，形成共识，不能自说自话。人类命运共同体理念重视主流民意的认可和从政府到百姓的共识，特别是重视加强与各国民众间的精神联系。"一带一路"沿线国家和地区的人民在目标、理念、情感和文明方面相互沟通、相互理解、相互认同。不同的国家有了共同的目标、相近的理念、深厚的情感和包容的文明，"民心相通"就可以实现。① 中国以人类命运共同体为理念的"一带一路"倡议逐步完善，以及负责任的大国形象建立不仅使得自身国际形象更加正面，而且对于倡议的落实也有着极为重

---

① 郭宪纲、姜志达：《"民心相通"：认知误区与推进思路——试论"一带一路"建设之思想认识》，《和平与发展》2015年第5期。

大的意义。真正尊重民众主动性的合作模式，显然是真正实现合作与发展，给世界带来和平、稳定与繁荣的方式。

5年来，沿线国家和地区对海丝文化价值观的初步认同感体现出海丝文化的独特魅力。文化价值观以"亲、诚、惠、容"理念的形式切实贯穿于21世纪海上丝绸之路倡议建设的方方面面，利用各种时机和场合，通过舆论引导、文化熏陶、制度实践等，逐渐消除疑虑，在理解和诚意的基础上内化为沿线民众所认可的共同精神。今后，海丝文化价值观还将根据新的条件不断丰富深化内容，进行内涵和理论的创新和探索，将逐步形成海丝沿线国家人类命运共同体精神。

三　空间延拓：文化融合力的增长

在国际舆论中，有人疑虑，21 世纪海上丝绸之路倡议会不会只为增强首倡国中国一国的软实力？会不会是一场看不见的文明同化，甚至是意识形态争夺战？又怎样看待海丝沿线各国共有的增强自身文化软实力的诉求，做到互利而长远？等等。我们认为，文化软实力问题是不容回避的，应当关注研究。"软实力"是以硬实力为参照系提出的概念，软实力理论的提出者约瑟夫·奈强调，当今权力正在发生两种类型的改变：一是权力在国家之间的转移，二是从国家与正式机构向非国家的行为者、网络空间扩散。

空间的不断扩大带来的软实力融合是文化变迁中的重要内容，也是具有变革性的理论要素。海上丝绸之路的不断开辟使海丝文化有足够的生存空间孕育成长，海丝文化的多元性和丰富性正是源于空间的延拓。海丝文化是海丝沿线所产生的文化，展示了一个开放融合的贸易通道，具有影响力和吸引力。海丝历史悠久，延续时间长，通往的地区多样，与世界各族人民交往极为广泛。古老海上丝绸之路向 21 世纪海上丝绸之路转变，沿线许多国家和地区都为能在海丝梦中实现各自梦想而做出具体实践，这意味着海丝沿线国家和地区拥有共同利益的最大公约数。海丝文化软实力正是在增进共同福祉中获得鲜活的生命力、普遍的凝聚力和具有引致效应的感召力，在交流中获得更广阔的空间以共同增进福祉，这就是融合力变量。因此，不仅应从海上丝绸之路文化的时间历程，而且应从其所存在和互动的空间角度来理解和考量文化融合力。应该指出，"一带一路"倡议提出以来的 5 年来，其理论与实践修正了软实力强调国家间力量对比的概念和理论范式。在"一带一路"的新语境中，软实力已非西方原旨的此消彼长关系，更非是绝对排他的零和博弈，融合力是福利共增力量，具有正外部性。

海丝文化具备独特性、凝聚性和可分享性，是海丝沿线各国和地区共同拥有的历史文化，作为一个凝聚正能量的整体开放系统，为各方所理解、认同、支持。人类总体福祉的增加从来不是一个单向度前进的过程，而是内化于以生产生活方式为载体的社会文化整体均衡。海丝文化为世界整体性的优势互补、开放发展创造新的机遇。在这一机遇创造中，人类命运共同体概念的关注点重在文化关系和文化内容，这是对以往全球化模式文化要素流动陷阱的反思。随着理念的传播和深入，世界将进入一个更加多元的文明时代。独特的海丝文化资源成为沿线国家和地区形成较强影响力和吸引力，进而融合发展的有利条件。21世纪海上丝绸之路倡议为沿线国家和地区创造出新的体制环境，是否能够成为海丝文化体系中的一员直接关系到国家整体形象，这也是有学者提出的国家在国际社会的"声誉资本"。海丝沿线各国为了增进福祉的共同要求走到一起，开放的文明体系和共同的议题使各国都各有展现自身软实力的机会。移动互联和社交媒体更成为未来发挥海丝文化影响力的重要方式。海丝文化软实力由此呈现正和博弈的态势。从这个角度来说，海丝文化以其融合力成为软实力资源的富矿，为沿线国家塑造风景秀美、亲和力突出、经济发展、文化繁荣的本国国家形象，展示热爱和平、文化多样和谐、为人类文明做出贡献的历史底蕴提供机会，从而为增长文化软实力提供支点和窗口。软实力理论是从维护美国霸权地位出发，阐释加强一国软实力建设的政策主张。海丝文化的整体性在一定意义上加深了软实力理论。

马克思经典理论认为，矛盾着的双方，依据一定的条件既相互斗争又相互依存，并依据一定的条件相互转化。海丝沿线国家和地区在传统的对外关系、区域安全局势、国内政治秩序的考量之外，经济发展模式以及历史轨迹、文明取向等多个方面存在多元复合性，可谓是矛盾统一体。在目前和今后一个相当长的历史时期内，世界各国由于政治理念、社会制度、主体宗教文化的不同，文明间的竞争格局和国际话语权的争夺在所难免。海丝沿线各国和地区族群繁多，文化差异性较大，政治制度选择、经济发展水平、社会状况千差万别。因此，需要加强对海丝文化冲突或者碰撞的管理和引导，在倡议实施的动态过程中消弭误解和隔阂。海丝文化的体系建设是一个综合、长期、系统的过程，各方认可的文明内涵是古老海丝文明的魅力，也是海丝文明的软实力。提高国际话语权、加强国际传播能力、扩大国际友谊与交流是海丝沿线各国的共同软实力诉求，海丝文化的影响力和号召力需要广泛的正面宣传。海丝沿线的国家地区，因自然环境和历史环境的不同形成了独特的文化。在这一过程中，发达国家在经济上的优势所形成的文化强势，将影响发展中国家的文化状况，可能形成文化依附。应进一步加强平台创新，建立渠道，以学校教育、理论研究、历史研究、影视作品、文学作品等多种方式对海丝文化和海洋历史、沿线各国历史文化和发展现状进行展示。海丝推进联合申遗、海丝旅游线路的开发等无疑正是软实力集合的展现。此前，2014 年，中国和哈萨克斯坦、吉尔吉斯斯坦三国"丝绸之路：长安—天山廊道的路网"成功联合申报为世界遗产，无疑是一个融合力空间延拓，共同提升软实力的成功典范。

在人类命运共同体的核心概念下，海丝文化的空间不是闭合的。闭合空间形成的文化，其软实力必然有限。随着 21 世纪海上丝绸之路建设的不断推进，新闻出版、对外传播以及国际舆论等文化软实力又促使海丝文化融合力加速增长，海丝文化正能量的"外溢效应"对国际社会的影响也将逐步呈现。"一带一路"倡议的提出标志着一种平等、开放的文明对话机制的建立，中国逐步迈入主动引领全球治理合作的新时期，其中也包括软实力的合作和提升。

第一，各国文化软实力的增强都需要和平稳定的内外部环境。海丝文化软实力所借助的载体具有相对独立性，21 世纪海上丝绸之路的核心理念是与沿线国家的互利共赢。经济不仅是物品的交换活动，而且包括文化价值的传播和交融、国际情感的沟通和认同。从国际和周边来看，21 世纪海上丝绸之路倡议可能建立的文化共享的区域新秩序，为沿线国家，进而为国际文化安全诉求创造出新的体制环境，从而保障文化交流通道安全。这大大扩展了海丝文化的空间。

第二，21 世纪海上丝绸之路的文化融合力增进对于世界有着巨大的贡献，最关键的是相关各国以全面合作精神打造互利共赢的"利益共同体"和共同发展繁荣的"命运共同体"。共同体所形成的示范效应将

21 世纪海上丝绸之路打造为文化融合力共同增长的重要场域和全新平台。海丝文化绝不是独属一家，同样，海丝文化带来的软实力增长也并不独属中国，中国只是 21 世纪海上丝绸之路的首倡者。人类命运共同体理念的目的是巩固和扩展人类福祉基础，而不是削弱这个基础。人类命运共同体理念的内在本质，是一种全球文化价值观念变革的理性探索，是中国智慧对全球化超越性的纠偏修正。因此，从人类共同福祉的角度出发的软实力增长意味着整个人类软实力的增长。在人类整体文明的变迁过程中强化对环境保护等问题的合作，这是随着全球化和信息化的发展的必然趋势，更为中国所喜闻乐见。那种认为中国利用海丝文化的平台搞新殖民主义、新"马歇尔计划"的论调是反历史的、反理性的。从根本上也不利于人类在发展过程中不断整合传统文明的因子，创造出和谐共赢的人类文明。

第三，当今世界，各种传统安全挑战和非传统挑战交错叠加，经济安全、文化安全、环境安全等非传统安全要素的影响力日益明显。海丝沿线的许多国家资源短缺、生态脆弱，民众对于人类休戚与共的权利、环境的意识已经觉醒，对于合作项目存在的潜在生态风险十分关注。文化是软实力，人类共同的问题需要人类共同面对，海丝文化为不同文化之间的非传统安全交流提供契机。在这种情势下，一个新崛起的大国必然要挑战现存大国，而现存大国也必然会回应这种威胁的"修昔底德陷阱"并非不可避免的铁律。联合海洋治污、海洋科技、水文、气候信息共享等领域较易达成共同提升软实力的共识。2016 年 6 月 22 日，习近平主席在乌兹别克斯坦最高会议立法院演讲时强调，我们要着力深化环保合作，践行绿色发展理念，加大生态环境保护力度，携手打造"绿色丝绸之路"。海丝沿线国家和地区的环保合作、医疗卫生合作、安保合作等对非传统威胁的应对，对促进不同种族、不同文化的沿线国家共享和平、共同发展的追求，增强民众对国家间关系与政策选择的理解，增强文化交流的民众基础，对于世界的美好明天建设深具意义。

参考文献

中文文献

一 经典文献

《马克思恩格斯选集》，人民出版社，1995。

《毛泽东外交文选》，中央文献出版社、世界知识出版社，1994。

《建国以来毛泽东文稿》，中央文献出版社，1998。

《毛泽东文集》，人民出版社，1999。

逄先知、金冲及主编《毛泽东传（1949—1976）》，中央文献出版社，2003。

金冲及主编《朱德传》，中央文献出版社，2000。

《邓小平年谱（一九七五——一九九七）》，中央文献出版社，2004。

《邓小平在联大第六届特别会议上的发言》，《人民日报》1974年4月11日，第1版。

胡锦涛：《坚定不移沿着中国特色社会主义道路前进 为全面建成小康社会而奋斗——在中国共产党第十八次全国代表大会上的报告》，《人民日报》2012年11月18日，第1版。

习近平：《顺应时代前进潮流 促进世界和平发展——在莫斯科国际关系学院的演讲》，《人民日报》2013年3月24日，第2版。

习近平：《携手建设中国—东盟命运共同体——在印度尼西亚国会的演讲》，《人民日报》2013年10月4日，第2版。

习近平：《在中法建交五十周年纪念大会上的讲话》，《人民日报》

小 结

自 2013 年 21 世纪海上丝绸之路倡议提出以来，始终立足促进沿线国家和地区的和平发展、合作共赢。5 年来，海丝文化在人类命运共同体的核心价值观照下，在继承中发展，既彰显出开放包容、互学互鉴的古老智慧，又表现出顺时应势、优化资源配置、促进共同繁荣进步的时代精神。21 世纪海上丝绸之路是商品、人员、资金、信息流动共赢的经济合作桥梁，也是文明交流互鉴的桥梁，经济与文化正向契合。海丝沿线发生的日新月异的变化表明，海丝文化融合力是倡议的重要内容，也是促使倡议有效落地、共同增进软实力的重要动力。

2014 年 3 月 29 日，第 2 版。

习近平：《在布鲁日欧洲学院的演讲》，《人民日报》2014 年 4 月 2 日，第 2 版。

习近平：《积极树立亚洲安全观 共创安全合作新局面》，《人民日报》2014 年 5 月 22 日，第 2 版。

习近平：《弘扬丝路精神 深化中阿合作》，《人民日报》2014 年 6 月 6 日，第 2 版。

习近平：《共创中韩合作未来 同襄亚洲振兴繁荣》，《人民日报》2014 年 7 月 5 日，第 2 版。

习近平：《联通引领发展 伙伴聚焦合作》，《人民日报》2014 年 11 月 9 日，第 2 版。

习近平：《迈向命运共同体 开创亚洲新未来》，《人民日报》2015 年 3 月 29 日，第 2 版。

习近平：《构建中巴命运共同体 开辟合作共赢新征程》，《人民日报》2015 年 4 月 22 日，第 2 版。

习近平：《深化合作伙伴关系 共建亚洲美好家园》，《人民日报》2015 年 11 月 8 日，第 2 版。

习近平：《在第二届世界互联网大会开幕式上的讲话》，《人民日报》2015 年 12 月 17 日，第 2 版。

习近平：《携手共创丝绸之路新辉煌——在乌兹别克斯坦最高会议立法院的演讲》，《人民日报》2016 年 6 月 23 日，第 2 版。

《习近平在中共中央政治局第八次集体学习时强调：进一步关心海洋认识海洋经略海洋 推动海洋强国建设不断取得新成就》，《人民日报》2013 年 8 月 1 日，第 1 版。

《习近平主持召开中央国家安全委员会第一次会议强调 坚持总体国家安全观 走中国特色国家安全道路》，《人民日报》2014 年 4 月 16 日，第 1 版。

《习近平同斯里兰卡总统拉贾帕克萨会谈》，《人民日报》2014 年 9 月 17 日，第 1 版。

《习近平主持加强互联互通伙伴关系对话会并发表重要讲话》，《人民日报》2014 年 11 月 9 日，第 2 版。

《习近平同印尼总统通电话》，《人民日报》（海外版）2015 年 6 月 24 日。

《习近平在埃及媒体发表署名文章 让中阿友谊如尼罗河水奔涌向前》，《人民日报》2016 年 1 月 20 日，第 1 版。

《十八大以来重要文献选编》（上册），中央文献出版社，2014。

《十八大以来重要文献选编》（中册），中央文献出版社，2014。

二　政府文件

《全国人民代表大会常务委员会关于批准〈保护非物质文化遗产公约〉的决定》，《全国人民代表大会常务委员会公报》2006 年第 2 期。

《中共中央关于全面深化改革若干重大问题的决定》，《人民日报》2013 年 11 月 16 日，第 2 版。

《国家新型城镇化规划（2014－2020 年）》，《人民日报》2014 年 3 月 17 日，第 9 版。

《国务院关于加快发展对外文化贸易的意见》，《人民日报》2014 年 3 月 20 日，第 1 版。

《文化部财政部关于推动特色文化产业发展的指导意见》，《中国文化报》2014 年 8 月 26 日，第 2 版。

《国务院关于支持汕头经济特区建设华侨经济文化合作试验区有关政策的批复》，中华人民共和国中央人民政府网站，http://www.gov.cn/zhengce/content/2014－09/19/content_9085.htm，2014 年 9 月 15 日。

《推动共建丝绸之路经济带和 21 世纪海上丝绸之路的愿景与行动》，《人民日报》2015 年 3 月 29 日，第 4 版。

《中共中央关于制定国民经济和社会发展第十三个五年规划的建议》，《人民日报》2015 年 11 月 4 日，第 1 版。

《中华人民共和国国民经济和社会发展第十三个五年规划纲要》，《人民日报》2016 年 3 月 18 日，第 1 版。

《上海市深入推进文化金融合作实施意见发布》，《新民晚报》2014 年 11 月 24 日。

《福建省 21 世纪海上丝绸之路核心区建设方案》，中华人民共和国商务部网站，http://www.mofcom.gov.cn/article/resume/dybg/201511/

20151101165490. shtml?S = bcab4，2015 年 11 月 17 日。

三　统计公报

《中国统计年鉴（2013—2016）》，中国统计出版社，2013 年、2014 年、2015 年、2016 年。

《福建统计年鉴（2015—2016）》，中国统计出版社，2015 年、2016 年。

《中华人民共和国 2015 年国民经济和社会发展统计公报》，中华人民共和国国家统计局网站，http://www. stats. gov. cn/tjsj/zxfb/201602/t20160229_1323991. html，2016 年 2 月 29 日。

《2015 年度中国对外直接投资统计公报》，《人民日报》2016 年 9 月 23 日。

纪云飞主编《中国海上丝绸之路研究年鉴（2013）》，浙江大学出版社，2014。

国家统计局编《"一带一路"相关国家统计资料》，国家统计出版社，2014。

郭志忠主编《中国海上丝绸之路研究年鉴（2014）》，浙江大学出版社，2016。

广东海洋大学东盟研究院：《21 世纪海上丝绸之路上的中国与东盟》，中国经济出版社，2016。

国家信息中心"一带一路"大数据中心编《"一带一路"大数据报告（2016）》，商务印书馆，2016。

海上丝绸之路研究中心主编《中国海上丝绸之路研究年鉴（2015）》，浙江大学出版社，2017。

《2015 年 11 月进出口商品贸易方式总值表（人民币值）》，中华人民共和国海关总署，http://www. customs. gov. cn/publish/portal0/tab496-66/info780506. htm，2015 年 12 月 8 日。

《2015 年 12 月全国进出口总值表（人民币值）》，中华人民共和国海关总署，http://www. customs. gov. cn/publish/portal0/tab49666/info784228. htm，2016 年 1 月 13 日。

国家发展和改革委员会、国家海洋局编《中国海洋经济发展报告

（2015）》，海洋出版社，2015。

张晓明等主编《中国文化产业发展报告（2015—2016）》，社会科学文献出版社，2016。

苏扬等主编《中国文化遗产事业发展报告（2015—2016）》，社会科学文献出版社，2015。

《国家发展改革委国家海洋局联合发布〈中国海洋经济发展报告 2016〉》，《中国海洋报》2016 年 9 月 28 日，第 1 版。

中债资信评估有限责任公司、中国社会科学院世界经济与政治研究所主编《对外投资与风险蓝皮书：中国对外直接投资与国家风险报告（2017）》，社会科学文献出版社，2017 年 4 月 10 日。

四　新闻资料

《日本朋友请邓副总理把"长生不老"药苗带回国》，《人民日报》1979 年 2 月 7 日，第 5 版。

《巩固中非传统友谊 深化中非全面合作》，《人民日报》2004 年 2 月 4 日，第 1 版。

《中欧友谊和合作：让生活越来越好》，《人民日报》2014 年 3 月 30 日，第 2 版。

《做同舟共济的逐梦伙伴》，《人民日报》2014 年 9 月 17 日，第 2 版。

《丝路故事：平民女子变身"锡兰公主"》，《人民日报》2014 年 10 月 21 日，第 13 版。

《就中国外交政策和对外关系答中外记者问》，《人民日报》2015 年 3 月 9 日，第 5 版。

《南海一号，带你阅千年》，《人民日报》2016 年 1 月 11 日，第 12 版。

钟声：《"一带一路"与马歇尔计划存在根本差别》，《人民日报》2015 年 2 月 13 日。

张鑫：《"一带一路"根本不同于马歇尔计划》，《人民日报》2015 年 3 月 18 日。

国纪平：《为世界许诺一个更好的未来——论迈向人类命运共同

体》，《人民日报》2015 年 5 月 18 日，第 1 版。

杨子岩：《别用"新马歇尔计划"来诋毁中国》，《人民日报》（海外版）2015 年 10 月 18 日。

《"海丝"沿岸大学生厦门话文创》，《人民日报》（海外版）2016 年 7 月 20 日。

《福建"海丝"先行区频出新招》，《光明日报》2014 年 8 月 1 日，第 1 版。

刘莘：《在韩国感受徐福"热"》，《光明日报》2014 年 11 月 17 日。

《专家建议成立海上丝绸之路文化遗产保护合作平台》，《光明日报》2015 年 12 月 10 日，第 9 版。

王庆环：《北京大学考古队完成肯尼亚最大规模考古工作》，《光明日报》2016 年 8 月 16 日，第 1 版。

龚缨晏：《全球史视野下的海上丝绸之路》，《光明日报》2013 年 10 月 10 日，第 11 版。

徐黎丽、余潇枫：《"一带一路"是沿线国家的合唱而非中国的独唱》，《光明日报》2015 年 6 月 8 日，第 2 版。

《"海丝"申遗：文化遗产学不能缺位——访南京大学文化与自然遗产研究所所长贺云翱》，《中国社会科学报》2015 年 2 月 13 日，第 A06 版。

《印尼打造"郑和旅游线"吸引中国游客》，《中国文化报》2015 年 3 月 2 日。

《平潭海洋文化中心开工建设》，《中国文化报》2015 年 8 月 17 日，第 1 版。

《聚焦京交会："一带一路"成文化贸易新热点》，《中国文化报》2016 年 6 月 9 日，第 4 版。

《文化及相关产业增加值 27235 亿元》，《中国文化报》2016 年 9 月 1 日，第 1 版。

《丝绸之路国际剧院联盟在京启动》，《中国文化报》2016 年 10 月 22 日，第 3 版。

《海上丝绸之路的文化遗存》，《中国科学报》2015 年 4 月 17 日。

《"一带一路"示范项目中国电企来到巴基斯坦》，《经济观察报》

2015 年 4 月 27 日，第 7 版。

《"海丝"旅游联合推广扬帆东南亚》，《中国旅游报》2015 年 8 月 24 日，第 3 版。

《打造"丝路驿站"，实现共享发展》，《经济日报》2016 年 4 月 8 日。

蔡淳：《"一带一路"绝非中国版"马歇尔计划"》，《经济日报》2015 年 6 月 17 日。

《2015 对外承包新签合同额首破 2000 亿美元》，《经济参考报》2016 年 1 月 28 日，第 3 版。

《深圳港口链雏形初现》，《中国水运报》2016 年 10 月 28 日。

《海上丝绸之路核心区福建大行动》，《上海证券报》2015 年 11 月 18 日，第 F02 版。

《第三届世界互联网大会闭幕发表〈乌镇报告〉》，《北京日报》2016 年 11 月 19 日，第 4 版。

《20 家外媒深度走访穗莞佛》，《南方日报》2015 年 4 月 27 日，第 A02 版。

《昔日"贸易岛"浮出水面》，《南方日报》2016 年 5 月 27 日，第 A12 版。

《新加坡海事博物馆：收藏海丝昔日荣光》，《中山日报》2015 年 7 月 23 日。

《中国海上丝绸之路旅游推广联盟成立》，《福建日报》2015 年 5 月 9 日，第 1 版。

张秀冰：《十省市组团推广海丝旅游》，《福州晚报》2015 年 4 月 8 日。

《"海丝"留下了最宝贵的精神财富》，《闽南日报》2015 年 2 月 7 日，第 5 版。

《"海丝"联合申遗——"泉州共识"发布》，《泉州晚报》2014 年 11 月 29 日，第 1 版。

《丝海扬帆 文创护航——2015 年泉州文化产业发展亮点纷呈》，《泉州晚报》2016 年 1 月 21 日。

《石狮蚶江石渔村打造"海丝"文化特色新型社区》，《石狮日报》

2016 年 3 月 28 日。

《妈祖文化包含海洋精神》，《湄洲日报》2016 年 3 月 14 日。

宋月红、王蕾：《各界专家研讨当代中国民族工作》，《中国民族报》2015 年 2 月 6 日，第 6 版。

张鑫、杨海泉：《"一带一路"不是中国版"马歇尔计划"》，《中国社会科学报》2015 年 2 月 13 日。

《近十年我国与海上丝绸之路沿线国贸易额年均增长近两成》，新华网，http://news. xinhuanet. com/2016 - 02/11/c _ 1118020842. htm，2016 年 2 月 11 日。

《柬埔寨首份纯电子版中文报纸创刊》，新华网，http://news. xin-huanet. com/world/2015 - 03/30/c_127636310. htm，2015 年 3 月 30 日。

《中泰启动"走访东方海上丝绸之路"活动》，中国网，http://news. china. com. cn/live/2015 - 05/25/content_32844635. htm，2015 年 5 月 25 日。

《大型舞剧〈丝海梦寻〉国家大剧院上演》，光明网，http://cul-ture. gmw. cn/2014 - 08/26/content_12806492. htm，2014 年 8 月 26 日。

《128 家文化企业银行间债券市场融资总额达到 4703 亿元》，中国经济网，http://www. ce. cn/culture/gd/201507/20/t20150720 _ 5980994. shtml，2015 年 7 月 20 日。

《专访：非洲期待第二个"郑和时代"的到来》，中华人民共和国驻肯尼亚共和国大使馆网站，http://www. fmprc. gov. cn/ce/ceke/chn/sb-gx/t204432. htm。

五　研究专著

戴裔煊：《明代嘉隆间的倭寇海盗与中国资本主义萌芽》，中国社会科学出版社，1982。

福建省地方志编纂委员会编《福建省志·华侨志》，福建人民出版社，1992。

田桓：《战后中日关系文献集（1945 - 1970）》，中国社会科学出版社，1996。

梁嘉彬：《广东十三行考》，广东人民出版社，1999。

张松：《历史文化城市保护学导论——文化遗产和历史环境保护的一种整体性方法》，上海科学技术出版社，2001。

陈永正：《中国古代海上丝绸之路诗选》，广东旅游出版社，2001。

黄启臣等：《广东海上丝绸之路史》广东经济出版社，2003。

胡惠林：《中国国家文化安全论》，上海人民出版社，2005。

曲金良主编《中国海洋文化研究》，海洋出版社，2008。

武力主编《中华人民共和国经济简史》，中国社会科学出版社，2008。

司徒尚纪：《中国南海海洋文化》，中山大学出版社，2009。

龚缨晏：《中国"海上丝绸之路"研究百年回顾》，浙江大学出版社，2011。

秦亚青：《关系与过程——中国国际关系理论的文化建构》，上海人民出版社，2012。

中华人民共和国国务院新闻办公室：《中国武装力量的多样化运用》，人民出版社，2013。

王历荣：《中国和平发展的国家海洋战略研究》，人民出版社，2014。

张诗雨、张勇编著《海上新丝路：21 世纪海上丝绸之路发展思路与构想》，中国发展出版社，2014。

黄建钢：《"浙江舟山群岛新区·现代海上丝绸之路"研究》，海洋出版社，2014。

杨文鹤、陈伯镛：《海洋与近代中国》，海洋出版社，2014。

郭凡、蔡国萱主编《21 世纪海上丝绸之路与广州》，中山大学出版社，2015。

赵江林主编《21 世纪海上丝绸之路：目标构想、实施基础与对策研究》，社会科学文献出版社，2015。

王灵桂主编《海丝列国志》，社会科学文献出版社，2015。

杨晓强、徐利平主编《海上丝绸之路与中国—东盟关系》，社会科学文献出版社，2015。

福建师范大学福建自贸区综合研究院编著《自贸区大时代：从福建自贸试验区到 21 世纪海上丝绸之路核心区》，北京大学出版社，2015。

门洪华：《东亚秩序论》，上海人民出版社，2015。

李景光、阎季惠：《主要国家和地区海洋战略与政策》，海洋出版社，2015。

曾庆成编著《21世纪海上丝绸之路港口发展报告》，大连海事大学出版社，2015。

李向阳：《"一带一路"定位、内涵及需要优先处理的关系》，社会科学文献出版社，2015。

赵磊：《一带一路：中国的文明型崛起》，中信出版社，2015。

罗雨泽、李伟：《"一带一路"基础设施投融资机制研究》，中国发展出版社，2015。

王灵桂主编《国外智库看"一带一路"》，社会科学文献出版社，2015。

毛振华等主编《"一带一路"沿线国家主权信用风险报告》，经济日报出版社，2015。

毛振华等主编《"一带一路"国家安全风险评估》，中国发展出版社，2015。

徐希燕等：《"海上丝绸之路"战略研究》，中国社会科学出版社，2016。

吴士存主编《21世纪海上丝绸之路与中国—东盟合作》，南京大学出版社，2016。

葛红亮：《东南亚：21世纪"海上丝绸之路"的枢纽》，世界图书出版广东有限公司，2016。

王义桅：《世界是通的："一带一路"的逻辑》，商务印书馆，2016。

"一带一路"课题组编著《建设"一带一路"的战略机遇与安全环境评估》，中央文献出版社，2016。

胡伟：《"一带一路"：打造中国与世界命运共同体》人民出版社，2016。

六　重要论文

陈炎：《略论海上"丝绸之路"》，《历史研究》1982年第3期。

汪勤梅：《毛泽东与中非关系》，《外交学院学报》1996年第4期。

王玉贵：《周恩来与中日民间外交》，《当代中国史研究》2001年第

2 期。

叶涛：《海神、海神信仰与祭祀仪式——山东沿海渔民的海神信仰与祭祀仪式调查》，《民俗研究》2002 年第 3 期。

赵春晨：《关于"海上丝绸之路"概念及其历史下限的思考》，《学术研究》2002 年第 7 期。

罗能生、洪联英：《国际贸易的文化解读》，《求是学刊》2006 年第 11 期。

朱杰进：《国际制度缘何重要——三大流派比较研究》，《外交评论》2007 年第 4 期。

张宇：《金融危机、新自由主义与中国的道路》，《经济学动态》2009 年第 4 期。

唐娟：《南京出土洪保墓志证实郑和宝船体量和航程》，《兰台世界》2010 年第 15 期。

丁刚：《见证海上丝绸之路——揭开东南亚沉船蕴藏的宝藏与故事》，《人民日报》2011 年 12 月 7 日，第 23 版。

刘岩、秦大树等：《肯尼亚滨海省格迪古城遗址出土中国瓷器》，《文物》2012 年第 11 期。

冯定雄：《新世纪以来我国海上丝绸之路研究的热点问题述略》，《中国史研究动态》2012 年第 4 期。

李鑫：《唐宋时期明州港对外陶瓷贸易发展及贸易模式新观察——爪哇海域沉船资料的新启示》，《故宫博物院院刊》2014 年第 2 期。

李广志：《徐福传说与中日文化交流》，《民族论坛》2014 年第 2 期。

董漫远：《"伊斯兰国"崛起的影响及前景》，《国际问题研究》2014 年第 5 期。

何秉孟：《重拾"第三条道路"？——金融危机后美欧的政治思潮与经济选择》，《国外社会科学》2014 年第 6 期。

苏长和：《和平共处五项原则与中国国际法理论体系的思索》，《世界经济与政治》2014 年第 6 期。

徐以骅：《全球化时代的宗教与中国公共外交》，《世界经济与政治》2014 年第 9 期。

袁新涛：《"一带一路"建设的国家战略分析》，《理论月刊》2014年第11期。

李向阳：《论海上丝绸之路的多元化合作机制》，《世界经济与政治》2014年第11期。

邢广程：《理解中国现代丝绸之路战略——中国与世界深度互动的新型链接范式》，《世界经济与政治》2014年第12期。

金铃：《"一带一路"：中国的马歇尔计划?》，《国际问题研究》2015年第1期。

黄益平：《中国经济外交新战略下的"一带一路"》，《国际经济评论》2015年第1期。

保建云：《论海上丝绸之路建设与海上丝路人民币贸易圈的形成与发展》，《江苏行政学院学报》2015年第2期。

朱时雨、王玉：《21世纪海上丝绸之路航道安全探析》，《交通运输研究》2015年第2期。

杨国桢：《海洋丝绸之路与海洋文化研究》，《学术研究》2015年第2期。

张希颖、韩爱玲：《从4.5亿骗税大案探究出口退税监管缺陷》，《对外经贸实务》2015年第3期。

刘畅：《重新重视海洋：印尼全球海洋支点愿景评析》，《现代国际关系》2015年第4期。

刘畅：《试论印尼的"全球海洋支点"战略构想》，《现代国际关系》2015年第4期。

王秋彬、崔庭赫：《关于加强"一带一路"国际话语权构建的思考》，《公共外交季刊》2015年第4期。

张明：《直面"一带一路"的六大风险》，《国际经济评论》2015年第4期。

朱时雨等：《21世纪海上丝绸之路航道安全探析》，《交通运输研究》2015年第4期。

郭宪纲、姜志达：《"民心相通"：认知误区与推进思路——试论"一带一路"建设之思想认识》，《和平与发展》2015年第5期。

林民旺：《印度对"一带一路"的认知及中国的政策选择》，《世经济与政治》2015 年第 5 期。

郭宪纲、姜志达:《"民心相通":认知误区与推进思路——试论"一带一路"建设之思想认识》,《和平与发展》2015 年第 5 期。

胡正宁、范金民:《郑和下西洋研究二题——基于洪保〈寿藏铭〉的考察》,《江苏社会科学》2015 年第 5 期。

蔡天星:《古丝绸之路的妈祖文化传播及其现实意义》,《世界宗教文化》2015 年第 5 期。

林文生、黄端、林坚强、陈俊艺:《福建建设 21 世纪海上丝绸之路核心区的研究报告》,《发展研究》2015 年第 6 期。

卓新平:《"一带一路"上的宗教历史积淀与现实处境》,《中国宗教》2015 年第 6 期。

李骁、薛力:《21 世纪海上丝绸之路:安全风险及其应对》,《天平洋学报》2015 年第 7 期。

文豪、许兆欢:《阳江海上丝绸之路文化遗存概况》,《南方论刊》2015 年第 7 期。

王义桅:《"一带一路"绝非中国版"马歇尔计划"》,《求是》2015 年第 12 期。

司聃:《佛教外交对重建海上丝绸之路政策的影响》,《丝绸之路》2015 年第 16 期。

谢孟军:《文化能否引致出口:"一带一路"的经验数据》,《国际贸易问题》2016 年第 1 期。

蔡文之:《"一带一路"战略的网络维度和风险防范》,《中国信息安全》2016 年第 2 期。

叶刘刚:《中国与海上丝绸之路沿线国家的贸易演变:1992—2014》,《东南亚研究》2016 年第 4 期。

赵可金:《通向人类命运共同体的"一带一路"》,《当代世界》2016 年第 6 期。

蔡拓、陈志敏等:《人类命运共同体视角下的全球治理与国家治理》,《中国社会科学》2016 年第 6 期。

陈国灿、鲁玉洁:《略论宋代东南沿海的海神崇拜现象——以两浙地区为中心》,《江西社会科学》2016 年第 7 期。

李建红:《招商局集团:"十三五"的改革创新之路》,《国资报告》2016 年第 12 期。

刘青山:《吉布提港口"一港五通"》,《国资报告》2017 年第 5 期。

外文文献

〔美〕约瑟夫·奈:《硬权力与软权力》,门洪华译,北京大学出版社,2005。

〔美〕约瑟夫·奈:《灵巧领导力》,李达飞译,中信出版社,2009。

〔法〕沙畹编《西突厥史料》,冯承钧译,中华书局,2004。

〔美〕罗兰·罗伯森:《全球化社会理论和全球文化》,梁光严译,上海人民出版社,2000。

〔美〕塞缪尔·亨廷顿:《文明的冲突与世界秩序的重建》,周琪等译,新华出版社,2002。

〔美〕约翰·R. 霍尔、玛丽·乔·尼兹:《文化:社会学的视野》,周晓虹、徐斌译,商务印书馆,2004。

〔美〕史蒂文·瓦戈:《社会变迁》,王晓黎等译,北京大学出版社,2007。

〔美〕乔舒亚·库珀·雷默等:《中国形象:外国学者眼里的中国》,沈晓雷等译,社会科学文献出版社,2008。

〔摩洛哥〕伊本·白图泰:《伊本·白图泰游记》,马金鹏译,华文出版社,2015。

〔日〕山中雅治:《日本古代一千五百年史》,中国社会科学出版社,1994。

〔日〕逵志保:《徐福論——いまを生きる伝説》,新典社,2004。

〔日〕逵志保:《非物质文化遗产和徐福传说》,潘港译,《文化遗产》2012 年第 2 期。

〔新加坡〕阿努拉·古纳锡克拉、〔荷兰〕赛斯·汉弥林克、〔英〕文卡特·耶尔等主编《全球化背景下的文化权利》,张毓强等译,中国传媒出版社,2006。

〔英〕戴维·史密斯:《龙象之争:中国、印度与世界新秩序》,丁德良译，当代中国出版社，2007。

〔英〕肯尼迪：《英国海上主导权的兴衰》，沈志雄译，人民出版社，2014。

Lloyd Gruber, *Ruling the World: Power Politics and the Riseof Supranational Institutions* (Princeton: Princeton University Press, 2000).

Niall Ferguson, *Civilization: The West and the Rest* (New York: The Penguin Press, 2011).

James Crawford, *Brownlie's Principles of Public International Law* (Oxford: Oxford University Press, 2012).

RalphCossa and Brad Glosserman, "A Tale of Two Tales: Competing Narratives in the Asia Pacific", Pacific Forum CSIS, Dec. 1, 2014.

Shashi Tharoor, "China's Silk Road Revival—and the Fears It Stirs—Are Deeply Rooted in the Country's History," *New Perspectives Quarterly*, 2015 (1).

Andrew F. Krepinevich Jr., "How to Deter China: The Case for Archipelagic Defense", *Foreign Affairs*, 2015 (2).

海上丝绸之路行记之马六甲（代后记）

马六甲的一夜

明天一早就要离开马六甲，继续我的旅途了。坐在马六甲河的河边，天色已然淡淡昏暮，向晚的风终于为这座燠热的小城带来了些微凉意。河岸的路灯分外低矮，在它的光照下，暗黑的水面泛出暖橙色的波光粼粼。偶尔有游船经过，在弯曲的河道溅起小小的水花，但很快也就复归平静。两岸的走道光洁顺畅，然而一片静穆，没有顽童戏水，也没有村妇捣衣，甚至听不见河水应有的潺潺流动声，这使游船上的人很快生了厌倦，失了热辣活泼的神情，木着脸默默经过那些翻新的旧年码头店屋。

为了发展旅游业，当地政府不遗余力地将马六甲河岸边的老屋一律统一为门脸向河，又利用控制出海闸口保证河水不受退潮的影响，维持在1.2米的深度。现在，马六甲河不再是穿城而过的母亲河，只是一池为旅人而流的狭长的水，满满盈盈的空具了美人的模样，却实在没有什么烟视媚行的风情。

来这水岸边小坐，本是看中它的静，想要细细检点这几日游览的感触。在我的经验中，河水总是令人思绪万千的。不料，过了黄昏，树上的鸟儿就开始互相炫耀一日的见闻。马六甲吸引着四方旅人，鸟儿们的见闻必然是多的。一阵一阵声浪纷繁袭来，时快时慢，无比热闹，恰似一曲鸟语版的《闲聊波尔卡》。不知鸟儿们发出歌声的树木是否就是马六甲城因以得名的满剌加树。热带的树木，在我这匆匆行过的外来人看来，都是一色枝叶披垂的奇异。这树木日间浓烈的绿在夜中幻化出魆魆的黑，夜色被它衬托得倒清淡了许多，鸟儿们寄居在一团团的黑色中，只闻其声，不见芳踪。

邻座有几位金发碧眼的年轻人侃侃交谈，鸟语波尔卡中便多了几声人类的扬声大笑。细听了几句，不过是张三李四的寻常闲话。看来今夜在这儿是寻求安静不得了，也罢，索性去寻马六甲晚间的最热闹处。那该是鸡场街，马来半岛上华人最早的聚居地。

经过鸟儿们快乐的寄居处，终于可以看清楚羽毛般细细的叶片，果然是一棵满剌加树。六百多年前，苏门答腊王子拜拉迷苏剌被满者伯夷王朝击败，离家出逃。他和随员几经波折，最后逃亡到这个小岛上。有一次外出打猎，拜拉迷苏剌在一棵树下休息，突然看到他的猎犬正在追捕一只鼠鹿，无可奈何之际，弱小的鼠鹿竟转过头来，勇敢地回击猎犬的攻击，猎犬吓得掉入河里。

小鼠鹿的绝地一击不仅改变了自己的命运，而且更神奇地改变了它所栖居的这片土地的命运。拜拉迷苏剌目不转睛地看着动物世界中以弱胜强的这一幕，忽然感受到了力量，感受到了力量的拜拉迷苏剌成为马六甲王国的开国君主。

鸡场街与河岸相邻，隔一座短短的陈金声桥。

马六甲城就是这样的小。

过了桥，夜空忽然间明朗起来，热闹像古朴的风俗画，在狭长的街巷内缓缓展开。伴着鼎沸人声，对夜的纵情热爱在心底潜滋暗长。看来，我这中国人到底还是念着这中国式的热闹，抵不过它的愉悦召唤。除夕刚过，街面延续着辞旧换新的浓烈喜气，高悬着各式硕大的灯笼。有的门首还挂着写有"神荼""郁垒"二神尊名的桃符，这在今日的中国早已不多见了。亮丽的红金两色为这酷似江南小镇的窄窄道路点染出颜色之美。

对于中国人，马六甲实在是个历史标本般的奇异存在。从 1403 年拜拉迷苏剌在满剌加树下获得勇气，建立马六甲王国算起，这马六甲城其实只有六百年间的古迹。相较中国的西安、南京、北京、开封等一长串大大小小的有名古城，实在算不得古老。然而，它却给中国人以古老的历史感觉。

因为，马六甲城定格了一个时代。

拜拉迷苏剌建立他的王朝后，在北面的暹罗和南面的满者伯夷两个强大国家的夹缝间艰难地寻求生存空间。发生在遥远中国的皇权更替为他提供了机会。1402 年，燕王朱棣发动靖难之役，夺取了侄儿建文帝的皇位，年号永乐。雄才尚武的永乐大帝为联络海外，遣中官尹庆四方诏谕外域来朝，拜拉迷苏剌明智地遣使跟随尹庆回中国，表示愿为藩属。郑和下西洋时，为拜拉迷苏剌带来了明成祖的敕封。拜拉迷苏剌抓住了使马六甲成为 15 世纪东南亚最繁华商埠的历史机遇，也从此将明代锁定在马六甲。

郑和去世后不久，中国历史渐渐关起面向海洋的大门。明朝廷认为下西洋除了劳民伤财，没有任何益处，宣布了"寸板不得下海"的禁海令。1511 年，马六甲王朝的苏丹穆罕默德不敌葡萄牙人，从马六甲出奔，葡萄牙人占领了马六甲。据说穆罕默德曾修书遣使致中国皇帝，请求帮助他恢复王位，但是，没有得到任何实质帮助。直到 1520 年，明朝廷才对马六甲变迁了的时局说了几句毫无力度的外交词语，便放弃了这个对他们来说可有可无的小国。清代对海洋更加不感兴趣，严厉的闭关政策使得马六甲的明代流人逸民逃过了剪发易服的屈辱，但也疏离了康乾盛世的辉煌带给子民的自豪与庇护。

明代孤独地悬挂在马六甲，孤独使马六甲的明代更加丰满。一路行来，鸡场街上多有龙形装饰，特别是各地会馆建筑，屋顶为龙脊，门口盘龙柱，简直让人目不暇接。那些五色流离的龙身躯粗大，刚健雄猛，丝毫没有清代龙形的苍老之气，和会馆中传出的老人吟唱的戏文一样，是属于明代的。即使是建于康熙十二年的庙宇青云亭，也脱不了与明代的干系，庙内的石碑记叙着郑和访问马六甲的事迹。康熙十六年，马六甲华人领袖郑芳扬去世，他的神主牌牌面"大明"二字仍旧赫然。康熙朝后，马六甲开始出现清朝的年号，然而，大明后裔和马来人结婚后所生的后代峇峇娘惹仍然行着全然传统的婚丧嫁娶。

马六甲城扼守着古代东西方交通要道马六甲海峡的心腹地带，在铁与火的殖民年代，天然地不会太平。1641 年，荷兰人击败葡萄牙人得到马六甲。1824 年荷兰和英国签订英荷条约，将马六甲割让给英国以换取苏门答腊岛上的另一个军事要地。此后从 1826 年到 1946 年，马六甲先是由英国东印度公司统治，后来成为英国海峡殖民地。在海峡殖民地取消后，1956 年 2 月，马来西亚第一位首相拉曼在马六甲的草场宣布马来西亚独立，马六甲最终成为马来亚联邦（现在的马来西亚）的一部分。

走得有些口渴，我随意在路口的小店要了一杯鲜榨芒果汁，这小店还售卖传统手工制作的娘惹珠绣拖鞋，图案繁复，不外是吉庆艳丽的花朵禽兽。穿着这样煞费人工心思的拖鞋，想来当年娘惹的足音也应有一种分外的风情魅惑。小店芒果汁的味道颇为甘甜香浓，算是有几分异域之感。

鸡场街上林林总总卖"古城鸡饭粒"的食肆外面还排着长队，它们的招牌常年招摇着其中的色香味俱全。据说，各家鸡饭有不同的配料和做法，还有各家不同风味的辣椒酱，因此也就各有各的粉丝，没有人能评定哪一家的最好吃。合家欢聚，知己小酌，想来，美食便是中国人爱热闹的底气。

一眼望去，由鸡场街延伸出去的巷道纵横交错，印度庙、清真寺、佛殿和道观毗邻而立。这城市海上丝绸之路的异域之感琐屑零碎。六百年来，各色人等相处相融，凡是存在过的必然留下痕迹。太多的文化充斥在小小的马六甲，它们互相争夺着时间和空间，也在时间和空间中互相覆盖层累。不仅在眼前这些融合了中国、英国维多利亚、荷兰、马来风格的房屋街道，而且在马六甲人的生活方式上刻下深深浅浅的痕迹。

在马六甲，华夏文明的种子牢牢地栽种在美食，在衣着，在风俗，既邈远模糊，又顽强存在。

夜深了，人群渐散。鸡场街的热闹在慢慢寂寥，如同盛开花朵的睡去。

是该回的时候了。

远处缓缓驶来一辆人力三轮车，马六甲人形象地叫这种挂满了塑料花环的车"TuTu"车。夜色下，TuTu 车上的花朵不再招摇热带的俗艳缤纷。我向车夫招手示意，他犹豫地摆摆手，这该是一辆归家的车，不载客了。

看来只好继续步行了。

TuTu 车与我擦肩而过，停了下来。

"你好！坐车。"年轻的车夫肤色黧黑，他友好地微笑着，拍了拍车把手。

是昨日坐过的那一辆。

"你好！坐车。"昨日，我并没有坐 TuTu 车的打算，他这样微笑着反复说，不熟练的汉语让这一段习惯使用英语交流的我感到温暖。

那么，就坐上一段吧。想不到今晚又遇见他。

马六甲就是这样小。

跳上 TuTu 车，路旁马六甲风格的深巷长屋悠悠而过，它们是峇峇和娘惹曾经的家。经过两次世界大战，特别是二战中日治时期的挣扎求存，这些富有的混血华人家族渐渐星散没落。路灯太过明亮，在明亮的阴影中，这些门脸窄小、内里豪华的百年老屋益发深黑。峇峇富商费尽心机积累的古玩陈设，娘惹们身着莎笼，外套罩衫相互欣赏刺绣的鬓影衣香，他们混杂了马来语和福建方言的独特语言，像一场逝去的繁华旧梦，只剩下这深黑的空壳为梦的衣裳，其余的已了无痕迹。

车夫唱起歌来，歌喉居然好得惊人。

三宝庙中有一口三宝井，传说是满速沙苏丹为汉丽宝公主挖的，也有人说是郑和的军队所挖，传说井水清冽可人，喝上一口就能再来马六甲。三宝庙里有一张桌子，上面搁着井水供游人饮用。日间，我从桌旁缓缓步过，没有取饮。对于走过的地方，我一向不抱什么再游的愿望，世界辽阔无垠，远方总有无边风景，待等我记录旅人的欢喜。

然而，前行在这暗夜的古巷，我忽然有些后悔，真应该喝一勺那能让人重返马六甲的井水，那么，明日之后，我也许还能再次听见这美妙歌声。

郑和、汉丽宝公主和洗脚水

在马六甲城，你随时随地都有可能与郑和不期而遇。山、街、巷、博物馆、茶室、餐馆、庙宇……它们或直接冠以郑和之名，或间接使用他"三宝太监"的尊号。从公元 1405 年到 1433 年的 28 年间，郑和南下西洋进行了 7 次万里远航，其中有 5 次驻留马六甲，在这座城市留下了抹不去的痕迹。有时，郑和是庙堂之上人们朝拜祈祷的神灵，有时是凭海观望的将军，有时又是一位传授美食医药的亲切朋友。关于郑和的一切在显眼与不显眼的地方提醒你：郑和，他来过。

中国远在想象中的重洋之外，马六甲人看得见的中国，便是郑和和他的随员。郑和无疑是友好的朋友，他帮助调解马六甲与暹罗之间的纷争，使得暹罗不敢再找这个小小王国的麻烦。1409 年，郑和送给马六甲苏丹拜拉迷苏剌一批建造王宫的瓦，作为回报，苏丹允许大明海军在马六甲建立下西洋的中转站，在物资供应等方面给予方便。

我以为，无论郑和此来的目的到底是什么，他应当天然地热爱这片土地。他是回族人，和这里的马来土著一样虔诚地信奉伊斯兰教。他的故乡云南昆明，也与马六甲一样长年盛夏，一样有结着累累果实的奇异花木。

在云南，他还是个名叫马三宝的贵族少年，度着无忧的欢乐年华。进攻云南的明朝军队改变了他的一生，11 岁的马三宝被掳入明营，阉割成太监，之后进入朱棣的燕王府。马三宝跟随朱棣南征北战，在靖难之变中立下战功。永乐二年（1404 年）正月初一，朱棣御书"郑"字赐马三宝郑姓，改名为和。

世间从此有了郑和。1409 年，已经成为郑和的马三宝为拜拉迷苏剌带来了明王朝赐予的双台银印、冠带袍服，更重要的，是建碑封城，带来了他的小王国能够成功摆脱暹罗王国藩属地位的可能。镇国山碑上，写着成祖钦制的碑文：

"……金花宝钿生青红，有国于此民俗雍。王好善意思朝宗，愿比内郡依华风。出入导从张盖重，仪文赐袭礼虔恭。大书贞石表尔忠，尔国西山永镇封。"

接受了明朝的册封，马六甲王国得到了实质性的好处。慑于当时明王朝的威严，暹罗不再敢向这个年轻的王国索取每年 40 金的贡奉，马六甲王国在中国支持下总共经过 8 位苏丹，统治了 108 年。

拜拉迷苏剌是中国史书中的确凿存在。1411 年 6 月，拜里迷苏剌率妻子、陪臣等 540 多人乘郑和回国船队到南京访问。拜拉迷苏剌一行离开时，明成祖专门在奉天门设宴送行，赏赐他金织龙衣 2 套、麒麟衣 1 套、国王玉带、仪仗、鞍马等。

"愿比内郡依华风"——从明成祖赠予的礼物可以看出，乐于接受中华文化，归附中国，这就是明王朝所需要的远方王国的全部忠心。这份能够为朱棣的永乐盛世添上一笔淡淡彩色的忠心，使拜拉迷苏剌足以成为满剌加的国王。他的远方王朝是亚洲与大洋洲的十字路口，扼守着连接沟通太平洋与印度洋的国际水道，并不是朱棣考虑的主要原因。

郑和还为马六甲带来了中国瓷器、丝绸、茶叶、金银、铁器、农具。今日的马六甲博物馆中，那些精致的美好仍令人驻足流连。

郑和是一位宦官，中国人对这一职业的从业人员历来没有什么好印象，郑和是一个例外。他可能是被塑造得最不像宦官的宦官。马六甲有好几处郑和形象，无论大小，都是大致相同的神勇武将，郑和是穆斯林，穆斯林一不可拜偶像，二不可被人崇拜。郑和的雕像其实处于一个十分尴尬的位置。但是，三宝庙中郑和青石雕像仍然长衣佩剑，目光炯炯。基座上雕刻着他的宝船扬帆万里下西洋的壮阔画面。殿内，他的全身神像仍然与福德正神和妈祖并立。由于郑和神像遭窃，现在，人们供奉神像的相片。在马六甲历史博物馆庭院，魁梧伟岸的郑和身着纹饰精致的官服，立在赤道附近灼热的阳光中，长袍上有海风吹拂的猎猎折痕。

看来，在马六甲，固执地需要郑和这个偶像的人们还是居多。在南洋，明代有一个别名，叫作郑和时代。一个能够标志时代的人，一个能够在海洋中劈波斩浪的人，也自然应该雄壮威武。

马六甲人还相信，郑和带来了明朝皇帝备船百艘，隆重下嫁的朝霞般美丽的汉丽宝公主。

发生在马六甲的郑和故事，似乎都有凭有据，《明太宗实录》等各种史书记事完备，博物馆有郑和带来的马六甲拜拉迷苏剌苏丹的印章。只有汉丽宝公主和这名字所代表的人生，透着逝去流年中的不可知。

在马六甲的民间传说中，中国的王钦佩马六甲王的伟大，很想与他结交，便要求前来中国朝见的马六甲使者，将公主汉丽宝带回去与苏丹成亲。1460 年郑和乘着豪华宝船护送汉丽宝公主和随同的 500 名官家女儿下嫁曼速沙。苏丹用 1000 样仪仗出海相迎。苏丹和公主的婚礼更是铺陈出世人难以想象的华丽。婚后，两人自然是恩爱无比，公主随马来夫君皈依伊斯兰教，曼速沙在马六甲市西南的一座小山上大兴宫殿，安置公主和她的全部随从。数年后，苏丹的手下沙穆尔垂涎汉丽宝公主的美貌，便发动宫廷政变，想对曼速沙取而代之。曼速沙仓促应战，公主为保护夫君，以身挡剑，被沙穆尔刺死。

在历史的长河中，作为一位女人，这位汉丽宝公主似乎确然存在过，她宫殿固然是踪迹全无，那小山倒是还在，便是今日的华人墓园三宝山，据说曼速沙将汉丽宝公主埋葬此处，可从来也没人找到过。《马来纪年》写了她的两个混血儿子的姓名，小儿子被册封为而览酋长，子又生孙，孙又生子，汉丽宝公主的人生故事也算是有始有终。

作为一位公主，她又似乎确然不曾存在。中国明代的正史野史浩如烟海，对她的这番和亲行动却无一字记载。如果认真考究，她该是明英宗的女儿。

这本被马来民族奉为历史经典的《马来纪年》对中国的书写并不仅此。马六甲苏丹与汉丽宝公主结婚后，写了一封信感谢中国的王，中国的王收到这封谦卑的"臣民再拜致书于中国父王陛下"的信后，便得了褐黄斑皮肤病，遍医不愈。有一位老医师说，此病是因中国的王要求马六甲王称臣所致，只有喝苏丹的洗脚水，并用这洗脚水洗脸才能治好。中国的王派使臣去马六甲讨要洗脚水，喝了之后便好了，从此不要苏丹称臣纳贡。

在《马来纪年》中，这句"臣民再拜致书于中国父王陛下"也大有玄机，表示跪拜中国皇帝的只是马六甲的臣民，而不是马六甲王本人。在被后世称为"威德遐被，四方宾服，受朝命入贡者殆三十国，幅员之广，远迈汉唐"的永乐大帝看来，马来王朝只是向中国朝贡的遥远属国，他断断不会想到在马六甲人的记载中，他和他的子孙每天的食物是"剥谷皮大米5斗、猪1只、猪油1缸"，为了马来人的心气儿，他的皇帝曾孙还得喝一回洗脚水。

《马来纪年》更接近文学著作，但也正因如此，它也更接近人心。有了皇帝，有了英雄，自然要有美人，一个丰盈的时代传奇便有了足以支撑的元素。

如果将历史看作一段经过了的时空，在同一段历史中，不同民族的书写自该显出不同的面目，这就是文本的吊诡之处。

在马六甲郑和文化博物馆，一位担任义务解说的孩子分外热情。在解说的最后，他总是仰起脸，微微一笑："我是郑和送来的汉丽宝公主的后代。"那口气不容置疑。无论你信是不信，这孩子，他是严肃认真地相信着。

历史立体而丰满，其实，即使是在《马来纪年》中，汉丽宝公主的护花使者也不是在她远嫁时已长眠地下二十余年的郑和，而是一位名叫狄波的人。但在马六甲人看来，公主难道不该是威武的郑和送来的么？

后来者再三地追问，倒有了过于执着的嫌疑。

马六甲的生死风景

马六甲城中多有古老的墓地。

初进马六甲城，便见车窗外一片穆斯林墓地，简单矮小的石头立柱，大多数质地洁白，也有一些因了久远的年代，显出不同程度的黯黄。在草地浓烈绿茵的衬托下，洁白的益发洁白，而黯黄的益发黯黄。

穆斯林墓地对面是一座不高的山，漫山遍野地层叠着各种样式的中国墓地，与那片穆斯林墓地比起来，规模甚大，却疏散无章。那便是著名的三宝山，据说有始于明代的 12500 多个坟墓。昔日郑和下西洋居住在马六甲时，有死亡的从人就葬在这山上。李为经出任马六甲第二任华人统领甲必丹，捐金从荷兰殖民当局处买下三宝山，献给华人社会用作墓地。在热带的阳光下，草木的生长异常生猛葱茏，中国山上有些墓碑虽然颓没，却还存在着，显然有人照料，甚至能看清最靠近马路的那一座墓碑上金色的碑文。

但也就一掠而过。

600 年来，远渡重洋来到马六甲的人真是太多了。马来人、葡萄牙人、荷兰人、英国人，各国人。历史的风烟易过，留下的只有人。不及回返故乡的人，不愿回返故乡的人，不能回返故乡的人。活着的扎根在此，繁衍生息，死去的便成为这片异域的魂灵。在马六甲城，活着和死去的人都各族聚居，井然分开，有中国区，也有中国山，有葡人区，也有葡人山。

河边街上各国风格的建筑招摇地记录着各色人等的入侵和争夺，也许，这就是古城之"古"使然。17 世纪 50 年代，荷兰殖民政府为荷兰总督及随员建造了市政厅。1753 年，为纪念占领马六甲 100 周年，荷兰人又建造了厚墙大窗的荷兰教堂，每条天花板横梁都由一棵完整的树干切成，主大厅一共使用了 17 根这样的独木大梁。代替荷兰人统治的英国殖民政府将白色的市政厅漆成红墙红顶，1904 年，为纪念维多利亚女王，又从英国运来材料，修筑了一座玲珑的喷水池。这些马六甲城最精心的、最宏大的、最奇特的建筑都聚集在一块小三角地带。作为统治者的人们以为自己是这儿永久的主人，便以主人的心劲儿建造出压倒前人的地标建筑，来自故乡的或辉煌或雅致的艺术彰显出的是永远占领马六甲的雄心。

只有中国人一派居家过日子，不论杀戮和权势转迁的宁静模样，他们比葡萄牙人、荷兰人、英国人早一两百年在马六甲安营扎寨。传说中，男人的祖先是郑和带来的兵士，女人的祖先则是汉丽宝公主的 500 名侍女，他们之前则是从中国广东福建等地来到这个小岛贸易的华人。由于满剌加王国对于中国商人的免税政策，也因为明季的国祚沧桑，陆陆续续的，更多沿海地方的中国人冒险航海而南，来到这个小岛。他们无意去参与河边街上的不休的争奇斗巧，经营着自己的中国区、中国山，通过财富的集聚慢慢复制出一整套抛舍了的故乡。住家、会馆、店面，有了充裕的财力，再建造供奉关帝、天后和观音神位的庙宇青云亭，甚至还有大伯公庙、双忠庙，再是三宝山的坟墓，一样不缺，是个浓缩了的心中故乡。

遥远的大陆不仅不是强有力后盾，而且还被视为化外之民。在马六甲，中国人虽然富有，却是一群没有野心的寄居客人。与当地人混血的峇峇娘惹，虽然历经几代的土生土长，也仍然是主人严密监视下的和善客人。马六甲的主人更换得频繁，安分守己的客人便客随主便。葡萄牙人在马六甲实行严厉的垄断贸易制度，规定基本税率为货值的 6%，但华人须缴 10%，那么就缴吧。荷兰人征收地税的方式是测量建筑的宽度，那么好吧，赶紧合理避税，把房子的门脸缩小，进深加长。英国人来了，他们看重华人，那么，就效忠英女王，成为 "King's Chinese"（国王的华人）吧。

中国人闪避挪腾的生存智慧，在马六甲运用得灵活自如。

实在过不下去了，还有走为上策。故乡是回不去的，乾隆十四年，荷殖巴达维亚的甲必丹陈怡老回国后全家蒙祸，遭受没收产业、流放边疆之苦，民间更有全家老幼三十余口遇害之说法，消息必然传到了马六甲。1807年，托管马六甲的英国人官员宣布，为了不使其他欧洲国家占据这个港口，他们准备摧毁它，把居民和贸易都搬走。1808年，在英殖驻新加坡的驻扎官莱佛士阻止了这个不惜耗费26万卢比的破坏计划，但马六甲城还是被拆，许多华人逃去其他岛屿。

让马六甲的华人社会持久反抗、不肯妥协的只有三宝山。

从19世纪40年代开始，马六甲的华人先后5次为了三宝山的征用强烈抗争，最终都使当局被迫放弃了原有工程。最后一次是1984年，马六甲州政府计划铲平三宝山，将该地区发展为商业和住宅中心，并致函三宝山的产业所有者青云亭机构，命令补交1967年以来"积欠"的三宝山地税及罚款，总数达200余万元。华人社会据理力争，认为三宝山地税早已豁免，青云亭机构也重申不考虑任何三宝山发展计划。州政府限期在一个月内，青云亭机构必须交还200余万元的地税和罚款，否则将没收三宝山。此举引发了全马200多万华人华裔每人捐款的风潮。1985年，三宝山事件大体上得到解决，州政府部长发表谈话，宣布顺应民意，将三宝山列为历史文化区。

在马六甲一个娘惹老屋餐馆，我们就餐的那间屋子墙壁上挂着一位老妇人的画像，身穿中式华服，端庄而秀丽。

"这里就是做我家祖母的独家菜，她会说福建话呢，我已经用她的名字注册了商标。她特别特别喜欢热闹，我就把她挂在这间热闹的大屋子。"那老板看见我们注目那幅画像，笑着说。

停顿了一小会儿，他又说："她现在住在三宝山上。"目光中有无限怀恋。

他说到三宝山，我才注意到，在老妇人的画像周围，贴着从各种中英文报纸上剪下来的历年关于保护三宝山的文章，文章都精心地贴了一层透明的塑胶保护，倒也还没有泛黄。

有别的客人招呼，老板应了一声，忙着出门，忽然又转过头说："要是三宝山没有了，她就不会对我笑眯眯啦。"

后窗外是这家的祠堂，堂上挂着"追远"的匾额。

看来，妥协并不意味着一味的后退，中国人有中国人的底线。

圣保罗山是马六甲的另一座漫布墓地的山。和三宝山一样，圣保罗山并不高。圣保罗教堂的残垣断壁孤独地矗立山巅，1521年，一位在大海中死里逃生的葡萄牙船长为感念圣母玛利亚的恩德，建造了圣母礼拜堂。1641 年，圣母礼拜堂与马六甲一道被荷兰人接管，改名圣保罗教堂，被用作城堡，今天在外墙上仍可见到不少子弹孔。1753 年荷兰教堂建造完毕，圣保罗教堂空废。再后来，荷兰人将它改为墓园，用以埋葬贵族。

圣保罗教堂沿墙那些高大厚重的墓碑石板上，拉丁文或葡萄牙文的文字已然有些湮没，标示家族身份的徽章占据着石碑最高的位置，它的无形光芒照耀着那些名字。徽章的刻痕尤其深，仍可清晰地看出当年的虔诚。

有无数的游客与墓碑合影留念。

"好时尚啊！"女孩子们踮起脚来触摸墓碑上的骷髅图案，果然是流行元素。

如果时间是一条河流，谁在此岸，谁又在彼岸。

教堂前圣方济各的白色大理石雕像面目仍然清晰，他遥望马六甲海峡。马六甲的葡萄牙时代没有了美人，仍然有传奇，这个传奇就是在远东传教 11 年的"东方使徒"圣方济各。1552 年 9 月，圣方济各从马六甲继续漂洋过海，到达广东台州的上川岛，想搭船偷渡去他心目中伟大而不为人知的中国传播教义。这位西欧第一位来华传教的教士水土不服，染上了疾病，几个月后，死在上川岛上。

一年前外出做海上丝绸之路调研时，在广东的上川岛曾经遇见过圣方济各精洁规整的墓园，那是一处后来建的衣冠冢。1553 年，圣方济各的遗体从上川岛移到圣保罗教堂内，9 个月后，人们又将他从圣保罗教堂内移到印度的果阿，圣方济各有了永久的归宿地。

圣方济各离他的中国梦，越来越远了。

沿着圣保罗教堂的斑驳外墙拾级而下，高大的热带树木将火热的太阳挡在了树冠之上。草坪上的英国人墓地白色居多，墓碑上几乎都是单人的姓名，无论是否情愿，他们独自留在了马六甲，与家人朋友永无会期。不显眼处的一处墓盖竟然整块地碎裂，只有黑色的小铭碑倔强地立在树冠给予的阴凉下，保持着大英帝国绅士的骄傲风度。

圣保罗山下的圣地亚哥城堡号称"16 世纪东方最伟大的城堡"。1511 年葡萄牙人为抵御马六甲王朝的攻击，最初修建圣地亚哥城堡后，城堡几易其主。随着葡萄牙海上力量的衰落，城堡落入了荷兰人手里，1807 年又被英国人占领。

任何宏伟坚固的城堡终有被攻破的一天，任何外来的占领者都是这座海港城市暂时的驻足者。如今，用钢渣浇筑的圣地亚哥城堡只留有恢宏的葡萄牙城门，与那些回不去故乡的魂灵相守。回不去的还有他们的后裔，在马六甲郊区的海边，葡萄牙建筑风格的村落仍保存完好，住在那里的葡萄牙人的后裔，至今仍使用着 16 世纪的葡萄牙语。

郁达夫的足迹也曾踏过马六甲，就是在这次旅行中，他写下了文学史上著名的《马六甲记游》。这位富有浪漫气质的作家，1938 年 12 月在抗日的烽火中奔赴南洋，一改昔日忧郁华丽的文风，尽染感时忧国的家国情怀。

天壤薄王郎，节见穷时，各有清名闻海内。

乾坤扶正气，神伤雨夜，好凭血债索辽东。

这是 1940 年郁达夫为被日伪特务杀害的胞兄郁曼陀所制的挽联《曼兄殉国沪上寄挽》。

那时，马六甲还没有沦陷。

游完马六甲，郁达夫意犹未尽，他想象有一位奇异的朋友来访，与他进行了一场上下古今的畅快谈话。在游记的最后，郁达夫说，总有一天，他要写一篇名为《古城夜话》或《马六甲夜话》的小说来记叙这场幻想中的对话录。

永远没有这一天了。1945 年 9 月，郁达夫被日本宪兵秘密枪杀，1952 年经中央人民政府批准，被追认为革命烈士。果然与郁曼陀"各有清名闻海内"。

在马六甲，也有日本人墓园。晚近的墓主死于 1944 年，是一位陆军少尉，他因战事失误切腹自杀。

每个人都在将自己写成历史，以一生为纸张，以时间为墨水，以行动为手中的笔。邻着海上丝绸之路上狭窄而重要的马六甲海峡，马六甲城中面貌迥别，言语殊异的人们，各自书写成了自己民族的历史，最后，将自己书写成马六甲的生死风景。

图书在版编目（CIP）数据

21 世纪海上丝绸之路文化构建研究／王蕾著. -- 北

京：社会科学文献出版社，2018.4

ISBN 978 - 7 - 5201 - 2377 - 8

Ⅰ.①2… Ⅱ.①王… Ⅲ.①海上运输 - 丝绸之路 -

文化发展战略学 - 研究 - 中国 Ⅳ.①G12

中国版本图书馆 CIP 数据核字（2018）第 044329 号

21 世纪海上丝绸之路文化构建研究

著 者／王 蕾

出 版 人／谢寿光
项目统筹／陈凤玲
责任编辑／关少华

出 版／社会科学文献出版社·经济与管理分社（010）59367226
  地址：北京市北三环中路甲 29 号院华龙大厦 邮编：100029
  网址：www. ssap. com. cn
发 行／市场营销中心（010）59367081 59367018
印 装／三河市尚艺印装有限公司

规 格／开 本：787mm × 1092mm 1/16
  印 张：20.25 字 数：280 千字
版 次／2018 年 4 月第 1 版 2018 年 4 月第 1 次印刷
书 号／ISBN 978 - 7 - 5201 - 2377 - 8
定 价／98.00 元

本书如有印装质量问题，请与读者服务中心（010 - 59367028）联系